우리 일상에
숨어 있는
유해물질

일러두기

1. 외국 인명과 지명은 외래어표기법에 따라 표기했습니다.
2. 외국 도서 명은 한국어 번역판이 있을 경우 그 책 제목으로, 없을 경우 원서 명을 번역해 표기했습니다.

우리 일상에
숨어 있는
유해물질

양기화 지음

지식서재

차례

이영순
서울대학교 수의과대학 명예교수, 전 식품의약품안전청장

과학의 발전으로 사람들의 삶을 편리하게 해주는 다양한 물질들이 만들어졌다. 하지만 동전에 양면이 있는 것처럼, 이러한 물질들로 이로운 점만 얻은 것은 아니다. 사람의 건강을 해칠 수 있는 경우도 적지 않다. 어떤 물질은 만들어지는 과정에서 해로운 점을 미리 알게 되어 일정한 범위 안에서 사용할 수 있도록 한다. 하지만 어떤 물질은 해로운 점을 미처 알지 못하는 까닭에 건강을 해치는 사람들이 생긴 다음에서야 사용 기준을 정하기도 한다.

생각해보면 식품과 의약품, 생활용품, 환경 등 다양한 분야에서 사회적으로 커다란 파장을 가져왔던 사건들이 해마다 있었다. 2018년에는 라돈 침대와 발암물질을 사용한 고혈압 약 등이 국민들의 주의를 끌었다. 실제로 문제가 심각한 경우도 있었지만, 사건을 자세히 들여다보면 그리 심각한 게 아님에도 불구하고 사건 처리 과정에서 국민들의 불안을 증폭시킨 경우도 있었다.

특히 후자의 경우 국민들이 문제의 크기를 제대로 이해하지 못하는 경우도 없지 않았던 것 같다. 사람의 건강을 위협하는 물질이 대부분 과학적 배경을 가지고 있기 때문에 일반적으로 이해하기 어려운 측면이 있기 때문이기도 하다. 그런 점에서 본다면 양기화 박사의 『우리 일상에 숨어 있는 유해물질』은 문제의 크기를 제대로 이해하는 데 도움을 줄 좋은 기회가 될 것이다.

필자가 이 책에 대한 추천의 글을 부탁받게 된 것은 아마도 식품의약품안전처의 전신인 식품의약품안전청(식약청)에서 같이 근무했던 인연 때문일 듯하다. 필자는 국민의 정부 말기에 식약청의 청장으로 우리나라의 식품과 의약품, 의료기기 등의 행정을 총괄한 바 있다. 당시 양기화 박사는 식약청 산하의 국립독성연구원 병리부장을 거쳐 일반독성부장으로 근무했다. 식품과 의약품 등에서의 안전성에 관한 연구와 사업을 맡았다. 4년여라는 짧은 기간이었지만, 「독성물질국가관리사업」, 「독성유전체사업」 등을 새로 출범시키는 등 열정적으로 일했다.

양기화 박사가 시작한 「독성물질국가관리사업」은 우리나라에서 인프라가 취약한 독성시험의 기반을 확립하는 데 기여했을 뿐더러, 병원에서의 항생제 내성균 발생 현황을 수집하는 체계를 출범시켰다. 그리고 현재 식품의약품안전평가원이 관리하고 있는 「독성정보제공시스템」을 출범시킨 것도 「독성물질국가관리사업」의 일환이었다. 「독성물질국가관리사업」은 미국 보건성 산하에 있는 국립환경보건과학연구소National Institute of Environmental Health Sciences, NIEHS에서 하고 있는 「국가독성프로그램National Toxicology Program」에서 착안한 것이다. 「독성물질국가관리사업」이 미국의 「국가독성프로그램」과 상호 협력하기로 제휴를 맺은 것도 양기화 박사가 노력한 결과였다.

그런가 하면 필자가 주도한 한국독성병리학회의 설립에도 양기화 박사가 많이 기여했다. 필자가 초대와 2대 회장을 역임하는 동안 양기화 박사는 간사장을 맡아 잘 보좌해주었다. 독성병리학은 신약 개발에서 빠지면 안 되는 특별한 학문 분야다. 우리나라에서 개발되는 신약이 늘어나고 있는 만큼 독성병리학도 같이 발전해야 했던 2002년에 설립되었고, 그해 국제독성병리학회연합International Federation of Societies of Toxicologic Pathologists, IFSTP에 여덟 번째 회원국으로 가입하기에 이르렀던 것이다.

양기화 박사가 국립독성연구원에서 근무하면서 쌓은 경험을 바탕으로 하여 『우리 일상에 숨어 있는 유해물질』을 써내게 된 것은 늦은 감이 있지만, 더 늦지 않은 것을 다행으로 생각한다. 특히 전문적인 용어들을 쉽게 풀어 써 일반인도 이해하기 쉬울 것이다.

들어가며:
유해물질의 바다를 건너는 법

몇 년 전에 잉카 문명의 뿌리를 찾아 페루의 쿠스코Cuzco에 간 적이 있다. 쿠스코는 안데스 산맥의 해발 3,400m 고지에 있다. 쿠스코처럼 높은 곳에 갈 때는 고산병을 조심해야 한다. 해발고도가 높아질수록 공기가 희박해지기 때문이다. 인솔자의 권유에 따라 비행기에서 내릴 때부터 천천히 걷다 보니 마치 유령이라도 된 느낌이었다. 물고기가 물 밖에 나와야 물의 소중함을 아는 것처럼, 고산지대에 올라봐야 공기의 소중함을 알게 된다.

주변을 돌아보면 우리네 삶을 풍족하게 해주는 수많은 물질들이 있다. 잘 살펴보면 그 가운데 자연에서 얻는 것은 거의 없다. 물론 원료는 자연에서 얻지만, 그 원료를 가지고 합성한 물질들이다. 이러한 일이 가능해진 것은 17세기 후반에서 18세기로 이어지는 시기에 일어난 화학혁명 때문이다. 물론 화학혁명이 하늘에서 뚝 떨어지듯 일어난 것은 아니다. 화학혁명의 뿌리는 중국 도교에서 추구하는 영생불사의 약을 만드는 연단술이나, 서양에서 일반 금속으로 금을 만들거나 현자의 돌을 만드는 연금술에 가닿는다.

화학혁명은 19세기 말부터 산업화로 이어지면서 자연에 존재하지 않는 물질을 대량으로 만들어내기 시작했다. 화학비료, 석유에서 뽑

아내는 다양한 화학물질, 나일론과 같은 인조섬유 등은 사람들의 삶을 개선하는 데 크게 기여했으므로 가히 제2의 화학혁명이라 부를 만하다.

최초의 합성의약품은 아스피린이다. 아스피린의 뿌리는 약 2,500년 전의 명의名醫 히포크라테스가 버드나무 껍질을 우린 차가 해열·진통 효과가 있음을 알아낸 것까지 거슬러 올라간다. 19세기에는 버드나무 껍질에 들어 있는 살리실산 성분이 해열 효과를 나타낸다는 것을 알게 되었다. 1897년 독일의 펠릭스 호프만Felix Hoffmann은 살리실산과 아세트산으로부터 아스피린을 합성하는 데 성공했다. 아스피린은 지금도 가장 안전한 의약품으로 알려져 있다. 하지만 일부 환자에게서 소화 불량이나 위장관 출혈이라는 부작용을 일으키기도 한다. 그뿐 아니라 혈액의 응고를 막기 때문에 수술을 받으려면 일정 기간 아스피린 투여를 중단해야 한다.

아스피린 사례에서 보는 것처럼, 화학물질은 인도 신화에 등장하는 아수라와 같다. 선과 악의 양면성을 가지고 있는 아수라처럼, 제대로 사용하면 유용한 점이 있지만 잘못 사용하면 피해를 입을 수 있다. 따지고 보면 자연에서 얻은 물질이 모두 안전한 것은 아니기 때문에 화학물질 자체가 양면성을 가지고 있다고 하는 것이 옳겠다. 최근에 와서 소비자들 사이에서 화학물질 공포증(케미컬 포비아chemical phobia)이 확산되고 있다. 하지만 현대인들이 화학물질을 아예 사용하지 않을 수는 없으니 인간과 자연에 유해성이 미치지 않는 수준으로 조절해서 사용하는 게 현명한 실천 방법이다.

식품첨가물은 모두 사람의 건강에 위험한 '이물질'이라고 주장하는 일본 언론인 와타나베 유지渡辺雄二는 『먹으면 안 되는 10대 식품첨가물』에서 허가된 식품첨가물이라고 하더라도 사람에게 안전한지 어떤지는 알 수 없는 노릇이라고 주장했다. 식품첨가물의 안전성은 모두 쥐를 이용한 동물실험의 결과로 판단한 것이고 인체를 대상으로 조사되지 않았기 때문이란다. 사람은 동물과 분명 다르기 때문에 동물에서 문제가 없다 하더라도 사람에게는 나쁜 영향을 미칠 수 있다는 것이다. 반면에 동물실험을 맹신하는 경우도 있다. 동물에게 해로운데 사람에게는 해롭지 않을 리가 없다고 생각하는 사람도 있는 것이다.

현대 약학의 아버지로 추앙받는 필리푸스 파라켈수스Philippus Paracelsus는 "모든 것은 독이며, 독이 없는 것은 존재하지 않는다. 용량만이 독이 없는 것을 정한다Alle Ding' sind Gift, und nichts ohn' Gift; allein die Dosis macht, daß ein Ding kein Gift ist "라는 명언을 남겼다. 약학을 시작하는 이념이라고 하는 이 말을 새겨보면, 사람을 둘러싸고 있는 환경에 자연적으로 존재하거나, 혹은 사람이 새롭게 만들어낸 모든 화학물질은 기본적으로 인체에 나쁜 영향을 미칠 수 있다. 다만 안전하게 사용할 수 있는 범위, 즉 용량을 결정하는 것이 중요하다고 생각할 수 있다.

중국 삼황三皇의 하나로 농사짓는 법을 가르쳤다는 신농神農씨는 세상의 모든 약초를 직접 맛보아 사람에게 이로운지를 확인하여 『신농본초경神農本草經』을 지었다 하여 한의학의 시조로 여겨진다. 신농씨는 그랬다 하더라도 이제는 그 안전 범위를 결정하기 위하여 사람에게 직접 화학물질을 먹여 시험할 수는 없는 노릇이다. 따라서 사람과 생리적으로 비슷한 동물에게 시험을 하고 그렇게 얻은 결과로부터 충분한 안전 범위를 정한 다음에, 여기에 다시 해당 동물과 사람 사이의 차이를 고려한 비율을 곱하여 사람에게 안전하게 사용할 수 있는 범위를 정하는 것이다.

독성학의 개념이 생기기 전까지는 사용하던 화학물질이 독성을 가지고 있다는 사실은 불행한 사고를 통하여 확인된 경우가 있다. 그렇지만 화학물질이 암을 일으키는 성질, 즉 발암성을 가지고 있다는 사실은 특히 장기간 사용에 의하여 증명되는 경우가 많기 때문에 사람에서 확인이 어려운 한계가 있다.

1950년대 독일에서 개발되어 임신 초기의 입덧을 가라앉히기 위해 사용된 탈리도마이드Thalidomide를 먹은 산모들이 팔다리를 가지지 않는 해표지증海豹肢症, Phocomelia 아기들을 낳은 사건이 있었다. 당시 동물을 이용한 생식독성시험에서 이상 소견이 나타나지 않아 의약품으로 승인되었던 것이다. 물론 2종 이상의 포유류에서 실험을 하지 않고 설치류에서만 실험을 한 잘못은 있었다. 이를 문제 삼아 의약품 허가를 내어주지 않은 미국에서는 해표지증의 피해를 입지 않았다.

또한 다이옥신류를 비롯한 많은 화학물질들은 동물실험에서 암을 일으킨다는 사실이 확인되었음에도, 사람에게서 암을 일으킨다는 확정적 증거가 없다. 이런 경우에도 사람에게서 암을 일으킬 가능성이 있다고 보아 사용에 주의하도록 하거나 사용을 금지하기도 한다. 이런 점을 고려하여 본문을 읽어주기 바란다.

이 책에서는 합성화학물질을 포함하여 우리의 삶을 편리하게 해주는 물질 가운데 유용한 범위를 넘어설 때 문제가 되는 유해물질들을 안전하게 다루는 법에 대해 생각해보았다. 산업안전보건 분야에서 말하는 유해물질이란 생산 활동에 필요한 원자재, 생산 공정에서 발생하는 중간물질, 생산 제품에 의해 인체에 흡입·섭취 또는 피부를 통하여 흡수될 때 급성 또는 만성 장해를 일으킬 우려가 있는 물질을 아우른다. 유해물질은 급성 독성물질, 아급성亞急性 독성물질, 그 밖에 장애물질로 분류되며, 영향을 미치는 물질로서 분진, 유기용제, 특정 화학물질 등이 있다.

넘쳐나는 유해물질들을 모두 담아낼 수 없는 노릇이므로 최근에 우리 사회에 경각심을 불러왔던 사건들을 중심으로 23종류의 유해물질들을 골라, 생활용품, 화장품, 식품, 의약품, 환경 등 5개의 분야로 나누었다. 이들 가운데는 사회적 파장은 컸지만, 위해 정도가 크지 않은 것도 있다. 따라서 각각의 유해물질에서 쟁점이 되고 있는 독성을 검토하고, 잘못 알려진 점들을 바로잡으려 했다. 즉, 개별 물질들이 위험하다는 주장을 정리하고, 이어서 그러한 주장이 타당한지, 아니면 잘못 알려진 부분은 없는지를 개별 물질들에 대한 '변명'이라는 제목으로 정리했다. 이와 같은 검토 과정을 거쳐 얻는 결론을 요약하고, 마지막으로는 건강에 위험한 요소를 피하기 위한 방법을 정리해 보았다. 발암성의 정도에 관하여는 세계보건기구 산하의 국제암연구소International Agency for Research on Cancer, IARC를 비롯한 다양한 기관에서 정한 기준을 인용하고 있어, 그 분류표를 책의 부록에 참고자료로 붙여두었다.

2018년 10월

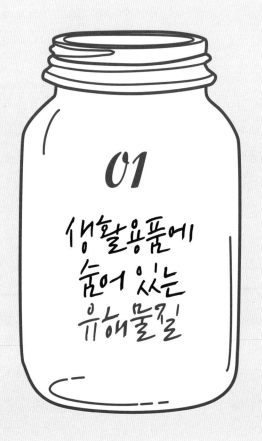

01

생활용품에
숨어 있는
유해물질

라돈,
침대에서 시작된
공포

2018년 5월 어느 날, 자정 무렵 집에서 한바탕 소란이 일었다. 침대에서 라돈Radon이 검출되었다는 SBS 뉴스 때문이었다. 뉴스에 나온 침대 회사와 제품의 이름을 알게 된 아내가 아이들 침대를 확인하더니 문제의 제품이라는 것이었다. 그때부터 라돈에 대하여 알아봐야 했다. 먼저 확인한 것은 문제의 침대에 뿌려졌다는 라돈의 양이었다. 제보자가 7년 전에 구매한 침대에서 측정한 라돈의 양이 2,000Bq(베크렐)로, 실내 주택에서의 라돈 기준치인 200Bq의 10배가 넘었다는 것이다.

사실 이 부분이 미심쩍었다. 무색, 무미, 무취의 기체 상태로 존재하는 자연방사성 물질인 라돈은 수십 종의 동위원소가 있는데, 원자량 222의 라돈(^{222}Rn)과 원자량 220의 토론Thoron(^{220}Rn)이 중요하다. 문제는 라돈의 반감기(방사성 물질의 양이 반으로 줄어드는 데 걸리는 시간)는 3.825일로 비교적 짧고, 토론은 더 짧아서 55초에 불과하다. 이렇다면 문제는 심각해진다. 4일 전에는 4,000Bq이었을 것이고, 8일 전에는 8,000Bq, 12일 전에는 1만 6,000Bq이었을 것이다. 그렇다면 7년 전에는 엄청난 양의 방사능이 쏟아져 나왔어야 하고, 침대 구매자는 셈이 되지 않을 정도로 천문학적인 양으로 치명적인 손상을 입었어야 하는 것 아닌가 싶다.

후속 뉴스에서는 문제의 라돈이 포함된 물질이라는 음이온 파우더에서 직접 라돈 양을 측정했더니 3,696Bq이나 나왔다고 한다. 이것이 사실이라면 4일 전에 제보자가 측정했을 때에는 7,000Bq 이상이 나왔어야 했다. 뉴스에서는 라돈이 폐암과 관련이 있음을 알려주었다. 미국에서는 연간 2만여 명이 라돈 때문에 폐암에 걸려 사망하고, 우리나라에서도 폐암 사망자의 12.6%가 라돈 때문이라는 것이다. 이 정도의 뉴스라면 시청자들에게 공포를 심어주기에 충분하지 않았을까?

실제로 방송 이후 원자력안전위원회에서 문제가 된 침대의 매트리스 속커버에서 라돈과 토론의 방사선량을 측정했더니 라돈 58.5Bq/m³, 토론 624Bq/m³였다. 이를 토대로 산출한 연간 피폭선량(피폭된 방사선량)은 속커버에 밀착한 상태로 매일 10시간을 생활하는 경우 0.06mSv(밀리시버트), 24시간을 생활하는 경우는 0.15mSv였다. 이는 「생활주변 방사선 안전관리법」 제15조에서 연간 1mSv를 초과하지 못하도록 정한 가공제품 안전 기준 범위 내였다. 다만 제품에서 방출되는 라돈과 토론으로 인한 내부 피폭선량은 연간 총 0.5mSv라고 했다.

참고로 베크렐(Bq)은 방사성물질이 내는 방사능의 양을 나타내는 단위로, 1Bq은 방사성 붕괴를 하는 물질(방사성 핵종)이 1초에 1개 붕괴하여 1개의 방사선을 방출하는 양이다. 방사선이 인체에 미치는 영향을 나타내는 단위는 시버트(Sv)다. 일반적으로 방사선의 흡수량은 그레이(Gy)로 표현하지만, 시버트는 생물학적 효과까지 반영한 단위다. 이온화방사선 연구에서 많은 업적을 남긴 스웨덴의 의사이자 물리학자인 롤프 막시밀리안 시베르트Rolf Maximilian Sievert의 이름을 딴 것이다. 국제원자력기구IAEA나 국제방사선방호위원회ICRP에서는 실내 공기 중 라돈에 대한 방호 최적화의 기준점으로 연간 10mSv 미만을 권고하고 있다.

해당 침대회사에서 제조한 7개 침대제품의 속커버와 스펀지를 대상으로 한 2차 조사에서는 라돈 0~68.08Bq/㎥, 토론 220.32~1,364.45Bq/㎥가 나왔다. 이는 앞서 이야기한 것처럼 매일 10시간을 침대에서 생활했을 때의 내부 피폭선량은 라돈 0~0.76mSv, 토론 1.45~8.96mSv였다. 라돈과 토론을 합하면, 1.59~9.35mSv였다. 일반인의 피폭 허용 선량인 1mSv를 넘어서는 수치였다. 참고로 원자력안전위원회에서 수거한 침대는 2016년에 만든 것이라고 한다.

필자 집에서는 2011년에 산 아이들의 침대가 문제였다. 침대회사에서는 문제가 된 제품을 회수한다고 해서 일단 등록은 했다. 사용하던 침대를 비닐로 포장해서 밖에 내놓은 사람도 있는 모양이다. 아내 역시 침대를 치우고 이불과 요를 깔아야겠다고 한다. 방사성 동위원소는 반감기가 지나면 절반 수준으로 방사선량이 줄어든다는 간단한 상식을 생각해보아도 7년 전에 산 침대는 문제가 없어 보인다. 아니, 음이온이 나올 것이라고 믿고 사용한 모거나이트Morganite에서 측정한 방사선량과, 라돈과 토론의 반감기를 고려할 경우 침대회사에서 만든 제품이 가정에 배달될 무렵이면 인체에 무해한 수준이 되어야 정상이다. 해당 침대회사는 수입업체로부터 2013년부터 3년에 걸쳐 2,960kg의 모거나이트를 수입했다고 한다. 그리고 2011년 침대를 살 때, 음이온이 방출된다는 이야기를 들었던 것 같지 않다. 물론 침대회사에서 2013년 이전에도 모거나이트를 침대에 뿌렸을 수도 있다. 모거나이트 혹은 인광석과 같은 천연방사성 물질을 취급하는 업체가 취급 물질의 종류와 수량 등을 원자력안전위원회에 의무적으로 등록하게 하는 「천연방사성 물질 취급자 등록제도」를 시행한 것이 2013년이니 말이다. 어쨌든 침대회사는 우리 집의 침대 매트리스를 수거해갔다. 모거나이트를 수입하기 전에 만든 제품이라고 하던데, 문제가 있는 제품이었나 보다. 그런데 새 침대 매트리스는 언제쯤 보내준다는 것인지 알려주지 않고 있어서 기약할 길이 없어 보인다.

라돈 침대 사건의 본질이 무엇이든 간에 사태는 걷잡을 수 없이 확산되는 느낌이다. 2013년부터 모거나이트를 국내에 들여온 수입업체는 2013년 1월부터 2018년 4월까지 모두 4만 657.5kg을 수입하여 66개 업체에 팔아왔다. 그 가운데는 이번에 문제가 된 침대회사보다 더 많은 12,000kg, 그 외 4,180kg, 3,720kg을 사간 업체도 있다. 어쩌면 침대보다 이쪽이 더 문제일지 모른다. 과연 이들 업체는 모거나이트를 어디에 사용했을까? 침대에 뿌려졌다는 '음이온 파우더'는 모거나이트를 빻아 가루로 만든 것이다. 음이온 파우더는 침대 외에 건강 팔찌, 목걸이, 심지어는 벽지 등 생활용품에도 사용되고 있다고 한다. 특허청에서 음이온 배출 기능을 인정한 특허제품이 무려 18만여 종류나 된다고 한다.

라돈의 위해성

라돈Rn은 우라늄, 토륨, 라듐, 폴로늄에 이어 다섯 번째로 발견된 방사성 원소로 1900년 프리드리히 에른스트 도른Friedrich Ernst Dorn에 의해 발견되었다. 그보다 앞선 1898년에 퀴리 부부가 폴로늄과 라듐을 발견하는 과정에서 라듐에 접촉한 공기가 방사성을 띤다는 것을 알게 되었다.

라돈은 원자량 238의 우라늄이 붕괴하는 과정에서 생성되는 악티늄, 토륨, 라듐으로부터 알파 입자(알파선)가 튀어나가면서 만들어진다. 라돈은 동위원소로는 모두 27가지가 알려져 있고, 이 가운데 악티논(Actinon, 219Rn), 토론(Thoron, 220Rn), 라돈(Radon, 222Rn) 등 3종은 자연계에 존재하는 것이다.

라돈은 색이 없고, 냄새도 없으며, 맛도 없는 기체다. 불소처럼 대단히 안정하여 다른 물질과 화학 반응을 하지 않는 불활성 기체에 속하는데, 공기보다 약 8배 무겁다. 화학적으로는 매우 안정하지만, 물리적으로는 매우 불안정하여 알파 입자(알파선)를 방출하고는 폴로늄Polonium과 납으로 변한다. 방사선 가운데 알파선은 투과력이 적어서 사람의 피부를 통과할 수 없다. 하지만 폐에 들어간 라돈은 얇은 폐세포를 뚫고 들어가 유전자에 손상을 일으킬 수 있으며, 이로 인하여 폐암이 생길 수 있다.

라돈의 동위원소 가운데 악티논(Actinon, 219Rn)과 토론(Thoron, 220Rn)은 반감기가 1분이 채 안되지만, 라돈(Radon, 222Rn)은 3.825일이다. 라돈 원자핵은 대부분 약 8일 이내에 붕괴된다. 라돈이 붕괴되어 생성되는 물질들은 (+)전하를 띠게 되어 공기 중에 떠 있는 미세먼지에 흡착되는데, 이런 입자들이 호흡을 통하여 폐 안으로 흡입될 수 있다. 미국에서는 폐암으로 매년 15만 8,000명이 사망하는데, 이 가운데 1만 5,000~2만 2,000명 정도가 라돈으로 인하여 사망한다. 특히 담배를 피우는 사람이 피우지 않는 사람보다 라돈에 노출되었을 때 폐암에 걸릴 확률이 높다고 한다.

이렇기 때문에 국제암연구소는 라돈을 인체발암물질(1군)로 분류했다. 2009년 세계보건기구who에서는 전 세계의 폐암 발생 사례 가운데 3~14%는 라돈이 영향을 미친 것으로 추정했다. 라돈이 포함된 물을 마실 경우에는 위암이 발생할 수도 있다. 라돈은 비교적 물에 잘 녹기 때문에 지하수에 다량 존재하기 때문이다. 그뿐 아니라 화산활동으로 형성된 화강암에는 석회암이나 사암보다도 우라늄의 함유량이 2~3배 높다. 반감기가 44.7억 년인 우라늄-238(238U)이나 반감기 7.04억 년인 우라늄-235(235U)로부터 지속적으로 라돈이 만들어지는 환경에서는 라돈의 위해를 방지할 적극적 조치를 취해야 한다.

지구상의 모든 토양 속에는 우라늄이 미량으로 들어 있으므로 모든 토양은 라돈을 방출하고 있다고 보면 된다. 더욱이 콘크리트, 시멘트 블록, 석고판, 벽돌 등의 건축자재는 물론 석탄, 천연가스, 지하수 등 자연환경과, 우리가 일상적으로 접촉하는 물질들이 라돈을 내뿜고 있다. 이처럼 라돈은 자연에서도 존재하는 물질이기 때문에 미국 정부는 실내 라돈의 연평균 농도를 4pCi/L(1리터당 4피코큐리=148Bq/㎥)를 넘지 않도록 권고하고 있다. 평생을 이런 수준에서 생활하게 되면 흡연자의 경우 1,000명당 약 62명(6.2%)이 폐암에 걸릴 수 있다고 한다. 담배를 피우지 않는 사람의 경우 폐암 발병률은 1/8 수준이다.

우리나라 역시 미국과 같은 수준의 권고 기준을 가지고 있다. 환경부에서는 2005년 전국의 3,856가구를 대상으로 하여 라돈 농도를 측정했다. 우리나라 주택의 실내 라돈 농도는 연평균 1.5pCi/L였지만, 전체 가구의 3.4%는 우리나라의 권고 기준치 4pCi/L를 넘고 있었다.

라돈 침대 사건과 관련하여 원자력안전위원회에서는 라돈과 토론의 양만을 측정하여 발표한 바 있다. 라돈과 토론은 반감기가 짧은 방사성 동위원소이므로 사실 큰 문제가 아닐 수 있다. 이들 방사성 동위원소를 만드는 물질이 침대에 얼마나 포함되어 있는지가 더 중요하다. 진짜 문제는 매트리스에 숨어 끊임없이 라돈을 만들어냈을지 모를, 아직 밝혀지지 않은 다른 물질인 것이다. 한국원자력안전기술원의 조사 결과, 모거나이트에서 토륨(Th-232), 라듐(Ra-226), 칼륨(K-40) 등이 17.8~180Bq/g 나왔다는 기사가 있었다.

한국원자력안전기술원이 2005년부터 3년간 주요 원료 광물의 천연 방사성 핵종 농도를 조사한 결과, 옥매트 등 음이온 건강보조 제품에 사용되는 모거나이트의 경우 토륨(Th-232), 라듐(Ra-226), 칼륨(K-40)의 농도가 17.8~180Bq/g이었다. 토륨의 반감기는 140억 500만 년이며, 라듐의 반감기는 약 1,600년이다. 라돈이나 토론의 문제가 아닌 것이다.

라돈을 위한 변명

라돈이 내는 방사선은 알파선이다. 알파선은 사람의 피부도 투과하지 못할 정도로 에너지가 약하다. 따라서 인체에 큰 영향을 미치지 않는다. 다만 기체 성분이며 물에 잘 녹기 때문에, 호흡을 통하여 폐 안으로 들어오거나 마시는 물을 오염시켜 위로 들어오는 경우 폐암이나 위암을 일으킨다.

하지만 라돈이 몸 안으로 들어온다고 해도 짧은 반감기 때문에 쌓이지는 않는다. 문제는 내부 피폭인데 라돈이 몸 안에 들어와 세포 안의 유전자에 돌연변이를 일으킨다고 해도 이를 정량적으로 잴 수는 없다. 우리 몸에는 다양한 원인으로 인하여 유전자에 생기는 변이를 회복시키는 기전이 있다. 라돈에 의한 폐 손상은 라돈의 양과 피폭된 사람의 나이 등 다양한 요소에 의하여 결정된다. 라돈의 영향은 수년에서 수십 년의 오랜 기간에 걸쳐서 서서히 나타날 수도 있다.

라돈에 노출되었다고 해서 두드러기, 가려움증, 만성 피로 등을 호소하는 경우도 있는 듯하다. 하지만 이런 증상들은 라돈 피폭과 직접 연관되었다고 보기 어려우며, 라돈에 피폭된 엄마의 젖을 통하여 라돈이 아이에게 건너갈 가능성도 없다.

토론이나 악티논과 같은 라돈의 동위원소는 반감기가 1분 이내이며 라돈의 경우도 3.825일로, 이처럼 반감기가 짧은 편인 것은 참 다행스러운 일이다. 이는 라돈을 항구적으로 내뿜는 우라늄이나 라듐과 같은 방사성 물질로 환경이 오염된 경우가 아니라 오염원이 라돈만이라면 비교적 짧은 시간에 문제가 해결될 수도 있다는 것이다.

라돈이 녹아든 온천에서 목욕을 하면 스트레스가 해소되거나 관절염을 치료하는 데 도움이 된다고 해서 라돈탕에서 목욕을 하는 것이 유행한 적이 있다. 물론 라돈이 사람의 피부를 뚫고 몸 안으로 들어올 수 없으므로 목욕을 하는 것은 문제가 없다. 하지만 온천물에 녹아 있던 라돈이 증발하여 탕 안의 공기로 퍼지게 되면 이를 들이마시는 사람의 폐에 손상을 줄 수 있다. 따라서 탕 안의 공기를 적절하게 외부로 배출하는 시설이 필요하다.

음이온을 "공기 속의 비타민"이라고 하면서 세포를 활성화시키고 혈액을 정화시킨다고 주장하는 경우가 있다. 피로한 몸을 회복시키고,

생활용품에
숨어 있는
유해물질

라돈의 위해성

라돈은 색이 없고, 냄새도 없으며, 맛도 없는 기체로 공기보다 약 8배 무겁다. 화학적으로는 매우 안정하지만, 물리적으로는 매우 불안정하여 알파 입자(알파선)를 방출하고는 폴로늄과 납으로 변한다.

라돈이 내는 알파선은 투과력이 약해서 사람의 피부를 통과할 수 없어 신체 내부에 손상을 주지 못한다. 하지만 라돈으로 오염된 공기나 물을 마시면 폐나 위장을 덮고 있는 세포를 뚫고 들어가 염색체에 손상을 입힘으로써 폐암이나 위암을 일으킬 수 있다.

자율신경과 정신을 안정시키며, 면역력을 높인다는 것이다. 그뿐 아니라 통증을 완화해주고 알레르기 체질 개선을 한다고 한다. 하지만 음이온이 건강에 이롭다는 주장은 의학적으로 근거가 거의 없다고 알려져 있다.

모거나이트가 음이온을 만든다는 주장도 문제가 있다. 모거나이트에 들어 있는 방사성 동위원소들은 대부분 알파선을 방출한다. 알파선은 2개의 양성자와 2개의 중성자로 이루어져 양의 전하를 내는 것이다. 라돈이 핵 변환을 일으키면 알파 입자가 빠져나가고 남은 딸핵종은 미부착 이온 혹은 중성 원자로 존재하다가 공기 중에 떠 있는 에어로졸 입자에 부착하게 된다. 모거나이트가 얼마나 많은 음이온을 만들어내는지는 분명치 않으나 그만큼의 방사성 동위원소를 마셔야 된다면 생각을 다시 해야 하지 않을까? 그것도 1군 인체발암물질이라는데 말이다. 아무래도 라돈에 대해 변명을 하는 것이 수월치 않다.

라돈의 위해를 차단하는 방법

라돈은 지구 환경에서 자연스럽게 방출되어 공기를 오염시키는 기체 형태의 방사성 물질이다. 피부를 뚫고 사람의 내부 장기를 손상시킬 수는 없다. 하지만 오염된 공기를 들이마시거나 지하수를 마실 경우 폐나 위장을 덮고 있는 세포들의 염색체에 변이를 만들어 폐암이나 위암을 일으킬 수 있다.

우선 라돈은 우라늄과 라듐과 같이 천연에 존재하는 방사성 물질로부터 만들어진다. 천연에 존재하는 우라늄(U-238)의 반감기는 44.7억 년이며, 라듐의 반감기는 약 1,600년이다. 반감기가 약 3.8일에 불과한 라돈이 권고 수준보다 높게 검출된다는 것은 라돈을 만들어내는 우라늄이 주변 환경을 오염시키고 있다는 의미다. 따라서 라돈을 방출하는 오염물질을 찾아 제거해야 한다. 오염원을 제거할 수 없으면 라돈이 검출되는 공간을 폐쇄하고 사용하지 말아야 한다.

라돈은 반감기가 3.8일 정도 되는 기체 방사성 물질이므로 실내에 라돈이 축적되지 않도록 하는 것도 중요하다. 실내의 라돈 농도는 실내외의 온도 차이, 환기와 공조 등 건물 안 공기의 순환에 따라 달라질 수 있다(공조란 건축 분야에서 사용하는 공기조화空氣調和의 줄임말이다. 실내 공기의 온도와 습도, 기류 등을 알맞게 조절하거나 관리하는 일을 말한다). 그리고 바닥의 높이와 공간의 크기, 방문이나 창문을 열어두는 것과 같은 생활 습관에서도 영향을 받는다. 물론 외부에서 실내로 흘러들어 쌓일 수도 있기 때문에 주변 환경을 확인 후 환기시키는 것이 필요하다.

우라늄(U-238)은 자연계에 매우 풍부하게 존재하는 방사성 동위원소다. 지구의 가장 바깥층인 지각에 2.6ppm의 비율로 들어 있어 주석보다 더 많다. 우라늄은 지역마다 차이가 있어 좋은 우라늄 광산의 경우 15,000~200,000ppm에 달하기도 한다. 따라서 집을 지을 때는 집터가 우라늄과 같은 방사성 물질로 오염되었는지 조사해야 하며, 건축자재 역시 방사성 물질에 오염되지 않은 것을 사용해야 한다. 지하수를 사용하는 경우에도 수질 검사를 통하여 라돈 농도를 확인해야 한다. 한국환경공단(http://www.keco.or.kr)에서 라돈 무료 측정과 저감 컨설팅을 해주고 있다.

치약,
3-3-3법칙을
버려라

필자는 치아 관리에 소홀한 편이다. 서른이 넘어서야 스케일링을 처음 받았다. 시골에서 자랐기 때문이라고 해도, 이 닦는 것도 그리 열심히 하지 않은 편이다. 어렸을 때는 아침에 일어나자마자 소금으로 한 번 양치를 하면 그것으로 끝이었다. 장성해서야 잠자기 전에 한 번을 더 하기도 했으니 게으른 편이었던 것이다.

물론 건강한 치아를 유지하기 위해서는 3-3-3법칙을 잘 지켜야 한다는 말은 오래전부터 들어왔지만, 그대로 하는 날은 지금도 거의 없는 편이다. 식사 후에 마시는 커피 맛을 망치기 싫다는 것이 구차한 변명이다. 어쩌면 커피를 마시고 다시 이를 닦아야 하는 번거로움이 싫어서일 것이다. 그럼에도 불구하고 임플란트한 치아가 하나, 크라운을 씌운 이빨이 둘 정도인 것은 돌아가실 때까지 치아가 건강하셨던 어머니의 유전자 덕분이 아닌가 한다.

임플란트를 한 것도 서른 넘어 처음 받은 스케일링 때문이 아닐까 싶기도 하다. 스케일링을 하고 나서 얼마 되지 않아 어금니가 반으로 깨지는 바람에 크라운을 씌웠다. 피로하면 크라운을 씌운 이의 잇몸이 붓곤 했지만 20년 가까이 달래서 썼다. 하지만 결국은 들뜨면서 자연히 빠지는 바람에 어쩔 수 없이 임플란트를 해야 했다.

그 이빨이 들뜰 때는 아파서 반대편 어금니를 주로 사용하다 보니 반대편도 마모가 심해졌다. 결국 시린 느낌을 참을 수 없게 되면서 신경치료를 받고 크라운을 씌우고 말았다. 임플란트를 하고 얼마 되지 않아 그 옆에 있는 어금니가 또 금이 가는 바람에 역시 신경치료를 받고 크라운을 씌웠던 것이다. 두 번째 크라운을 씌우고 나서는 밥을 먹으면 치아 사이에 음식이 끼어 치간칫솔을 써야만 한다. 그로도 안될 때는 치실도 쓴다.

그러다 필자의 부실한 치아 관리를 변명할 수 있는 호재를 만났다. 지금까지 철석같이 신봉해왔던 치아 관리 3-3-3법칙은 물론 심지어는 양치질을 하지 않아도 된다고 주장하는 치과의사가 있다는 것이다. 『차라리 양치질하지 마라』의 저자 모리 아키라森昭 원장이다.

3-3-3법칙을 버려야 하는 이유

재미있는 것은 3-3-3법칙이 일본과 한국에서만 지켜지고 있다는 것이다. 아침, 점심, 저녁으로 하루 3번 식사를 하고 3분 이내에 양치질을 하는데 3분 이상 하는 것이 치아 건강에 좋다는 것이 3-3-3법칙이다. 간단히 정리하면, 양치질을 하루 3번 식사 후, 3분 이내에, 3분 이상 하라고 권하는 법칙이다. 이 법칙은 50년도 넘은 옛날에 일본 사람들에게 양치질하는 습관을 가지게 하려고 만든 것이었다고 한다.

그런데 일본의 치약회사가 치약을 많이 팔기 위한 홍보 전략으로 그런 배경을 활용한 것이라고 모리 원장은 잘라 말한다. 뒤에 설명하는 것처럼 3-3-3법칙은 치의학적으로 결코 권장할 일이 아니라는 것이다. 물론 사람을 많이 만나야 하는 회사원들이나 영업사원의 경우에는 충분히 이해되는 면도 있다. 식사를 하고 바로 사람을 만나는 경우도 있는데 대화할 때 음식 냄새가 전해질까 봐 신경이 쓰일 것이기 때문이다. 그럴 경우에는 치아 건강에 좋은 껌을 씹으라고 권한다. 식사 후에 양치질을 하는 이유는 음식 냄새나 치아 사이에 낀 음식물을 제거하기 위한 목적보다는 치아에 쌓이는 치태(플라크plaque)를 제거하기 위해서다.

국내에서 시판되고 있는 치약 가운데 2/3에서 인체에 유해할 수 있는 파라벤Paraben과 트리클로산Triclosan이 검출된다고 한다. 파라벤은 미생물의 성장을 억제시키는 효과가 있으며 트리클로산 역시 항균 효과가 있는데, 이들이 암 발병률을 높이거나 내분비 교란 작용을 한다는 것이다. 트리클로산은 1970년대 병원 수술실에서 사용되던 것이 비누, 샴푸, 탈취제, 치약, 구강청정제 등으로 확대되었다. 치석과 치은염(잇몸 염증), 충치 예방에 다소 효과가 있다. 하지만 치주염을 감소시킨다는 증거는 없다.

치약에 포함된 발포제나 연마제가 치아 건강을 위협하는 위해 요소가 될 수도 있다. 특히 탄수화물이 많이 든 음식을 먹고 나면 입안이 산성을 띠게 되면서 치아에서 칼슘과 인이 빠져나가 연해진다. 이런 변화는 타액의 작용으로 식후 1시간 정도 지나면 원상회복된다. 하지만 식사 후 이가 연해진 상태에서 치약을 듬뿍 얹어 양치질을 하게 되면 치약 속에 든 연마제가 부드러워진 치아 표면을 갉아낸다.

흔히 충치를 예방하려면 양치질을 잘해야 한다고 믿지만 이는 잘못된 생각이라고 한다. 식후 바로 치약을 듬뿍 짜서 양치질을 하면 식사 중에 많이 분비된 침은 물론, 입안에 있는 무해한 세균도 쓸려나간다. 치아 사이에 끼어 있는 음식물을 제거하고 침이 계속 고이도록 하는 것이 충치 세균의 활동을 저지하는 효과가 크다. 그리고 입안에 있는 무해한 세균은 그대로 두어야 할 필요도 있다. 세균들의 세계도 생존경쟁이 치열하다. 입안에 있는 무해 세균의 세력이 클 때는 충치 세균도 힘을 쓸 수 없다. 하지만 입안에 있는 무해 세균의 세력이 약화되면 충치균이 빠르게 증식해서 세력을 얻게 되고 결과적으로 충치를 만들게 된다.

모리 원장은 구강의 청결 상태가 나빠지면 지방간, 당뇨병 등 전신 질환이 생길 수 있고 뇌졸중, 알츠하이머병, 간경화, 간암 등 치명적인 질병이 발생할 수 있다고 경고한다. 치주질환 환자에게서 당뇨병이 생기는 것은, 치주질환으로 잇몸에 염증이 생기면 염증 조직에서 생성되는 시토카인Cytokine이 혈중으로 들어가 혈당을 낮추는 인슐린 작용을 억제하기 때문이라고 설명한다. 실제로 류마티즘과 당뇨로 입원하여 인슐린 치료를 받던 환자가 중증 만성 치주염을 앓고 있는 것을 발견했는데, 만성 치주염을 치료하고 나서 인슐린을 처방하지 않고도 혈당 조절이 가능해진 사례도 있다고 했다.

양치질을 위한 변명

치약의 기원은 아주 오랜 옛날로 거슬러 올라간다. 기원전 5000년 무렵의 이집트 사람들은 황소 발굽, 몰약, 태운 달걀 껍질, 속돌 등을 가루로 만들어서 이를 닦았다. 그리스와 로마 사람들은 여기에 뼈와 굴 껍질 가루를 연마제로 첨가해서 사용했다. 9세기 무렵 지금의 이라크

지역에서 활동하던 음악가 겸 패션디자이너 지르야브Ziryab가 개발한 치약은 "기능적이고 맛이 좋았다"라는 평을 들었고 이베리아 반도의 이슬람 세계에서 선풍적인 인기를 끌었다. 근대적 치약은 19세기 말 무렵 과산화수소와 베이킹소다를 주성분으로 만들어졌는데 칫솔과 함께 사용하도록 권장되었다.

치약은 연마제, 불소, 감미료와 향료 그리고 보존제로 구성된다. 함수이산화규소, 덴탈 타입 실리카Dental Type Silica, 탄산칼슘 등의 연마제는 치아에 붙어 있는 플라크와 이물질을 제거하는 성분이다. 플루오린화나트륨이나 일불소인산나트륨 등의 불소는 치아 표면을 소독하고 방어막을 만들어 충치를 막아준다. 보존제는 치약 성분을 오래도록 보존하기 위한 방부 효과를 내는 성분이다. 최근에는 방부제로 많이 사용하던 파라벤이 소아에서 내분비계 호르몬 교란 등 유독성의 경향을 보여 차츰 빼는 추세다.

치주질환을 앓는 환자의 염증 부위에서 만들어지는 시토카인이 인슐린 기능을 억제해 혈당을 올리는 사례가 있을 수는 있다. 이런 경우는 치주질환을 치료하면 혈당이 정상으로 돌아갈 것이므로 진정한 의미의 당뇨병으로 진단해서는 안 될 일이다. 치주질환과 당뇨병의 관계를 보더라도 당뇨 환자의 경우 전신에 흩어져 있는 혈관에 손상을 일으키기 때문에 치주질환이 생기는 경우가 많다. 따라서 치주질환이 당뇨를 생기도록 하는 경우보다 당뇨 환자에게서 치주질환이 더 쉽게 생긴다고 보아야 한다.

동물실험이나 임상자료를 보아 치주질환이 치매의 위험 요소라는 주장도 있다. 하지만 치매는 원래 인지 기능에서 문제를 보이고 최근

기억의 저장에서 장애를 겪는다. 따라서 구강 위생을 소홀히 하기 마련이다. 결국 치주질환이 치매의 진전에 기여한다고 보는 것보다는 치매가 있으므로 치주질환이 쉽게 발생하는 것이라고 해석함이 타당하다.

만성 치주질환을 가진 환자가 급성 뇌졸중을 일으킬 위험성이 그렇지 않은 경우보다 3배나 높다고 한다. 잇몸에 염증을 일으킨 세균이 혈관 안으로 들어가 돌아다니다가 혈관 벽에서 염증을 일으킬 수 있다. 이어서 콜레스테롤을 끌어들여 죽상경화성 플라크를 만들고, 이 플라크에서 떨어져 나온 조직 조각이 혈류를 타고 가서 뇌혈관을 막으면 급성 뇌졸중이 생기는 것이라고 설명하기도 한다. 하지만 죽상경화성 플라크는 핏속에 있는 세균이 염증을 일으켜 만드는 것이 아니다. 혈중의 저밀도 지방을 높이는 고지혈증이 죽상경화증을 일으키는 데 중요한 요소다.

동맥혈관이 딱딱해지고 안지름이 좁아지는 죽상동맥경화가 생기는 과정을 보면, 고혈압 혹은 고지혈증과 같은 선행 질환이 있는 경우 동맥혈관의 내피세포가 손상을 입는다. 이어서 내막이 두터워지면서 콜레스테롤 입자들이 쌓이기 시작한다. 이런 과정이 이어지면 콜레스테롤 덩어리 주변으로 섬유화가 진행되고, 동맥의 중막에 있는 근육층이 파괴되면서 탄력을 잃게 된다. 변화가 심해지면 내막이 떨어져나가게 되는데, 이 단계에 이르면 떨어져나간 내막에 피떡(혈전)이 엉겨 붙기 시작한다. 피떡의 양이 많아지면 내막에서 떨어져 혈류를 타고 이동하다가 작은 동맥혈관을 막게 된다. 심장에 피를 공급하는 관상동맥, 뇌동맥, 신장의 동맥들은 혈관들이 서로 연결되어 보완하는 구조가 없는 특징을 가진다. 따라서 심장, 뇌, 신장과 같은 장기에서는 동맥혈관이 막히게 되면 심각해진다. 즉, 막힌 부위보다 먼 부분에서는 조직에 혈액이 공급되지 않아 허혈성 손상을 입는다. 이런 상황을 심장에서는 심근경색증, 뇌에서는 허혈성 뇌졸중, 신장에서는 신경색이라고 한다.

  입안에는 700여 종의 각종 세균이 100억 마리 이상 살고 있으며, 구강 위생이 나쁜 경우에는 세균 수가 100배를 훌쩍 넘길 수도 있다. 많은 치과 의사들이 충치 예방을 위해서는 치약을 사용해야 한다는 입장이다.

제대로 하는 구강 관리법

구강의 건강을 위협하는 결정적 요소는 플라크다. 따라서 구강 위생의 핵심은 플라크를 어떻게 관리할 것인가에 두어야 한다. 플라크는 탄수화물이 많은 식사를 하고 24시간이 지나면 생기는데, 특히 밤에 자는 동안에 잘 생긴다. 타액은 플라크가 만들어지는 것을 방해하는데 식사 후에 왕성하게 분비된다. 양치질은 하루 2번, 잠자기 전과 아침에 일어났을 때 한다. 가급적 치실을 사용해서 치아 사이에 낀 플라크를 제거하고 칫솔질을 3분 정도 한다. 식사 후 양치질을 할 경우에는 치아 사이에 낀 음식물을 제거하는 정도가 좋은데 역시 치간칫솔 혹은 치실을 사용하여 침이 잘 흐르도록 하는 것이 중요하다. 식후에 껌을 씹는 것은 침의 분비를 촉진하므로 권장된다. 연마제나 발포제가 들어 있는 치약은 가급적이면 쓰지 않는 게 좋다. 다만 충치를 예방하기 위해서라면 불소가 포함된 치약을 사용하도록 한다.

참고로 플라크와 치석은 같은 것으로 혼동되기도 한다. 플라크는 치아 표면에 만들어지는 세균막이다. 색이 없으며 끈적거린다. 치아와 잇몸 사이에 있는 세균들이 침, 음식물, 수분 등을 끌어들여 플라크를 만드는 것이다. 플라크가 쌓이면 치아가 색깔을 띠게 되고 잇몸질환을 일으키며 충치를 만들 수 있다. 양치를 하고 4~12시간이 지나면 플라크가 다시 만들어지기 때문에 하루 2번 이상 양치를 해야 한다.

치석은 치아 표면에 쌓여 색깔을 띠는 딱딱한 침전물이다. 치석이 딱딱한 것은 인산과 칼슘이 결합한 인산칼슘이 섞여 있기 때문이다. 플라크 안에서 치석이 잘 생긴다. 치석은 치아에 단단하게 붙어 있기 때문에 정기적으로 치과를 방문하여 스케일링으로 제거해야 한다.

치약을 사용하지 않고 칫솔질만 하는 사람도 있지만, 다음과 같은 대용품을 사용할 수도 있다. 치약이 들어오기 전에 사용했던 천일염이나 베이킹소다가 있다. 항균 효과가 있는 코코넛 오일 혹은 에센셜 오일을 사용할 수도 있다. 엑스트라 버진급의 올리브 오일로 오일풀링 oil-pulling(식물성 압착 오일을 입에 머금고 15~20분간 헹구는 요법)을 하는 사람도 있다. 과산화수소를 사용하면 미백 효과를 부수적으로 얻을 수 있는데, 수은 아말감으로 때운 이가 있는 사람은 피해야 한다. 수압을 이용하는 워터픽 waterpik 도 있다.

알아두면 좋은 치아 관리법(보건복지부 · 국민건강보험공단 권고)

1) 충치균은 음식물에 든 당분을 분해하여 산성 물질을 만든다. 이 물질이 치아를 부식시켜 충치를 일으킨다. 산성 물질은 음식을 먹고 3분경부터 만들어지기 시작해서 5분경에 최고에 이른다. 따라서 식사하고 3분 이내에 칫솔질을 해야 한다.

2) 잇몸병을 예방하려면 플라크와 치석을 제거하는 것이 중요하다. 플라크는 잠잘 동안 잘 생기므로 잠자기 전, 아침에 일어나서 칫솔질을 하는 것이 중요하다.

3) 정기적으로 치석을 제거하는 것이 잇몸병 예방에 중요하므로 6개월~1년 간격으로 치과에 가서 치석을 제거하는 것이 좋다.

4) 연마력이 강한 치약을 사용하거나 옆으로 문지르는 방식으로 이를 닦는 경우 치아의 마모가 심하게 일어날 수 있다. 따라서 회전법이나 치간자극법으로 칫솔질을 하고 마모력이 낮은 치약을 사용한다.

생활용품에
숨어 있는
유해물질

나노물질,
몸속을 파고드는
초소형 물질

필자가 전공한 병리학은 인체에서 떼어낸 조직 표본을 검사하여 이상 여부를 판단한다. 병리 의사는 기본적으로 현미경을 사용하여 병리 진단을 결정하므로 마이크로의 세계를 누비고 다니는 셈이다. 그러다 보니 시야가 좁아서 세상을 크고 넓게 보지 못하는 것 아닌가도 생각해본다. 약간 부정적인 의미로 소심한 편이라 할 것이며 잘 봐주면 보수적이라고 하겠다. 이런 성향이라면 요즘 같은 세상에서는 눈치를 보아야 하겠지만, 정작 본인은 눈치 보는 일도 없을 것이다.

μ(마이크로)는 10^{-6}의 세계다. 1μm는 10^{-6}m다. 실험실에서 사용하는 광학현미경은 대안렌즈와 대물렌즈를 조합하여 1,000배까지 확대해서 볼 수 있다. 1mm 크기를 1m로 키워서 보는 셈이다. 경우에 따라서는 전자현미경을 이용해서 1만 배 이상으로 확대해서 관찰하기도 하는데, 이 정도가 되면 단위가 μ(마이크로)에서 n(나노) 수준으로 내려간다. 1μm는 1,000nm이므로 나노의 세계에서는 1mm를 1km로 키워서 보는 셈이다. 상상만 해도 엄청난 일이다.

지금까지는 전문가의 영역으로만 생각해왔던 나노의 세계가 어느새 우리네 일상 깊숙이 들어와 있음을 깨닫게 된다. 놀라운 일이다.

처음에는 주로 전자산업 부문에서 시작된 나노의 세계이지만 이제는 화장품, 섬유, 세라믹, 페인트 등 적지 않은 나노제품들이 우리 주변을 채우고 있다.

심지어는 식품첨가물로도 사용되고 있다. 이산화티타늄(TiO_2)의 나노 입자는 프렌치드레싱, 레토르트 식품, 다양한 디저트 식품 등에서 백색색소(E171)로 사용되고 있다. 나노 입자 형태의 이산화규소(SiO_2)는 식품이 굳어지는 것을 방지하는 효과가 있어 양념소스 혹은 파우더 등에 응고방지제(E155)로 첨가된다(E는 EU에서 적용하고 있는 식품첨가물 코드다).

이처럼 나노 소재를 이용하여 일상용품을 개발한다는 소식을 처음 들었을 때 '이 제품이 안전할까?' 하고 생각한 것은 아마도 직업병이었을 수도 있다. 물론 나노물질Nano-object이라고 해서 모두 위험한 것은 아니다. 하지만 최근 문제가 되고 있는 초미세먼지(PM2.5)가 2.5μm보다 작은 크기의 입자임에 주목하자. 2003년에 켄 도널드슨Ken Donaldson은 대기 중의 초미세먼지가 호흡기계와 심혈관계에 손상을 입힐 수 있음을 확인했다.

개발 초기만 하더라도 나노물질이 열어줄 것으로 기대되는 혁신적인 미래 기술에 주목하는 분위기였다. 하지만 초미세물질로 인한 위해성이 밝혀짐에 따라 나노물질이 가지고 있을지도 모를 위해성에도 관심이 쏠리고 있다. 역시 기회와 위험은 동전의 앞면과 뒷면이라고 할 수 있다. 물론 나노물질은 인공적으로 제조되는 까닭에 높은 순도로 정제할 수 있다. 따라서 다양한 오염물질이 흡착될 수 있는 초미세먼지보다는 위해 정도가 낮을 수도 있겠다.

하지만 동물실험을 통하여 탄소나노튜브Carbon Nanotube가 폐와 소화 기관을 거쳐 뇌에 이른다거나 금나노 입자가 태반을 통과할 수 있다는 사실이 확인되었다. 나노물질은 크기에 따라 세포막을 통과할 수 있고, 표면적이 넓기 때문에 뛰어난 생체반응성을 나타낼 수 있다. 이런 작용을 통하여 어떠한 위해 효과를 나타낼 수 있는지 여부를 확인해야 할 것이다.

나노 소재를 사용한 제품 가운데서도 생산 과정에서 혹은 사용 후에 환경을 오염시켜 2차적으로 사람 몸에 들어오는 경우가 있다. 그리고 화장품이나 옷처럼 인체와 긴밀하게 접촉하는 소재라면 피부 혹은 호흡기 등을 통하여 사람 몸으로 들어올 수 있기 때문에 안전 여부를 꼼꼼하게 따져봐야 할 것이다.

과거에 새로운 기술과 물질을 개발하는 과정에서 미처 파악하지 못했던 부작용을 뒤늦게 확인한 사례가 적지 않다. 결국 해당 기술을 폐기하거나 심지어는 피해를 되돌리기 위하여 막대한 시간과 돈을 쏟아붓는 시행착오를 겪어야 했다. 내분비계 장애 물질, 잔류성 유기오염물질 등이 대표적 사례다.

나노물질의 위해 가능성

나노물질은 다양한 형태를 취할 수 있는데, 환경부 고시 제2015-32호에 따르면 나노물질이란 3차원의 외형 치수 중 최소 1차원 이상이 나노 크기(1~100nm)인 1차 입자 또는 비표면적이 60㎡/㎤ 이상이며 의도적으로 제조된 것을 말한다.

어떤 물질이 나노 수준으로 작아지면 고유의 특성이 달라진다. 육안 크기의 금 덩어리는 황금색이지만 20㎚로 작아지면 빨간색을 띤다. 모든 물질을 작게 쪼개갈수록 전체의 표면적이 급격하게 커진다. 나노 크기에 이르게 되면 원래 물질이 가졌던 물리적, 전자적, 화학적 특성까지도 달라진다.

나노 입자의 특성 가운데 위해 가능성이 높은 것은 촉매 작용이다. 표면과 부피의 비율이 아주 크기 때문이다. 현대적 개념의 촉매란 '최종 생성물 중에 나타나지 않고 화학 반응의 속도를 변화시키면서 화학 반응의 열역학은 변화시키지 않는 물질'이라고 정의한다. 백금, 납, 철, 니켈, 코발트 등이 대표적인 금속 촉매이며, 산화마그네슘(MgO), 산화티타늄(TiO_2), 산화아연(ZnO) 등 금속산화물도 흔히 사용되는 촉매제다. 나노 입자는 크기가 작기 때문에 생명체의 세포막을 투과할 수 있는데, 세포의 내부에서 일어나는 생물학적 반응계에 영향을 미칠 수도 있다. 최근에는 산화아연 나노 입자가 사람의 면역세포에 다양한 수준의 손상을 입힌다는 사실이 확인되었다.

나노 입자의 독성 효과를 알아내기 위해서는 생체 내로 들어가는 경로와 생체로 들어온 나노 입자의 이동 및 배출 경로를 파악할 필요가 있다. 나노 입자는 피부, 소화기관, 호흡기관은 물론 후각기관 등을 통하여 생체 내로 들어갈 수 있고, 이렇게 생체 내로 들어온 나노 입자들은 다양한 경로를 통하여 간, 콩팥, 뇌, 면역계 등으로 침투한다는 것이 실험에서 밝혀졌다. 이는 나노 입자들이 다양한 기관에서 독성 효과를 나타낼 수 있음을 의미한다.

나노물질이 생체 내로 들어오는 대표적 통로인 호흡기계의 경우, 입자의 크기에 영향을 받는다. 100~1,000㎚ 크기의 입자는 들이마시는 숨을 따라 허파꽈리까지 들어오더라도 상당수는 내쉬는 숨을 따라 다시 몸 밖으로 빠져나가고 30% 정도가 남는다. 반면 100㎚보다 작거나 1,000㎚보다 큰 입자는 기도 입구에서 허파꽈리에 이르는 호흡기관 곳곳에 쌓일 수 있다.

피부는 상피세포들이 매우 치밀하게 연결되어 있기 때문에 외부 물질이 생체 내로 들어오는 것을 효과적으로 차단할 수 있다. 하지만 나노 크기의 입자는 피부를 통하여 체내로 들어갈 수 있다. 즉 큰 입자는 들어갈 수 없는 피부를 덮고 있는 상피세포 사이에 있는 좁은 공간을 통하여 상피 아래의 진피층까지 이동할 수 있다. 그리고 진피에 와 있는 혈관이나 림프관을 통하여 순환계로 들어갈 수 있다.

이러한 현상은 피부보다 치밀한 정도가 떨어지는 소화관 상피에서는 더 쉽게 일어난다. 음식에 포함되거나 호흡기계에 들어갔다가 기관지 점액에 걸렸던 나노 입자를 삼키는 경우에는 소화관 상피를 경유하여 체내로 들어갈 수 있다.

미국 뉴욕 주 로체스터 대학교 연구팀은 쥐의 코 점막에 산화망간 (MnO) 나노 입자를 뿌리는 실험을 했다. 그 결과 코 점막에 분포하는 후각 신경세포를 통하여 체내로 들어가 중추신경계로 이동하여 염증 반응을 일으키는 것을 발견했다. 산화티타늄 나노 입자나 탄소나노튜브를 흡입한 쥐의 폐에서 염증 반응이 일어났다거나, 이로 인하여 장기적으로는 암이 발생할 가능성을 고려해야 한다는 주장이 있다. 또한 혈관 안에서 피떡(혈전)이 쉽게 만들어지는 경향이 있다는 동물실험 결과도 있다. 실험실에서 배양된 세포에 나노 입자를 작용시켰을 때 나노 입자의 양에 따라서 유전독성을 나타낸다는 실험 결과도 발표되었다.

이와 같은 결과를 놓고 볼 때, 나노물질이 인체에 위해를 줄 가능성은 충분히 고려되어야 할 것이다.

나노물질을 위한 변명

차세대를 이끌어갈 신기술의 후보가 확대되고 있다. 정보기술 Information Technology, IT, 생물기술Biotechnology, BT, 나노기술Nanotechnology, NT, 환경공학기술Environmental Technology, ET을 묶어 4T라 부르던 것을, 우주항공기술Space Technology, ST, 문화콘텐츠기술Cultural Technology, CT이 등장하면서 6T로 확대하여 부르고 있다.

6T 가운데 나노기술은 제5차 산업혁명을 일으킬 것으로 예측될 만큼 주목받고 있다. 고전 역학으로 설명되지 않는 양자역학적 특성으로 설명되는 세상이기 때문이다. 다양한 분야에서 나노기술로 혁신을 이룰 수 있을 것으로 짐작된다. 재료 분야에서는 고강도의 소재, 고성능의 촉매제, 미려한 인쇄기술, 코팅기술 등을 개발하고 있다. 의료 분야에서는 질병의 원인을 규명할 수 있는 유전자 염기서열 분석이나 진단용 칩, 새로운 약물 전달 체계, 생체 친화적인 인공기관 등을 개발하고 있다. 환경 및 에너지 분야에서는 전기자동차 등의 운행을 획기적으로 개선할 고성능 배터리, 양자태양전지 등 청정에너지, 내마모성 타이어, 고성능 촉매 작용을 이용한 오염물질 분해 기술 등을 개발하고 있다. 군사 분야에서는 극소형화된 무기, 무인 원격무기, 은폐 무기 등의 개발에 주력하고 있다. 항공우주 분야에서는 내열 내마모성을 끌어올릴 나노 코팅 기술, 우주선 등의 미세 조정을 가능하게 할

항공전자공학 기술, 나노기기의 개발이 가능해질 것으로 짐작된다.

나노nano는 난쟁이를 의미하는 그리스어 나노스nanos에서 유래했다. 생명체 내에 존재하는 단백질 가운데는 나노 크기의 고분자 형태를 취하는 것도 있으니 나노물질의 존재는 꽤 오랜 과거로 거슬러 올라간다. 다만 '불용성(액체에 녹지 않는 성질)'이거나 의도적으로 제조된 것'이라는 조작적 정의를 내린 것은 지금까지 알려지지 않은 특성을 가진 물질이라는 의미를 담기 위해서다.

마이클 패러데이Michael Faraday는 이미 1857년 논문에서 나노 크기의 금속물질의 광학적 특성을 기술했다. 그뿐 아니라 도자기에 유약을 발라 600℃로 가열할 때 생기는 광택 역시 나노 입자가 만드는 효과다. 열을 받으면 유약에 들어 있는 구리나 은 이온이 유약의 바깥층으로 이동하여 대기에 노출되고, 그곳에서 나노 크기의 금속으로 환원이 되면서 특유의 광학 효과를 나타내는 것이다. 이 기술은 9세기 메소포타미아의 이슬람 세계에서 시작된 것이다.

나노의 구체적 개념을 처음 설명한 사람은 리처드 파인만Richard Feynman이다. 그는 1959년 12월 29일 미국물리학회에서 행한 '가장 작은 세계에도 충분한 공간이 있다There's Plenty of Room at the Bottom'란 제목의 강연에서 나노의 세계에 대하여 설명했다.

"저는 아직 이뤄낸 것은 없지만 원리로는 엄청난 일을 해낼 것으로 보이는 분야에 대하여 이야기하고자 합니다. 이 분야는 (생소한 입자의 정체는 무엇일까 등과 같은) 기본 물리학의 관심사가 아닌 복잡계에서 일어날 수 있는 생소한 현상을 설명해줄 수 있는 고체 물리학에 더 가깝습니다. 그뿐 아니라 엄청난 응용기술이 필요할 것이라는 점이 중요합니다."

나노물질 자체가 다양하고 각기 용도가 다르기 때문에 경제협력개발기구OECD에서는 인체와 밀접한 관련이 있을 것으로 보이는 은Ag, 탄소C, 철Fe, 이산화티타늄TiO₂, 산화알루미늄AlO, Al₂O₃, 산화아연ZnO, 이산화규소SiO₂, 폴리스티렌Polystyrene 등의 나노물질들을 우선 연구 대상으로 정했다. 따지고 보면 모두 지금까지 다양하게 사용되어온 물질임을 알 수 있다. 이것들은 의료, 생활용품, 에너지, 반도체, 촉매 등 다양한 분야에서 사용되는 것들이다.

상용화된 제품에 포함된 나노물질은 물론, 원료로 사용되는 나노물질이 인체 혹은 환경에 노출되었을 때 일으키는 위해 효과의 크기를 측정해야 한다. 특히 피부, 호흡기계, 소화기계 등은 나노물질이 인체에 들어오는 주요 경로로 꼽힌다. 제품 혹은 원료물질로부터 공기, 토양, 물로 방출된 나노물질은 다른 생물체를 경유하거나, 환경 매체를 통하여 직접 인체로 침입할 수 있다.

공기 중에 떠 있는 나노 입자의 움직임은 크기에 따라 달라진다. 크기가 100㎚ 이하인 나노 입자는 가스처럼 확산된다. 하지만 이들이 공기 중에서 독립적으로 움직이는 시간은 그리 길지 않다. 대부분이 서로 응집되어 큰 입자를 만들기 때문이다. 응집된 입자의 크기가 2,000㎚를 넘으면 중력의 영향으로 내려앉는다. 하지만 2,000㎚ 이하의 입자는 공기 중에 오랫동안 떠다닐 수 있다. 이런 입자들이 호흡을 통하여 폐로 들어오게 되는 것이다.

미국 환경보호청Environmental Protection Agency, EPA에서 안전성을 조사하고 있는 나노 입자로는 탄소나노튜브, 산화세륨Cerium oxide, 이산화티타늄, 은나노Nano silver, 철나노Nano iron 등이 있다. 자동차, 스포츠 장비의 재료, 전자 부품용 집적회로 등 광범위한 용도로 사용되는 탄소나노튜브는 다양한 환경 여건에서 독성 작용을 보이는 것으로 확인되었다. 그뿐 아니라 인체 건강에 영향을 미치는 것을 발견하고 추가적인 검증 방법을 찾고 있다.

나노 입자의 독성은 기존의 독성시험 방법으로는 검증이 불가능할 수도 있다. 나노 입자 특유의 반응을 검증할 수 있는 새로운 독성시험이 필요할 것이다. 지금까지의 나노 입자의 독성은 시험관 내의 실험, 혹은 동물실험을 통하여 얻은 결과다. 나노 입자가 인체의 장기에서 이러한 실험 결과와 같은 독성 작용을 나타낼 것으로 유추할 수는 없다. 그것은 나노물질의 입자 크기, 구조와 화학적 조성에 따라서 인체 내에서의 분포가 달라지고, 아직까지 확인되지 않은 물리화학적 성질에 따라 유해성이 달라질 수도 있기 때문이다. 유해물질이 인체에 미치는 유해 작용에 대해, 1차로는 다양한 독성 자료를 확보하고 이를 바탕으로 나노물질의 위해성을 평가하고 이를 차단할 수 있는 방법을 찾아내야 한다.

나노 입자의 위해성을 평가하는 데 있어서 당면한 문제는, 나노 입자의 물리화학적 성질을 확보해야 하지만 나노 입자의 독성시험의 표준시험 과정을 정하는 일이 쉽지 않다는 것이다. 그럼에도 불구하고 나노물질이 인간이나 환경에 위해할 수 있다는 사실을 인식하고 이를 확인할 필요가 있다는 점에 공감대가 형성되고 있는 것이 다행이다.

> **나노 입자의 위해성**
> 실험실 내 연구와 동물실험을 통하여 나노 입자가 호흡기계, 순환기계 및 면역계 등에 위해 작용을 할 수도 있다는 사실이 알려졌다. 다만 이러한 실험 결과가 인체 내에서 같은 효과를 나타낼 것인가라는 의문에 대하여 단정하기는 아직 이르다.
>   특히 나노 입자는 근본적으로 물리화학적 특성이 기존의 물질과는 다르기 때문에 기존의 독성시험 방법이나 위해도평가 방법으로 그 위해성 여부를 평가하는 것이 적절치 않다는 주장도 있다.

나노 입자의 위해성과 대처법

은나노 입자는 일상에서 사용되는 대표적인 나노물질이다. 미국 환경보호청은 삼성전자의 은나노 세탁기에 대하여 안전성을 입증할 증거를 제시하라고 요구했다. '은나노 입자로 살균이 가능하다면 제초제나 살충제와 같은 효과를 보인다고 해야 할 것'이라는 의문에서였다. 살균 효과에 대하여 문제가 되는 세균뿐 아니라 유익한 세균까지도 죽일 수 있으며, 환경에 배출되었을 때 미생물은 물론 물에 사는 생물에 위해를 가할 수 있고 나아가 인체에도 유해할 수 있을 것이라는 환경단체의 주장이 거셌다. 결국 미국 환경보호청도 은나노 입자의 함유량을 제한할 필요가 있다는 결정을 내렸다. 삼성전자 측에서는 4곳의 국내외 시험기관에서 무해하다는 결과를 얻었다고 설명했다.

은나노 세탁기는 삼성전자 말고도 LG전자나 대우일렉트로닉스 등 여러 가전업체에서 시판하고 있었지만, 유독 삼성전자의 제품이 문제된 것은 소량의 은을 장착한 다른 제품들과는 다른 방식을 적용했기 때문이었다고 본다. 순도 99.99%의 순은 10돈을 장착하고 세탁하는 동안 전기 분해가 일어나 세탁물에 은 입자가 뿌려지게 된다는 것이다. 세탁 과정에서 방출된 은나노 입자가 환경에 들어갈 수도 있으며, 세탁물에 남겨진 은나노 입자가 건강에 유해할 수도 있지 않을까 의심을 받았던 것이다.

은나노 입자는 양이온$_{Ag+}$에 의한 항균 및 살균 작용, 활성산소에 의한 살균 작용, 금속으로서의 항균 및 살균 작용을 나타내는 것으로 밝혀졌다. 은나노의 이러한 특성을 활용하여 세탁기, 에어컨, 공기청정기, 청소기 등 생활가전을 비롯하여 도자기, 생활용기, 젖병 등의 유아용품, 침구, 의류, 신발 등 생활용품들이 개발되어 시판되고 있다.

서울대 약학대학 이병훈 교수 팀은 은나노 입자를 생쥐의 코를 통하여 흡입 노출하는 시험을 시행했다. 초기에 폐에 분포했던 은나노 입자가 뇌, 신장, 고환 등으로 분산되었음을 확인했고, 유전자검사에서는 조직 손상 및 염증과 관련된 유전자가 발현되었으며, 면역과 천식에 관한 유전자에도 변화가 있어 관련 부문의 독성 여부를 확인하는 지표로 사용할 수 있을 것이라고 보았다.

2013년 국립환경과학원은 「제조 은나노 물질의 위해성평가」라는 연구보고서를 발표했다. 이 연구에서는 은나노 함유 젖병, 양말, 항균 스프레이 등을 대상으로 각각 경구 노출, 경피 노출, 흡입 노출에 대한 은나노 입자의 위해성을 평가했다. 국내외 문헌을 조사했더니, 생체의 장기에 은나노 입자가 침착된다는 것을 관찰한 시험은 있으나 특이한 독성 효과는 보고된 바 없다. 그러나 세탁 과정을 통하여 환경에 방출된 은나노 입자들이 수중생물이나 토양생물에게 유해한 영향을 미치는 것으로 조사되었다.

그럼에도 불구하고 나노물질에 적합한 독성시험이나 위해성평가 방법이 여전히 미흡하다는 문제가 있다. 은나노 세탁기의 사례에서 보듯이 소비자가 안심하고 사용할 수 있도록 안전에 관한 시험을 충분히 시행하고 그 결과를 투명하게 공개해야 할 것이다. 또한 제품에 포함된 나노물질의 함량을 보기 쉽게 표기해야 할 것이다.

유해물질의 독성시험은 종류도 많고 비용도 많이 드는 만큼 전략적으로 중요한 나노물질에 관한 독성 연구를 국가 주도로 시행할 필요가 있다. 개발에만 매몰되어 안전을 소홀히 한다면 나노물질판 『침묵의 봄』(미국 해양생물학자 레이첼 카슨이 살충제의 폐해를 고발하며 쓴 1962년 저서)을 읽는 날이 오게 될 것이다.

소비자 역시 나노물질의 위해성이 아직 미확정 단계인 만큼 사용에 신중을 기할 필요가 있다. 나노물질 가운데 고체 형태의 물체 내부에 분산되어 있는 경우는 인체 노출이 없을 것으로 생각되며, 물체의 표면에 결합되어 있는 경우는 노출이 있을 것으로 추정할 수 있다. 하지만 용액에 포함되거나 공기 중에 퍼진 나노 입자의 경우에는 인체 노출이 확실하게 이루어질 것이다. 따라서 이러한 제품의 사용에 주의를 기울여야 할 것이다. 인체 독성은 사용량과 사용 기간에도 영향을 받는다는 점을 기억할 필요가 있다.

참고로 국립환경연구원의 연구보고서 「제조 은나노물질의 위해성평가」에 따르면 우리나라에서 제조하거나 수입하는 나노물질은 2010년 기준 32종에 연간 5만 8,000톤가량 되며, 그 가운데 이산화티타늄이 5만 톤으로 대부분을 차지하고 다음으로는 이산화실리카가 8,000여 톤이다.

생리대, 정말 유해한가?

봉준호 감독의 영화 〈괴물〉에 등장하는 한강의 괴물은 포름알데히드 Formaldehyde 때문에 태어난 것으로 묘사된다. 2000년 2월 9일 있었던 주한미군 한강 독극물 무단 방류 사건에서 따온 것이다. 용산에 있는 미8군 기지의 영안실에 보관되어 있던 포름알데히드를 하수구에 버려 한강으로 흘러들게 한 사건이다. 우리나라에서는 드물지만 유럽이나 미국에서는 시체에 방부 처리를 하는 경우가 있다. 이때 사용하는 방부제의 주성분이 10% 포르말린Formalin이다. 포르말린은 37~40%의 포름알데히드다.

필자가 전공한 병리학도 포르말린 속에서 일하는 분야다. 외과나 내과 의사가 수술이나 조직 검사를 통해서 얻은 신체의 일부분을 10% 포르말린에 담아서 병리과로 보낸다. 병리 의사는 이렇게 받은 조직을 처리하여 병리 진단을 정한다. 병리 진단을 결정하는 과정에서 병리 의사가 하는 첫 번째 작업은 포르말린에 담겨 온 조직을 맨눈으로 검사하는 일이다. 조직 표본이 담긴 통을 여는 순간 포르말린의 역한 냄새가 쏟아져 나온다. 포르말린은 대표적인 휘발성 유기화합물Volatile Organic Compound, VOC이기 때문이다. 표본을 흐르는 수돗물에 씻어내지만, 일하는 방은 금세 포르말린 냄새로 채워진다. 때로는 눈물, 콧물이 뒤범벅이 되는 경우도 있다. 웬만한 환기 장치로는 실내에 퍼지는 포르말린을 외부로 빼낼 수 없기 때문이다. 이제는 VOC가 건강을 해친다는 것이 잘 알려져 있기 때문에 병리과 실험실 환경이 많이 개선되었다고 한다.

2017년부터 많은 여성들이 관심을 가져온 생리대 유해물질 파동의 주범이 바로 VOC다. 생리대와 여성용 팬티라이너 등에서 다량의 VOC가 검출되었다는 소비자단체의 고발이 생리대 파동의 시작이다. 고발을 처리하는 과정에서 문제를 제기한 측과 주무 관청인 식품의약품안전처(식약처) 사이에 다툼이 이어지면서 여성들의 불안감이 커졌던 것으로 보인다.

문제를 제기한 시민단체의 사무총장은 『프레시안』 신문과의 인터뷰에서 "생리대가 남성이 쓰는 물건이었다면?"이라고 물었다. 관련 업무를 처리하는 공무원이 대부분 남성이라서 대책 마련에 소극적인 것 아니냐는 생각이었던가 보다. 그런데 이 문제를 담당하고 있는 식약처는 정부의 여러 부처 가운데 여성 공무원이 가장 많이 근무하는 곳이다. 즉, 남의 일이 아니라는 이야기다. 당연히 우리나라 인구의 절반이 넘는 여성들의 건강을 위한 정책 마련에 최선을 다했을 것이라고 믿는다. 물론 필자가 식약처의 전신인 식품의약품안전청(식약청) 산하 연구소에서 근무했기 때문에 팔이 안으로 굽는 것 아닌가 하는 의혹을 받을 수도 있다. 하지만 식약처의 발전을 위해서라면 쓴소리도 마다하지 않을 생각이라는 점을 분명히 해둔다.

생리대 파동에서 문제가 된 VOC의 독성을 알아보기에 앞서, 사태의 진전 과정을 살펴보는 게 좋겠다. 2017년 3월 21일 한 시민단체가 주관한 토론회에서는 생리대에서 방출되는 물질을 검출한 시험 결과가 발표되었다. 나중에 알려지기로는 시민단체가 모 국립대학교의 환경 관련 연구실에 의뢰한 시험의 결과였다고 한다. 연구를 맡은 교수는 먼저 생리대에서 방출되는 화합물을 측정하는 방법이나 규정이 따로 없음을 밝혔다. 나름의 측정 방법을 고안했다는 것이다. 시료의 포장을 개봉하여 20l 챔버chamber(검사 장비에 붙어 있는 밀폐된 기구)에 장착했다. 체온과 같은 36.5℃에 3시간 방치하여 시료와 챔버 내 공기가 평형에 도달하도록 했다. 챔버 안의 공기를 채취하여 열탈착, 저온농축 과정을 거친 다음, GC/MS로 분석했다. GC/MS는 기체크로마토그래피 질량분석법Gas Chromatography/Mass Spectrometry으로 원자 및 분자를 기체 상태에서 이온화시켜 하전입자에 대한 질량을 측정하여 분자량을 결정하는 검사 방법이다. 시험 대상이 된 제품은 중형 생리대 5종, 팬티라이너 5종이었고, 면생리대 1종의 경우 제품 그대로, 물세탁한 제품, 삶아 빤 제품 등으로 구분했다.

제품별로 발암성을 가진 것으로 알려진 9종의 화합물질을 포함하여 모두 20종의 VOC들이 방출되는 것을 확인했다. 그 가운데 국제암연구소가 규정한 발암성 물질로는 에탄올(Ethanol, 1군), 이소프렌(Isoprene, 2B군), 디클로로메탄(Dichloromethane, 2A군), 테트라하이드로퓨란(Tetrahydrofuran, 2B군), 벤젠(Benzene, 1군), 톨루엔(Toluene, 3군), 에틸벤젠(Ethylbenzene, 2B군), 스티렌(Styrene, 2A군), 자일렌(Xylene, 3군) 등이 있었다. 5종의 중형 생리대에서 방출된 VOC의 총량은 2,468~6,560TEQ-ng/개였고, 이를 환산하면 24,670~65,600㎍/㎥로 다중이용시설 기준(500μg/m³ 이하)에 대한 비율로 보면 49~131배에 이르렀다. 팬티라이너의 경우는 2,554~24,752TEQ-ng/개였고, 이를 환산하면 25,550~247,520μg/m³로 다중이용시설 기준(500μg/m³ 이하)에 대한 비율로 보면 51~495배에 이르렀다. 면생리대의 경우 신제품은 11,606TEQ-ng/개였지만, 물빨래를 한 경우 3,225TEQ-ng/개, 삶아서 빤 경우 84TEQ-ng/개였다. 이를 환산하면 각각 111,6060μg/m³, 32,2500μg/m³, 840μg/m³로 다중이용시설 기준(500μg/m³ 이하)에 대한 비율로 보면 223배, 6.5배, 1.7배에 이르렀다. 여성 건강을 고려한다면 면생리대를 삶아서 사용하는 것이 VOC로부터 안전할 수 있다는 결론이다.

발표 이후 시민단체가 연구에서 VOC가 가장 많이 검출된 특정 회사 제품에 대한 피해 사례 수집에 나섰다. 결과적으로 여성들 사이에서 해당 제품에 대한 불매운동이 시작되는 등, 파장이 확산되었다. 이후에 문제가 된 제품과 경쟁 관계에 있는 회사의 임원이 해당 시민단체의 운영위원이라는 사실이 알려졌다. 그리고 생리대에서 방출하는 VOC를 측정하는 시험의 연구비가 어디에서 나왔는지도 분명치 않다는 의혹이 나오기도 했다.

식약처에서는 2017년 8월 25일에서야 유통되고 있는 56개사의 896개 품목의 생리대에 대하여 VOC 양을 전수 조사하겠다고 발표했다. 한편 시민단체에서 식약처에 전달한 시험 결과는 객관적 검증 과정을 거치지 않은 것이므로 신뢰하기 어렵다는 입장을 내놓았다. 9월 28일에는 84종의 VOC 가운데 에틸벤젠, 스티렌, 클로로포름, 트리클로로에틸렌, 메틸렌클로라이드, 벤젠, 톨루엔, 자일렌 3종, 헥산, 테트라클로로에틸렌 등 10종의 VOC에 대하여 식약처가 자체적으로 조사한 결과를 발표했다. 생리대 및 팬티라이너 666개 품목과 기저귀 10개 품목에 대하여 검사를 실시했고, "VOC 검출량이 인체에 유해한 영향을 미치지 않는 낮은 수준인 것으로 평가되었다"라는 결론이었다. 식약처의 발표에 대하여 처음 시험을 했던 교수는 "식약처 결과는 대국민 사기"라고 했다. 자신의 시험 방법과 다르다 하여 '사기'라고 단정하는 것은 적절치 않다. 적어도 생리대 안전검증위원회의 전문가들이 검토하여 결정한 방법으로 시험이 이루어졌기 때문이다.

12월 28일에는 1차 시험에서 남겨두었던 나머지 74종의 VOC를 검출하는 시험의 결과를 발표했다. 생리대와 팬티라이너는 1차와 같은 666개 품목, 기저귀는 확대하여 모두 370개 품목에 대하여 검사했다. 역시 "VOC 검출량이 인체에 유해한 영향을 미치지 않는 낮은 수준인 것으로 평가되었다"라는 결론이었다.

식약처 발표에 대하여 '경구 투여 독성 자료'를 이용한 것은 잘못되었다는 지적이 있었다. 입으로 먹은 물질은 위 혹은 장에서 흡수되는데, 위장관에서 흡수되는 비율은 생식기계의 점막이나 피부에서 흡수되는 비율보다 높기 마련이다. 피부의 경우는 외부 물질이 몸 안으로 들어오지 못하도록 일정한 수준의 벽을 가지고 있다. 그럼에도 불구하고 생리대 VOC의 위해성평가에서는 피부와 점막에서 위해물질이 100% 흡수되는 것을 가정하여 산출했다는 것이다. 만일 이 주장이 옳다면 생리대 VOC의 위해성은 식약처 발표보다도 낮은 게 된다.

생리대 VOC의 위험성

생리대 파동에서 문제가 된 VOC는 유기화합물 가운데 쉽게 증발하는 휘발성을 가진 물질을 말한다. 새집증후군을 일으키는 포르말린을 비롯하여 매니큐어를 지우는 아세톤, 심지어는 건강에 좋다는 피톤치드Phytoncide 역시 VOC에 포함된다. 자연에 존재하는 것도 있고, 인공적으로 합성하는 것도 있어 수백 종이나 된다. 그만큼 VOC는 우리 주변에서 흔히 만나는 물질이다. 다만 그것들 가운데 사람의 건강을 해치는 것들이 있어 주의할 필요가 있다.

미국의 여성환경단체인 '지구를 위한 여성들의 목소리Women's Voices for the Earth, WVE'에서도 비슷한 일을 한 적이 있었다. 미국에서 유통되는 생리대에서 암을 일으키거나, 생식독성 혹은 신경독성이 있는 스티렌, 클로로메탄, 클로로에탄, 클로로포름, 아세톤 등을 방출하고 있다고 발표했던 것이다. 이 단체는 우리나라에서 발생한 생리대 파동의 추이도 계속 지켜보고 있었다.

VOC는 실내외 환경에서 더 문제가 된다. 따라서 「대기환경보전법」에 근거하여 환경부에서 관리하고 있다. 2015년 9월 11일 개정하여 시행되고 있는 휘발성 유기화합물 지정 고시(환경부 고시 제2015-181호)에는 아세트알데히드 등 37종을 '배출시설의 관리대상 휘발성 유기화합물'로 정하고 있다.

VOC는 종류도 다양하고, 각각의 물질이 가지는 위해성에도 차이가 있다. 그러므로 여기에서는 시민단체의 의뢰로 시험한 결과에서 다중이용시설 기준(500μg/㎥ 이하)을 초과한 헵탄Heptane, 톨루엔Toluene, 에틸벤젠Ethylbenzene, 자일렌Xylene, 트리메틸벤젠1,2,4-Trimethylbenzene 등 5종의 물질이 가진 독성을 정리해보기로 한다.

먼저 헵탄의 경우, 호흡기를 통하여 몸 안으로 흡수되면 호흡기 자극, 두통, 졸음, 현기증, 정서 장애, 조정기능 손실, 질식, 의식 불명을 일으키고, 입으로 섭취되면 자극, 구역, 구토, 설사, 위통, 두통, 졸음, 현기증, 정서 장애, 조정기능 손실, 의식 불명을 일으키고, 폐로 넘어갈 위험이 있다. 눈과 피부에는 자극 작용을 나타낼 수 있다. 입으로 먹었을 때의 반수치사량(Lethal Dose 50, LD50, 10마리에 투여했을 때 5마리가 사망하는 독성 용량)은 쥐에서 5,000mg/kg이고, 토끼의 피부를 통하여 흡수되는 경우의 반수치사량(LD50)은 3,000mg/kg이다. 호흡기나 피부에 과민성 반응을 일으키지 않고, 발암성, 생식세포 변이원성(유전성에 변이를 일으키는 성질), 생식독성은 해당되지 않는다. 흡입했을 때 화학적 폐렴을 일으킬 수 있다. 장기간 노출되면 간 기능 장애를 일으킬 수 있다.

식품의약품안전평가원의 「독성정보제공시스템」에 등록된 자료에 의하면, 톨루엔은 급성 중독으로 마취 상태를 유발하고 만성 중독으로는 빈혈, 백혈구 감소, 위장 장해를 유발한다. 피부를 통하여 흡수되는 경우 반수치사량(LD50)은 토끼에서 14,100mg/kg이다. 간, 콩팥, 신경계에 변화를 일으키는데, 특히 신경계가 민감하다. 100ppm(377mg/m³)의 톨루엔에 하루 6시간씩 4일 동안 노출된 사람이 두통, 어지럼증, 중독감을 호소했다. 2배인 750mg/m³에 8시간 동안 노출된 사람은 피로, 근쇠약, 혼돈, 협동운동 장애, 동공 확대, 조절 주의력 장애를 겪었다. 8배인 3,000mg/m³에 노출된 사람은 심한 피로, 심각한 구역증, 정신 혼돈, 갈지자걸음을 동반한 심한 협동운동

장애를 보였다.

톨루엔에 노출된 사람에게서 돌연변이 유발 및 발암성을 포함한 만성 독성이 나타날 수 있다는 연구가 있다. 임산부가 톨루엔에 노출되었을 때 유산할 수도 있고, 기형아를 낳을 수 있다. 톨루엔에 오래 노출되면 콩팥이 망가져 혈뇨 혹은 단백뇨가 생길 수 있다. 알코올을 남용하거나 비만인 사람이 톨루엔에 오래 노출되면 간 기능 검사에서 이상을 보일 수 있다. 다량의 톨루엔을 마시면 폐가 손상되어 기침, 호흡 곤란, 폐부종이 일어나며 심하면 치명적일 수도 있다. 피부에 자극을 줄 수도 있고, 각막에 화상을 일으킬 수도 있다. 톨루엔 100~1,100ppm에 노출된 근로자들에게서 간이 커지고 혈액학 검사에서 이상 소견이 나타났다. 톨루엔이 인간에게 발암성이 있다는 증거는 충분하지 않다. 또한 실험동물의 경우도 발암성은 불충분한 것으로 보인다. 국제암연구소에서 톨루엔을 3군 발암물질(인체발암물질로 분류할 수 없음)로 규정했다.

에틸벤젠은 합성고무와 초산 섬유소를 만들 때 사용되고, 각종 용매와 희석제로도 사용된다. 0.01mg/L의 낮은 농도에서도 눈, 피부, 점막을 자극하며, 간과 신장에 경미한 독성을 유발할 수 있다. 유전독성을 나타낸다는 증거도 있다. 임신 과정에서 에틸벤젠에 노출된 임산부가 탯줄 기형이 있는 아이를 분만한 경우가 있다. 남성의 경우 성적 능력이 저하될 수도 있다. 에틸벤젠을 2년간 750ppm을 흡입한 흰쥐rat(생쥐보다 큰 쥐)와 생쥐mouse 연구에서 폐, 콩팥, 고환에 종양이 생겼다. 하지만 인간에서는 암이 생기게 한다는 증거는 없다. 따라서 국제암연구소에서는 에틸벤젠을 2B군 발암물질(인체발암가능물질)로 규정하고 있다.

자일렌은 고무 및 가죽 산업과 살충제를 제조하는 과정에서 사용되며, 조직학 실험실에서도 사용된다. 매일 포름알데히드, 자일렌 및 톨루엔에 노출된 여성들은 그렇지 않은 사무직 여성들보다 기억, 기분, 평형 및 수면의 장애와 두통, 소화 불량을 더 자주 경험한 것으로 나타났다. 하루 15분에서 6시간 동안 435~1,300mg/m³의 자일렌에 4일 동안 노출된 사람에게서 계산 능력, 반응 시간, 단기 기억력 및 뇌파 검사EEG의 변화와 같은 중추신경계 장애가 나타났다. 200ppm에 노출된 사람에서 결막을 비롯하여 호흡기 점막을 자극하는 증상이 나타났다.

임신한 생쥐와 흰쥐에서 유산 및 근육과 골격의 이상을 가진 새끼가 태어났다. 여성의 경우 월경 과다와 자궁 출혈과 같은 월경 장애를 겪을 수 있다. 임신 중이라면 유산 위험이 커지고, 임신 중독, 분만할 때 출혈을 일으킬 수도 있다. 다량의 자일렌을 먹으면 체온 변화, 오심, 구토, 위통, 흉통, 호흡 곤란, 두통, 졸음, 어지럼증, 방향감각의 상실, 시각 장애, 폐울혈, 콩팥과 간의 손상 등이 나타날 수 있으며 심하면 혼수에 빠질 수 있다. 인간의 예상 치사량은 15~30㎖이다.

자일렌이 인간에게 암을 일으킨다는 증거는 충분하지 않다. 또한 실험동물의 경우도 발암성이 불충분한 것으로 보인다. 국제암연구소에서는 자일렌을 3군 발암물질(인체발암물질로 분류할 수 없음)로 규정했다.

트리메틸벤젠은 입, 호흡, 피부 및 점막 등을 통하여 몸 안으로 들어올 수 있다. 흰쥐에서 반수치사량(LD50)은 8,970㎎/㎏이다. 다량에 노출되었을 때, 정신착란, 기침, 현기증, 두통, 인두통, 구토 등의 증상을 일으키며, 중추신경계 이상 증상을 보일 수도 있다. 장기적으로 노출되었을 때는 피부가 갈라지고, 만성 기관지염, 혈액 응고 장애 등이 오며, 두통, 신경과민 등의 중추신경계 증상이 나타난다. 피부나 점막에 약한 자극성을 보일 수 있으나, 호흡기나 피부에 과민성 반응을 나타내지는 않는다. 쥐에서는 생식세포 변이원성을 보였지만, 사람이나 다른 동물에서는 관련 자료가 없다. 발암성을 입증하는 자료는 동물이나 사람에서 없다.

생리대 VOC에 대한 변명

지금까지 생리대에 존재하는 VOC들을 측정하는 표준 시험법은 어느 나라에서도 규정되어 있지 않다. 미국과 유럽 국가 등은 생리대에 대한 VOC 허용 한도를 정하고 있지 않으며, 다만 우리나라와 일본은 포름알데히드에 대한 기준만을 설정하여 관리하고 있다. 일부 VOC에 대한 1일섭취허용량Acceptable Daily Intake, ADI(평생 동안 매일 흡입해도 해당 유해물질이 사람의 건강을 해치지 않는 범위의 양)과, 마시는 물과 실내 공기 중에서의 기준이 있을 뿐이다.

미국 환경보호청은 60kg인 성인을 기준으로 1일섭취허용량을 에틸벤젠 6,000㎍, 스티렌 12,000㎍, 클로로포름 600㎍, 트리클로로에틸렌 30㎍, 메틸렌클로라이드 360㎍, 벤젠 240㎍, 톨루엔 4,800㎍, 자일렌 12,000㎍, 테트라클로로에틸렌 360㎍ 등으로 정하고 있다. 호흡을 통하는 경우 에틸벤젠 1㎎/㎥, 스티렌 1㎎/㎥, 트리클로로에틸렌 0.002㎎/㎥, 메틸렌클로라이드 0.6㎎/㎥, 벤젠 0.03㎎/㎥, 톨루엔 5㎎/㎥, 자일렌 0.1mg/㎥, 헥산 0.7mg/㎥, 테트라클로로에틸렌 0.04mg/㎥ 등이다.

마시는 물에 대한 우리나라의 VOC 기준은 에틸벤젠 0.3mg/l, 클로로포름 0.08mg/l, 트리클로로에틸렌 0.03mg/l, 메틸렌클로라이드 0.02 mg/l, 벤젠 0.01mg/l, 톨루엔 0.7mg/l, 자일렌 0.5mg/l, 테트라클로로에틸렌 0.01mg/l 등이다. 실내 공기에서는 에틸벤젠 360㎍/㎥ 이하, 스티렌 300㎍/㎥ 이하, 벤젠 30㎍/㎥ 이하, 톨루엔 1,000㎍/㎥ 이하, 자일렌 700㎍/㎥ 이하 등이다.

생리대에서 VOC들이 검출된다는 사실이 밝혀짐에 따라 특히 여성들이 심각하게 불안을 느끼게 되었다. 이에 식약처에서는 생리대의 VOC 관리 방안을 마련하여 지속적으로 감시할 계획이라고 발표했다. 문제가 되었던 VOC 가운데 발암성이 문제가 된 에틸벤젠은 2B군 발암물질이며, 톨루엔과 자일렌은 3군 발암물질로 모두 사람에게서 암을 생기게 한다는 증거가 불충분한 것으로 알려져 있다.

생리대 VOC의 위해를 피하는 방법

식약처의 조사 결과 사람의 건강에 위해가 되는 제품은 없다고 했지만, 민감한 체질인 경우에는 불편함을 느낄 수 있다. 따라서 생리대를 비롯한 여성위생용품을 안전하게 사용하려면 VOC에 노출될 기회를 줄이는 것이 최선이다. 미국의 여성환경단체인 '지구를 위한 여성들의 목소리'의 권고 사항을 요약했다.

1) 가급적이면 여성위생용품의 사용을 줄인다.
2) 탐폰이나 생리대의 경우 가능한 한 향이 없는 제품을 선택한다.

생리대에 들어 있는 VOC는 위험한가?

VOC는 부직포나 접착제 등 생리대의 원료에 포함되어 있기도 하고, 제작 과정에서 의도치 않게 VOC가 만들어질 수 있다. 그뿐 아니라 VOC는 물이나 공기, 공산품 등 우리의 주변 생활 공간에 존재하고 있다.

미국이나 유럽의 국가 등에서는 생리대나 팬티라이너, 기저귀 등 위생용품에 대한 기준치를 설정하고 있지 않으며, 우리나라와 일본에서만 VOC들 중 포르말린에 대한 기준만을 정하고 관리하고 있다.

2017년 생리대 파동이 일어났을 때 식약처가 생리대와 팬티라이너 총 666개 품목과 기저귀 370개 품목에 대하여 모두 74종의 VOC를 조사하고 위해도 평가를 했더니, 검출된 VOC의 양으로는 사람에게 유해한 영향을 미치지 않는다는 결론이 나왔다.

식약처가 앞으로 생리대 등 위생용품에 대한 VOC의 관리 기준을 정하고 지속적으로 점검할 계획이라고 하므로 안심하고 사용해도 될 것이다.

3) 표백을 하지 않거나, 적어도 염소가 없는 표백제를 사용한 면탐폰이나 면생리대를 선택한다.

4) 사용 중에 알레르기를 비롯한 불편한 증상을 보이는 제품은 사용을 피한다.

5) 문제가 있는 상품에 관하여 유관 기관에 알린다.

생리대 등 여성위생용품 외에 주변 환경에서 쏟아지는 VOC로 인한 피해를 줄이기 위한 다음과 같은 방법도 있다.

1) VOC를 포함하고 있는 제품을 피한다. 가급적이면 합성화합물로 된 제품보다는 환경친화적인 천연제품을 선택한다. 중고품을 고르는 것도 하나의 방법이 될 수 있다.

2) 새로운 물품을 구매해야만 하는 경우 창고와 같은 곳에 두어 VOC 가 배출된 다음에 집 안으로 들인다.

3) VOC를 줄이는 방법을 써본다. 매트리스, 카펫이나 깔개 등을 세탁 할 때는 베이킹소다를 사용한다.

4) 공기를 정화시킨다. 환기를 자주 하거나 공기청정기를 사용한다. 공 기를 정화하는 기능을 하는 식물을 실내에서 키우는 것도 좋다. 공 기를 정화하는 식물로는 여러 종류가 있지만, 우리나라에서 흔히 볼 수 있는 자주달개비Spider Plant, 잉글리시 아이비English Ivy, 가시나 무Chinese Evergreen, 고사리 종류, 팔손이, 아레카야자, 베고니아, 인도 고무나무, 드라세나 등을 집 안에서 키워서 도움을 얻을 수 있다.

신축이나 개보수한 집에서는 건축자재나 마감재에서 VOC가 많이 발생한다. 실내에서 활동해야 하기 때문에 피할 도리가 없는데, 이런 경우에는 빵을 굽듯해서 내보내는 방법bake out이 있다. 실내의 온도를 높이면 VOC가 빠르게 방출되는 현상을 활용하는 것이다.

먼저 장이나 서랍 등을 모두 열어놓고, 문을 잘 잠가서 외부 공기가 들어가지 않도록 한다. 그리고 실내 온도를 30~40℃로 높여 5~6시간 정도 유지한다. 다음 단계에서는 실내 온도를 낮추고 모든 문을 열어 환기시킨다. 이런 과정을 3회 정도 반복하면 VOC를 35~61%까지 줄 일 수 있다.

환경호르몬,
몸속 호르몬을
교란시키는 화합물

나이 들면서 목소리가 다소 변했지만 어렸을 때는 가늘고 높은 편이었다. 오죽하면 선친께서는 앵앵거린다면서 놀리시곤 했다. 사춘기가 지나면 달라질 거라고 기대를 했으나 별다른 변화는 없었다. 그래서 굵고 낮은 목소리를 가진 사람을 내심 부러워하는 편이다.

목소리 때문에 충격을 받은 적이 있다. 의과대학에 입학하던 해 여름에 갔던 하계봉사활동에서였다. 졸업반 선배들이 필자의 목소리를 듣더니 "쟤는 허마프로디티즘hermaphroditism 아냐?"라고 하는 것이었다. 나중에 찾아보니 우리말로 반음양半陰陽이라는 병적 상태를 말한다. 난소나 고환과 같은 남녀의 생식샘의 성과, 음경이나 음순과 같은 바깥 성기의 성이 서로 다른 경우다. 반음양에는 진성 반음양과 가성 반음양이 있고, 가성 반음양은 다시 남성 가성 반음양과 여성 가성 반음양이 있다.

허마프로디티즘이라는 용어는 그리스 신화에 나오는 전령의 신 헤르메스와, 미와 사랑의 여신 아프로디테 사이에서 태어난 아들 헤르마프로디토스Hermaphroditos에서 유래했다. 잘생긴 그는 터키의 프리지아에 있는 이다 산에서 살았다. 열다섯이 되던 해, 세상 구경에 나선 그가 터키의 보드룸 지역인 할리카르나소스에 이르렀을 때 물의 요정 살마키스를 만났다. 헤르마프로디토스를 보고 첫눈에 반한 살마키스가 그의 몸을 휘감고 강제로 입을 맞추었다. 소년이 몸부림치자 살마키스는 둘이 절대로 떨어질 수 없게 만들어 달라고 신에게 소원을 빌었다. 그녀의 소원이 이루어져 두 사람은 한 몸이 된 것이다. 헤르마프로디토스라는 이름이 아버지 헤르메스와 어머니 아프로디테의 이름을 합친 것이고 보면 이런 운명이 예정되었던 것은 아닐까 싶다. 파리의 루브르 박물관에서 〈잠자는 헤르마프로디토스The Sleeping Hermaphroditos〉를 만났을 때 묘한 느낌이 들었던 기억이 있다.

진성 반음양true hermaphroditism은 여성 생식샘인 난소와 남성 생식샘인 고환을 한 몸에 가지고 있다. 바깥 성기 또한 남성 성기인 음경과 여성 성기인 음순이 모두 있다. 염색체 검사를 해보면 여성 염색체와 남성 염색체가 섞인 모자이크(46, XX/XY) 현상을 보인다. 원인은 각각 여성과 남성으로 태어날 2개의 수정란이 분할 과정에서 서로 융합되었기 때문이다. 바깥 성기의 모습은 정상이 아닐 수 있다. 남성의 음경이 나이에 비하여 뚜렷하게 작은 발육 부전을 보이거나 여성 바깥 성기인 음핵이 커질 수 있다. 사춘기 무렵 유방이 여자처럼 커지기도 한다.

남성 가성 반음양male pseudohermaphroditism은 남성 염색체(46, XY)를 가지고 있다. 남성 내부 생식기인 고환은 있지만 바깥 성기가 여성의 것으로 나타나거나 남성의 성기가 있더라도 완전하지 않다. 남성호르몬인 테스토스테론을 합성하는 효소가 결핍되거나, 테스토스테론을 활성형으로 변환시키는 효소가 결핍되거나, 테스토스테론이 만들어지더라도 제대로 작용하지 못하는 결함이 있는 경우에 생긴다.

여성 가성 반음양female pseudohermaphroditism은 여성 염색체(46, XX)를 가지고 있다. 여성 내부 생식기인 난소와 뮐러관Müllerian duct 등은 정상이다. 하지만 여성의 바깥 성기인 음핵이 비대해지는 등 남성화된 모습을 보인다. 태아의 바깥 성기가 만들어지는 단계에서 안드로겐이 작용하거나 남성 호르몬인 테스토스테론이 투여되는 경우에 생긴다.

가성 반음양은 호르몬hormone이 부족하거나 과하게 만들어지는 것이 원인이 되기도 한다. 참고로 호르몬은 내분비기관에서 만들어지는 화학물질들을 통틀어 일컫는다. 그 밖에도 식물이 만들어내거나 화학적으로 합성된 물질이 호르몬과 비슷한 작용을 하는 경우도 있어 여기 포함된다. 여러 내분비기관에서 만들어진 호르몬은 혈관을 통하여 작용하는 장기로 운반되어 맡은 바 기능을 하게 된다. 주로 물질대사와 생식, 그리고 세포 증식에 직접 관계한다.

어쨌든 필자의 경우는 목소리만 빼고는 대한민국의 표준 남성이고 두 아들을 두고 있다. 그러니까 반음양은 아니다. 최근에 연구가 많이 되고 있는 환경호르몬의 가능성도 생각해보았다. 필자가 태어날 무렵만 해도 플라스틱제품이 별로 없었고 고향이 시골이라서 다이옥신도 문제될 게 없었을 것이다. 다만 농약은 가능성이 있겠으나 필자보다 2년, 4년 뒤에 태어난 남자형제들은 굵은 목소리를 가진 것을 보면 농약의 가능성도 접어야 할 것 같다. 즉 환경호르몬 때문도 아니란 이야기다. 어떻든 이야기가 나온 김에 환경호르몬 문제를 짚어보자.

몸 안에 들어와 호르몬과 비슷한 작용을 하는 환경호르몬이 많이 나오는 물질은 다음과 같다.

1) 플라스틱류, 특히 플라스틱을 말랑말랑하게 만드는 프탈레이트 Phthalate류가 문제다. 디에틸헥실 프탈레이트(DEHP)는 PVC로 만든 비옷, 신발, 샤워 커튼, 수액백, 어린이 장난감, 맥주병 마개 등에 들어간다. 부틸 벤질 프탈레이트(BBP)는 합성가죽, 비닐제품, 화장품, 포장지 등에 들어간다. 디부틸 프탈레이트(DBP)는 셀로판을 코팅하는 가소제, 잉크, 카펫 안감이나 페인트, 접착제, 방충제, 헤어스프레이, 손톱광택제 등에 들어간다. 디에틸 프탈레이트(DEP)는 식품을 보관하는 플라스틱 용기, 투명 플라스틱 포장지, 매니큐어, 접착제, 칫솔, 장난감에 들어간다.
2) 알킬페놀 에톡실레이트(APEO)나 노닐페놀 에톡실레이트(NPE)는 세제, 비누나 샴푸, 콘돔이나 피임용 페서리에 바르는 살정자제품에 들어 있다.
3) 잔류성 유기 오염물질로는 다이옥신, 폴리염화비페닐계 물질들과 펜타클로로페놀, DDT, 클로르데인과 같은 살충제가 있다.
4) 다환 방향족 탄화수소도 환경호르몬에 속한다.
5) 카드뮴, 납, 수은, 비소, 알루미늄과 같은 금속도 환경호르몬으로 작용한다.

환경호르몬, 무엇이 문제인가?

1962년 레이첼 카슨Rachel L. Carson은 『침묵의 봄Silent Spring』을 발표했다. 제1차 세계대전 이후 미국 내에서 무차별적으로 살포된 살충제와 제초제가 생태계를 파괴하고 있다는 저자의 경고는 세계적으로 환경보호운동이 시작되는 계기가 되었다. 하지만 레이첼 카슨은 살충제와 제초제의 급성 및 만성 독성에 주목했을 뿐, 이 물질들이 동물의 내분비 기능을 교란하는 것을 분명하게 짚어내지 못했다.

다양한 환경 오염물질이 인간을 비롯한 동물의 내분비 기능을 뒤흔든다는 사실을 자세하게 밝혀 사람들을 놀라게 한 것은 테오 콜본Theo Colborn, 다이앤 두마노스키Dianne Dumanoski, 존 피터슨 마이어스John Peterson Myers 등 세 사람이 같이 쓴 『도둑맞은 미래Our Stolen Future』(1996)다. 레이첼 카슨 이후 1960~1970년대에 미국의 오대호 지역을 악명 높게 만들었던 환경 오염이 개선되었다는 뚜렷한 징후를 보이고 있었다. 그러나 테오 콜본이 보기에 깃대종(특정 지역의 생태계를 대표하는 동·식물)들의 개체 수가 회복되었다고는 하지만 무언가 이상한 점이 남아 있는 것 같았다. 부화하지 않는 새알이 여전하고, 부리가 겹치거나 눈이 없는 새들도 있었으며, 가마우지는 만곡증을 보이고 있었다. 그런가 하면 알을 품을 때 접근하는 생물에 대하여 신경질적으로 경계하던 새들이 이제는 무관심해지고 있었다. 심지어는 수컷 대신 암컷과 짝짓기를 하는 '동성애 갈매기'도 등장했다. 이러한 현상들은 호르몬에 초점을 맞춰보았더니 설명이 되었다. 대머리독수리, 연못송어, 재갈매기, 밍크, 그리고 이중볏가마우지, 거북이, 제비갈매기 등 오대호에서 물고기를 잡아먹는 최상위 포식자들의 몸에서 폴리염화비페닐 등 오염물질의 농도가 높다는 공통점을 발견했다. 오대호의 물에서는 거의 검출되지 않는 물질이다. 이제 유독화학물질은 당대에 독성 작용을 나타내는 것도 모자라 호르몬과 비슷한 작용을 통해서 후손에까지 영향력을 미친다는 사실을 알게 되었다.

사람의 몸 안에서 만들어지는 호르몬과 비슷한 역할을 하는 외부

물질, 즉 내분비장애/교란물질을 흔히 환경호르몬이라고 부른다. 이 용어는 일본에서 만들어진 것으로 이 물질들이 우리 주변의 환경을 오염시키고 있는 데서 착안한 것으로 보인다. 내분비계 장애/교란물질 內分泌界障碍/攪亂物質, Endocrine Disrupting Compounds, EDCs이라는 이름은 외부에서 몸 안으로 들어와 호르몬의 생리 작용을 교란시키는 화합물을 의미하는데, 이는 화합물의 작용을 고려한 이름이다.

산업화 이후로 과학자들은 자연에 없는 10만여 종의 화학물질을 만들어냈다. 이 가운데 공식적으로 환경호르몬이라고 할 화학물질은 100여 종 정도다. 이것들의 물리적, 화학적 특성은 아주 다양하지만, 크게는 살충제 및 제초제와 같은 농약류, 다이옥신류, 플라스틱 원료 물질, 계면활성제, 중금속 등으로 구분한다.

합성화학물질 외에도 식물 혹은 미생물이 만들어내는 화학물질 가운데 사람의 몸 안에 들어오면 내분비 교란 작용을 하는 것들이 있다. 범위를 더 크게 잡으면 이것들까지도 환경호르몬이라고 할 수 있겠다. 다만 이러한 물질들은 지구상의 생물들이 오랜 세월에 걸쳐 진화해오면서 서로 영향을 주고받아 적응된 결과라 할 수 있다. 따라서 주변에 있는 다양한 생물체가 만들어내는 화학물질들을 식품 형태로 먹는 경우에는 내분비 교란이라는 단점보다 장점이 더 많다.

콩과 식물들이 여성호르몬인 에스트로겐과 비슷한 효과를 가지는 식물성 에스트로겐을 만드는 이유는 개체를 보호하기 위한 진화의 결과라고, 『도둑맞은 미래』의 저자들은 설명한다. 포식자를 피해 도망칠 수 없는 식물은 포식자의 내분비 체계를 교란시켜 불임을 만듦으로써 포식자의 개체를 줄이려는 것이다. 그 밖에도 나쁜 냄새나 나쁜 맛이 나도록 하거나, 독이나 소화되지 않는 성분을 만들고, 가시를 만들어 먹기 어렵게 하는 것도 모두 자기 보호를 위한 진화의 결과다.

환경호르몬의 또 다른 특성은 같은 양에 노출되더라도 태아, 젖먹이, 어린이, 청소년, 성인 등 나이에 따라서 다른 반응을 보인다는 것이다. 이는 환경호르몬이 내부 호르몬과 서로 긴밀하게 연관이 되어 있기 때문에 내부 호르몬의 상태에 따라 그 효과가 달라질 수 있기 때문이다. 태아 혹은 젖먹이처럼 생애 초기에 환경호르몬에 노출되는 경우 그 양이 많지 않아도 영향이 커질 수 있다. 문제는 그 영향이 성인이 되어서 나타나거나 심지어는 대를 이어 자식 혹은 손자에게까지 미칠 수도 있다는 것이다.

인체에서 만들어지는 호르몬은 필요한 기능을 적시적소에서 수행한 후에는 조속히 분해되어 몸 밖으로 내보내진다. 하지만 많은 환경호르몬들은 부적절한 시점에 부적절한 용량으로 존재함으로써 인체에 다양한 영향을 미치게 된다. 우리 인체의 내분비 시스템은 매우 정교하면서도 복잡하게 구성되어 있다. 따라서 내분비계가 환경호르몬의 영향을 받아 제 기능을 하지 못하면 아주 다양한 건강상 문제가 나타날 수 있다.

환경호르몬의 영향에 대한 연구가 가장 활발하게 이루어진 분야는 생식과 관련된 호르몬의 작용이다. 태아 시기에서부터 젖먹이, 어린이, 청소년기에 이르기까지의 기간 동안, 생식기관이 발생하고 발달해 가는 과정에 영향을 미칠 수 있다는 연구 보고는 오래전부터 발표되어 왔다. 많은 환경호르몬들이 여성호르몬인 에스트로겐과 비슷한 작용을 하거나, 거꾸로 에스트로겐의 작용을 막는 효과를 나타낸다. 환경호르몬에 의해 생식기관의 형태와 기능에 장애가 생기는 사례로는 정자 수의 감소, 수컷 생식기 크기의 감소, 수컷 생식기의 암컷화, 생식 행동 이상, 수정률 감소, 개체수 감소 등이 있다. 그 밖에도 남성의 전립선암과 고환암, 여성의 유방암이 증가하고 있는 현상이나, 불임과 성조숙증의 증가 현상 등이 환경호르몬의 작용으로 생기는 것이 아닐까 하는 의심을 받고 있다.

한편 1970년대 유산을 방지하는 목적으로 개발된 합성 에스트로겐인 디에틸스틸베스트롤Diethylstilbestrol, DES이 발암물질이라 해서 주목을 받기 시작했다. DES를 복용한 임산부가 출산한 여아에서 질에 투명세포암이 생기는 사례가 늘어나기 시작한 것이다. DES를 복용하지 않은 임산부에서 출산한 여아들과 비교했을 때 암이 발생하는 사례가 뚜렷하게 많았던 것이다. 이후에 이루어진 다양한 역학조사를 통하여 유방과 생식기관의 암, 자궁내막증, 자궁섬유종, 유방의 섬유세포질환 등이 DES와의 관련성을 의심받았다. 한편 DES를 복용한 임산부가 출산한 남아의 경우 정자 수나 정자의 운동성이 감소할 뿐 아니라 기형인 정자가 많아지고, 생식기의 기형, 고환암 등 생식기관의 이상이 늘어났다.

환경호르몬으로 알려진 유기염소계 농약, 폴리염화비페닐PCBs, 다이옥신, 불소화합물, 브롬화 방염제, 비스페놀 A, 유기주석화합물Organotin, 중금속류 등은 호르몬과 비슷한 효과를 나타내 비만을 일으킨다. 비만이 생기는 것과 관련하여 환경호르몬의 양이 적을 때는 체중이 늘어나지만, 많을 때는 오히려 체중이 감소한다. 그 밖에도 당뇨병, 이상지혈증, 갑상선질환 등과 같은 다양한 대사질환이 환경호르몬과 밀접하게 관련되어 있다는 연구 보고가 늘어나고 있다.

한편 인체의 내분비계는 신경계나 면역계와도 밀접하게 연결되어 있기 때문에 환경호르몬의 영향으로 내분비 계통에 장애가 생기면 면역계와 신경계에도 장애가 올 수 있다. 소아 발달 장애, 퇴행성 뇌질환, 암, 면역질환 등도 환경호르몬에 의한 2차 작용으로 생길 수 있다고 의심하고 있다.

환경호르몬을 위한 변명

일반적으로 화학물질이 사람의 건강에 위험한 독성을 나타낼 때는 '선형적 용량-반응 관계', 즉 많은 양에 노출될수록 독성의 크기가 커진다. 하지만 환경호르몬이 나타내는 내분비 교란 작용은 많은 양에 노출된다고 해서 독성의 크기가 비례하지 않는 '비선형적 용량-반응 관계'를 보이는 차이가 있다. 환경호르몬이 사람에 작용하여 직접적인 독성 작용을 보이는 것이 아니라 인체 내의 호르몬 수용체와 결합하거나 다른 물질과 결합하여 만들어내는 효과이기 때문이다. 즉 사람의 내분비기관 세포는 호르몬 농도가 낮을 때 더 민감한 반응을 보이며, 농도가 커지면 오히려 반응하지 않거나, 작은 반응을 보인다.

그럼에도 불구하고 환경호르몬을 연구하는 과학자들은 환경호르몬이 많이 들어 있는 것들을 피한다. 굳이 위험을 감수할 이유는 없기 때문이다. 하지만 환경호르몬을 지나치게 무서워할 필요는 없다고 편집증에 가까울 정도로 주장하는 과학자도 있다. 인간의 적응력은 뛰어나서 우리 몸에 해로운 물질을 처리할 수 있는 방어 장치를 가지고 있거나 만들어낼 것이기 때문이라고 한다.

생활용품에
숨어 있는
유해물질

앞서 이야기한 것처럼 인공으로 합성한 화학물질이 문제가 있다면
아예 사용하지 않는 방법이 최선일 수도 있다. 하지만 그것들이 분명
유용한 면을 가지고 있다면 이익과 손해를 잘 따져서 사용할 것인지
여부를 결정하는 것이 좋다.

환경호르몬의 피해를 예방하는 방법

어떤 화학물질이 건강을 위협하는 문제가 있으면 그 물질이 들어 있
는 것을 먹지 않거나 접촉하지 않는 것으로 피해를 예방할 수 있다.
환경호르몬의 경우도 기본적으로는 피해를 예방하는 방법이 이와 같
다. 하지만 환경호르몬이 이미 우리 주변에 널려 있고 코, 입, 피부 등
의 경로를 통하여 우리 몸에 들어오고 있다. 심지어는 엄마의 배 속
에 있을 때 탯줄을 통하여 받을 수 있고, 엄마 젖을 통해서 물려받기
도 한다. 그뿐 아니라 환경호르몬의 경우 지방조직에 잘 녹아들기 때
문에 일단 몸에 들어오면 밖으로 내보내기가 쉽지 않다. 따라서 환경
호르몬이 몸 안으로 들어오는 다양한 경로를 고려하여 그 기회를 줄
여야 한다.

몸 안으로 들어오는 환경호르몬 양을 줄이고 이미 들어온 환경호

르몬을 밖으로 내보내는 방법은 다음과 같다.

1) 환경호르몬을 많이 받아들이지 않는 좋은 방법은 우선 먹이사슬의 위쪽에 위치하는 동물의 지방 성분을 먹지 않는 것이다. 예를 들면 소, 돼지, 닭 등의 지방이나 유제품을 먹는 것을 조금 줄이면 그만큼 환경호르몬이 몸에 쌓이는 것을 피할 수 있다.

2) 몸 안에 들어온 환경호르몬을 밖으로 내보내는 방법이 없지 않다. 식이섬유가 많이 들어 있는 식품을 먹는다. 예를 들면 현미, 채소, 과일을 많이 먹으면 좋다. 정수기나 생수 등 좋은 물을 하루 5잔에서 8잔 정도를 마신다. 땀을 흘릴 정도로 운동을 매일 한다. 녹색, 황색, 붉은색 야채나 견과류, 생선 등 항산화제가 풍부한 음식을 먹는다.

특히 환경호르몬에 노출되었을 때 그 영향이 큰 사람들이 주의해야 할 사항은 다음과 같다.

1) 임신을 했거나 아이에게 젖을 먹이는 여성은 식물 에스트로겐이 많이 들어 있는 콩을 원료로 하는 식품을 먹을 때 의사와 의논한다. 일부 치아 충전물질 등 비스페놀 A가 들어 있는 물질을 피한다. 남자아이의 경우 성장해서 정자 수가 감소할 수 있다.

2) 살충제는 물론 방향제, 헤어스프레이와 같은 화학물질을 가급적 뿌리지 않는다. 밀폐된 공간에서는 더욱 그러하다.

3) 드라이클리닝 세탁소에 직접 가지 않는다. 드라이클리닝한 옷도 그대로 옷장에 넣지 말고 비닐 포장을 벗긴 다음 베란다 등에 걸어

거품을 시킨다.

4) 인조손톱, 매니큐어를 사용하지 않는다.

5) 플라스틱 용기에 음식물을 담아 전자레인지에서 덥히지 않는다.

6) 음식을 보관할 때는 비닐이나 알루미늄 호일을 피하고 유리로 된 그릇에 담는다.

7) 담배를 피우지 않는다.

8) 아기들의 경우 프탈레이트 성분이 들어간 말랑말랑한 젖꼭지나 노리개를 가지고 놀지 않도록 한다.

9) 아기들이 사용하는 병이나 컵은 투명하고 반짝이는 플라스틱제품을 사용하지 말고 유리나 폴리에틸렌 등 반투명 플라스틱으로 만든 것을 사용한다.

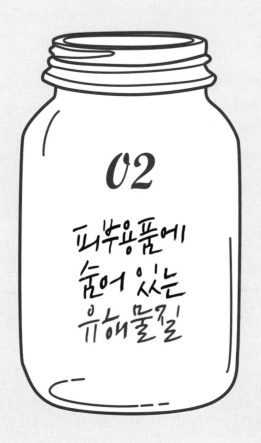

02

피부용품에
숨어 있는
유해물질

화장품,
허용 범위를 넘은
중금속이 문제

2018년 3월, 국내 유명 회사의 화장품에서 안티몬Antimon이라는 중금속이 허용 범위보다 많이 들어 있다는 소식을 듣고 깜짝 놀랐다. 여성들이 일상적으로 사용하는 화장품은 특히 안전해야 하기 때문이다.

화장은 신체의 약점을 가려 아름답게 보이려는 수단을 의미한다. 화장은 그 수준에 따라 다양하게 표현된다. 얼굴을 예쁘게 단장하는 것은 야용治容 혹은 장식粧飾이라 한다. 얼굴, 머리, 옷차림 등을 곱게 꾸미는 것은 단장丹粧이다. 옷이나 장신구로 치장하는 것은 장식裝飾이라 한다. 특히 단장을 화사하게 하면 성장盛粧했다고 한다.

필자는 면도를 하고는 스킨을 조금 바르는 정도이지만, 화장품을 쓰는 남성들도 적지 않다. 대학 시절에 필자도 연극동아리 활동을 하면서 화장 수준을 넘는 분장을 해본 경험이 있다. 무대에 출연하지 않아도 분장을 맡은 후배들의 연습 상대가 되어야 했다. 마치 실험동물이라도 된 것처럼 말이다. 분장을 하고 나면 무대에 올라 조명을 비추고 분장 효과를 확인받아야 끝났다. 분장을 하는 동안에 꼼짝할 수 없는 것도 불편했지만 분장을 지우는 것은 더 큰 고역이었다. 연극 배우의 분장은 객석 뒷자리에서도 분위기를 느낄 수 있도록 두텁게

하는 편이기 때문이다. 개화기 기생들이 즐겨 했다는 화장이 이랬을
까 하는 생각도 했다.

자료를 보면 개화기에는 얼굴을 하얗게 하는 화장이 유행이었다고
한다. 특히 박가분朴家粉이라는 화장품이 선풍적인 인기를 끌었다고
전해온다. 1916년에 상표 등록을 하고 판매되기 시작한 박가분은 우
리나라에서 공산품으로 만들어진 최초의 화장품이다. 포목점을 하던
박승직의 아내가 만들었다. 그녀는 우연히 한 노파가 팔고 있는 백분
을 보고 남편과 의논하여 상품화하기로 했다.

백분은 쌀가루를 기본으로 하여 활석, 백토, 황토, 그리고 분꽃 씨
를 가루로 만들어 섞었다. 하지만 이 재료들만으로는 얼굴에 잘 붙지
않았다. 그래서 납을 가루 내어 섞었던 것이다. 납 조각을 식초에 넣고
가열하면 녹으면서 납꽃이라는 흰 가루가 표면에 돋아난다. 납꽃에
흰 조개, 칡, 쌀 그리고 보리 등을 가루 내어 섞어 납분을 만들었다.
납분이 바로 며느리에게도 알려주지 않는다는 박가분 제조의 비밀이
었다. 납분은 물과 기름 모두에 녹기 때문에 피부에도 잘 붙을 수 있
었던 것이다.

박가분은 1920년대와 1930년대에 여성 화장을 주도하면서 유사품
까지 등장할 정도로 폭발적인 인기를 끌었다. 그랬던 박가분이 갑자
기 시장에서 사라지게 된 것은 부작용 때문이다. 특히 박가분을 많이
사용했던 기생들 사이에서 얼굴색이 푸르게 변하면서 살이 썩어 들어
가기도 하고, 정신이 혼미해지기도 하는 부작용이 나타난 것이다. 결
국 박가분의 부작용으로 얼굴을 망친 한 기생이 고발을 하기에 이르
렀고, 정신이상으로 자살을 기도하는 기생도 나타났다. 박가분을 생

산하던 박가분 화장품은 1937년에 폐업하고 말았다.

납이 들어간 화장품은 박가분만이 아니었다. 천연두 자국과 거친 피부를 감추고 싶었던 영국 여왕 엘리자베스 1세 역시 토성의 영혼 Spirits of Saturn이라고도 불리던 베니스분Venetian Ceruse을 애용했다. 당시 많은 여성들이 여왕을 따라 베니스분을 사용했는데, 백납이 섞인 베니스분의 부작용으로 얼굴색이 푸르게 변하고 머리카락이 빠지고 치아가 손상되었으며, 죽음에 이르는 경우도 있었다.

최근 일부 유명 화장품에서 중금속의 일종인 안티몬이 허용 기준보다 높게 섞여 문제가 되었는데, 2016년에도 젤네일 제품에서 화장품 허용 기준(10㎍/g 이하)치의 1.6~15.4배까지 검출된 사건이 있었다.

그런가 하면 2006년과 2013년 일본에서 수입된 고가의 화장품에 다량의 크롬이 들어 있다고 해서 문제가 된 바 있다. 크롬은 「화장품 안전기준 등에 관한 규정」 제3조에서 정하고 있는 '화장품에 사용할 수 없는' 원료물질이다. 피부가 많은 양의 크롬에 노출되면 접촉성 피부염, 심하면 궤양이 생길 수 있고, 알레르기 반응도 일으킬 수 있다. 2016년에는 타투 화장품에서 니켈이 허용 범위를 초과한 것이 적발되었다. 니켈은 피부에 과민성 반응 혹은 알레르기 반응을 일으킬 수 있다.

안티몬 역시 납처럼 화장품 원료로 사용된 적이 있다. 고대 아랍 사회에서는 요즈음의 마스카라에 해당하는 눈화장이 유행했다. 처음에는 숯을 이용하다가 아랍어로 콜Kohl이라고 하는 물질을 사용하게 되었다. 황화안티몬이 주성분인 휘안석Stibnite을 갈아서 만든 눈화장품이다. 요즘의 아이라이너처럼 눈꺼풀의 윤곽을 분명하게 하고 어둡게 하기 위하여, 혹은 속눈썹에 마스카라를 바르듯 콜을 칠했다. 기원전 3100년경 이집트 원왕조 시대Protodynastic Period부터 왕비나 신분이 높은 여성들이 사용했다.

이런 전통은 후대로 이어져 북아프리카의 베르베르족이나 아랍 여성들도 콜을 사용했다. 콜은 화장의 목적도 있었지만 눈을 정화하여 안구질환을 예방하고, 속눈썹을 길게 하고, 눈 주위를 어둡게 함으로써 태양 광선으로부터 눈을 보호할 수 있다고 믿어졌다. 인도의 전통 의학서 『아유르베다Āyur-veda』에도 콜과 비슷한 카잘Kajal이라고 하는 물질을 같은 목적으로 사용한다는 기록이 있다. 인도의 어머니들은 자식을 낳으면 이마 왼쪽이나 눈꼬리 부분에 카잘로 점을 찍었다. 카잘이 악마의 눈으로부터 아이를 보호해줄 것으로 기대했기 때문이다. 이슬람 선지자 무함마드 역시 콜의 효능을 믿었던 듯하다. "콜을 오른쪽 눈에 세 번, 왼쪽 눈에 두 번 사용했다"라는 기록이 남아 있다.

약용 혹은 화장의 목적으로 안티몬을 오랫동안 사용해오다가, 안티몬을 다량 마시게 되면 구토와 설사를 일으킨다는 사실이 알려지면서 화장품의 원료로 사용하지 않게 되었다.

화장품에 든 중금속의 위해성

안티몬은 대체로 유전독성을 나타내지 않으나, 고용량을 투여했을 때는 동물에 따라 염색체 이상을 초래할 수 있다. 안티몬 삼산화물은 인간에게서 유산과 조산을 유발할 수 있다. 하지만 쥐에게는 영향을 미치지 않는다. 안티몬 칼륨 주석산 500mg을 섭취한 19살 남성이 심한 구토와 설사, 복통을 일으켰다는 보고가 있다. 흰쥐를 사용한 실험에서 경미한 신장 손상을 초래할 수도 있다고 밝혀졌다. 안티몬을 먹었을 때는 오심, 구토가 발생한다. 소량을 오랜 기간 먹었을 때는 체중 감소와 설사를 일으키고, 거식증을 보일 수 있다. 리슈만편모충증 Leishmaniasis을 치료하기 위하여 5가의 안티몬(소디움 스티보글루코네이트 Sodium Stibogluconate나 메글루민 안티모네이트Meglumine Antimonate 등이 있는데 국내에는 들어오지 않았다)을 복용한 17명 가운데 12명에서 췌장염이 발생했다. 안티몬과 그 화합물은 심혈관계에서도 독성을 나타낼 수 있다.

금속성 안티몬에 노출되면 피부염이 생기는데, 수두와 비슷하게 땀샘과 피지샘 주변에 구진(피부 발진)이 생기고 고름이 잡힌다. 동물에서는 피부 건조와 탈모가 일어난다. 만성적으로 먹게 되는 경우 손바닥에 각화증과 피부 발진이 생길 수 있다. 결막, 구강내막, 코와 목에 염증이 생긴 사례가 보고되었고, 비출혈(코피)과 비중격(좌우 코 안의 경계를 이루는 벽) 천공이 일어난 사례도 있다. 미국 정부산업위생전문가협의회American Conference of Governmental Industrial Hygienists, ACGIH에서는 A2(인체발암의심물질)의 발암성 등급을 부여하고 있다. 안티몬은 비소, 크롬, 니켈 등 다른 금속보다는 돌연변이의 위험이 적다. 인간에게 복강으로 체표면적 m³당 100mg을 투여하면 오심과 구토가 생기고, 체온이 상승하며, 근력이 떨어진다.

납은 다양한 신경독성을 나타낸다. 혈중 농도에서 납의 농도가 높게 유지되면 뇌내압이 올라가 급성 뇌장애가 나타나는데, 감각 및 운동기능에 장애가 생기고, 심한 과민성 증상을 보인다. 눈에서 시신경유두가 붓고, 지각 장애가 오며 발작을 일으키고 혼수상태에 빠져 심하면 사망에 이를 수도 있다. 허용량보다 많이, 오래 섭취하면 불안, 피로, 두통, 과민성 증상 등이 나타난다. 어린이에서는 인지 발달에 지장을 초래하여 지능이 낮게 된다. 청각 장애를 비롯하여 발달이 지연되고, 공격적이고 지나치게 반사회적인 행동을 나타낸다. 성인에서는 말초신경의 장애 증상이 나타나는데, 무기력하고 손의 힘이 떨어지는 마비 현상이 흔하다. 백혈구의 기능이 떨어지고, 면역력도 떨어진다. 임신 중 납중독이 생기면 태아의 성장이 느려지고 미숙아를 출산할 수 있다. 동물실험에서는 기형이 생길 수 있다고 했지만, 사람에서는 아직 확인된 바 없다. 납은 남녀의 생식 기능에 영향을 미친다.

납에 노출되면 급성 혹은 만성의 신장독성 및 간독성이 나타날 수 있다. 만성적인 납중독 상태에서는 복부 통증, 구토, 변비, 설사, 식욕 부진 등 소화기 장애가 나타난다. 또한 고혈압과 말초혈관 장애도 생긴다. 빈혈이 생기며, 근골격계에서도 근육통과 관절통이 나타난다. 내분비계를 비롯하여 대사 장애도 생길 수 있다.

국제암연구소는 2B군(인체발암가능물질)으로, 미국 국가독성프로그램National Toxicology Program, NTP은 R등급(인체발암물질로 충분히 예측됨)으로, 미국 정부산업위생전문가협의회는 A3등급(사람과의 상관성은 알 수 없으나 동물에서는 확실한 발암물질)으로 고지하고 있다. 납은 사람과 쥐에서 약한 돌연변이와 염색체 변이를 일으키는 유전독성을 가진다. 사람에서 체중 kg당 450mg을 6년간 먹으면 비마취성 근무력증 및 마비, 환각, 왜곡된 인지능력, 근육 위축이 나타나며, m³당 10mcg(1000mcg=1mg)의 납이 섞인 공기를 마시면 위염과 간의 변화가 나타난다.

화장품에 든 중금속을 위한 변명

이집트 등 아프리카 지역과 중동, 인도에서 황화안티몬을 주성분으로 하는 콜을 눈화장품으로 사용하게 된 것은 지역적 특성 때문이었을 것이다. 안티몬은 눈물샘을 자극하여 눈물이 만들어지는 것을 촉진한다. 따라서 사막의 건조한 기후에서 눈이 쉽게 말라 염증이 생기는 것을 예방할 수 있었다. 또한 검은 색조가 햇빛을 흡수하기 때문에 눈부심을 줄일 수 있었다.

금속 상태의 안티몬은 인체나 환경에 크게 나쁜 영향을 미치는 것은 아니다. 암컷 쥐에서 삼산화안티몬이나 안티몬 미세 입자를 장기간 흡입하는 경우 암이 생기는 것으로 관찰되었다. 염화안티몬은 피부를 부식시키는 작용을 한다. 금속 안티몬을 피부에 바르면 최대 1% 정도가 흡수될 것으로 추정된다. 피부가 안티몬 미세 입자와 오랫동안 접촉하면 피부염을 일으킬 수도 있다. 이는 물질 특이성 때문이 아니라 땀샘에서 나오는 관이 막혀서 생기는 것이다.

그럼에도 불구하고 납과 안티몬은 피부 건강을 위협하는 금속 성분으로 판단되어 관련 위해로부터 소비자를 보호하기 위한 조처가 필요했다. 각국에서는 화장품 성분 가운데 위해하다고 입증된 물질들에 대하여 금지하거나 일정한 범위 안에서만 사용할 수 있도록 규제하고 있다. 우리나라 식약처는 2017년 12월 29일자로 일부 개정하여 시행한 「화장품 안전기준 등에 관한 규정」 제3조에서 화장품에 사용할 수 없는 원료물질을, 제4조에서는 화장품에 사용 제한이 필요한 원료와 그 사용 기준을 정하고 있다. 또한, 제5조 1항에서는 화장품을 제조하면서 다음 각 호의 물질을 인위적으로 첨가하지 않았으나, 제조 또는 보관 과정 중 포장재로부터 이행되는 등 비의도적으로 유래된 사실이 객관적인 자료로 확인되고 기술적으로 완전한 제거가 불가능한 납, 니켈, 비소, 수은, 안티몬, 카드뮴, 디옥산, 메탄올, 포름알데히드, 프탈레이트류 등 10개 물질의 허용 기준을 정하고 있다. 참고로 납의 경우는 점토를 원료로 사용한 분말제품은 50μg/g 이하, 그 밖의 제품은 20μg/g 이하이며, 니켈의 경우는 눈화장용 제품은 355μg/g 이하, 색조 화장용 제품은 30μg/g 이하, 그 밖의 제품은 20μg/g 이하다. 비소와 안티몬의 경우 10μg/g 이하이며, 수은은 1μg/g 이하, 카드뮴은 5μg/g 이하다.

그뿐 아니라 시중에서 유통되는 화장품류를 수시로 수거하여 금지하고 있는 물질이 포함되었는지를 검사하고 있다. 따라서 화장품을 만드는 제조사에서도 제품을 시장에 내놓기 전에 관련 규정에 따라 철저하게 검사를 시행해야 할 것이다. 그럼에도 불구하고 잊을 만하면 규정을 위반한 제품이 발견되었다는 소식이 전해지는 것은 처벌이 약해서가 아닐까 싶다. 관련 제품의 유통을 금지시키고 회수하도록 하는 데 그치지 않고 처벌 수위를 높여야 하지 않을까 싶다.

안티몬은 우리 주변 환경에 자연적으로 존재하고 있는 물질이기 때문에 음식, 물, 공기 등을 통하여 일상적으로 몸 안으로 들어온다. 이렇게 우리 몸에 들어오는 안티몬은 하루 평균 5μg 정도다. 이처럼 다양한 경로를 통하여 안티몬이 몸 안으로 들어올 수 있기 때문에 국민의 건강을 지키기 위하여 식약처에서는 먹는 물이나 식품, 식품첨가물, 화장품 등에서 안티몬의 허용 기준치를 법으로 정하여 관리하고 있다. 세계보건기구WHO는 체중 60kg인 성인을 기준으로 하루에 섭취

가능한 안티몬의 양을 360μg(1kg 기준으로 하루 6μg)까지로 정하고 있
다. 화장품에서의 허용 기준치는 10μg/g(10ppm)이다.

　이번에 문제가 된 제품을 출하한 대형 화장품회사에서는 피부에
바르는 화장품을 통하여 안티몬이 몸 안으로 유입될 가능성은 매우
낮다고 해명했다. 안티몬의 피부 흡수율이 낮기 때문이다. 하지만 문
제가 된 화장품을 한 달간 사용했을 때 제품에 포함된 안티몬이 몸
안으로 모두 흡수된다고 하더라도 "세계보건기구가 허용하는 1일 안
티몬 기준치의 1/200 수준"이라는 주장에는 놀라지 않을 수 없다. 세
계보건기구의 허용 기준치는 피부만이 아니라 마시고, 먹고, 호흡하
고, 바르는 모든 경로를 포함하여 안전하다고 추정되는 수치이기 때문
이다. 마시고, 먹고, 호흡에 관계되는 제품을 생산하는 회사가 이 회
사와 같은 생각을 한다면 우리도 모르는 사이에 세계보건기구의 허
용 기준치를 넘어서는 일이 일어날 것이다. 인식의 변화가 필요하다.

화장품의 중금속 위해를 피하는 방법
화장품은 여성들이 매일 사용하는 제품이기 때문에 특히 안전해야

한다. 화장품은 대부분 피부에 사용하기 때문에 피부 건강을 우선적으로 고려하게 된다. 화장품 사용으로 생길 수 있는 피부 건강의 이상으로는 알레르기가 가장 흔하고, 피부 염증이 뒤를 잇는다. 알레르기 반응은 개인의 체질에 따라 생기는 경향이 많으므로 알레르기를 일으킨 화장품 사용을 피하면 좋겠다.

앞서 이야기한 것처럼 납이나 안티몬과 같이 피부에 문제를 일으킬수 있는 중금속의 경우, 원료나 포장재 등을 통하여 혼입이 가능하기때문에 허용 한계를 법으로 정하고 있다. 따라서 화장품 용기의 성분표시를 확인해보는 것도 안전한 화장품 사용법이라고 하겠다.

알려진 화장품회사에서 나온 제품을 고르는 것도 도움이 된다. 회사에 대한 신뢰를 잃어가면서 문제를 일으키지는 않을 것이기 때문이다. 물론 최근에 일어난 사건처럼 예외도 있어 안타깝다.

화장품 뒷면에 있는 라벨 읽는 법

화장품 뒷면에 있는 라벨에는 효능, 효과, 사용법, 전성분, 제조 일자, 유통 기한, 사용 기한 등이 적혀 있다. 여기에서 전성분이라 함은 화장품에 들어 있는 모든 성분을 말하는데, 2008년부터 시행된 '화장품 전성분 표시제'에 따라 모든 성분을 함량순에 따라 적고 있다.

1) 식약처의 '온라인의약도서관(http://drug.mfds.go.kr, 주제별)화장품정보)'에서서 화장품 배합 금지, 또는 한도 성분의 목록을 확인할 수 있다.

2) 식약처는 화장품의 착향제(향료) 가운데 알레르기를 일으킬 수 있

는 26종의 물질을 지정하고 있다. 알레르기 체질인 사람은 다음의 26종 물질에 주의해야 한다.

나무이끼추출물, 리날룰, 리모넨, 메칠2-옥티노에이트, 벤질벤조에이트, 벤질살리실레이트, 벤질신나메이트, 벤질알코올, 부틸페닐메칠프로피오날, 시트랄, 시트로넬롤, 신나밀알코올, 신남알, 아밀신나밀알코올, 아밀신남알, 알파-이소메칠이오논, 유제놀, 이소유제놀, 제라니올, 참나무이끼추출물, 쿠마린, 파네솔, 하이드록시시트로넬알, 하이드록시이소헥실3-사이클로헥센카복스알데하이드, 하이드록시이소헥실3-사이클로헥센카복스알데하이드, 헥실신남알.

3) 내분비 교란 작용 등 부작용을 나타낼 수 있는 다음 물질은 특히 함량을 고려해야 한다.

디엠디엠하이단토인, 미네랄 오일, 벤조페논-3(옥시벤존), 부틸하이드록시아나솔BHA, 인공향료, 트리에탄올아민, 트리이소프로판올아민, 트리클로산, 파라벤, 페녹시에탄올.

향수,
향기에 가려진
부작용

인간의 오감 가운데 후각은 가장 원초적인 감각이다. 대뇌에서 후각을 담당하는 부위는 진화적으로도 가장 오래된 부위다. 비강 위쪽의 점막에 있는 후각세포가 맡은 냄새 정보는 먼저 후각을 담당하는 뇌영역으로 전해진다. 그리고 기분과 감정을 주관하는 변연계로 이동한다. 변연계에는 기억을 담당하는 해마가 있기 때문에 후각적 기억은 아주 오래 간다.

양재천가를 산책하다 보면 개를 데리고 나오는 사람들이 많다. 그런데 이 개들이 하나같이 하는 행동이 있다. 쫄랑거리며 주인을 따라가다가 전봇대라도 만나면 가던 걸음을 멈추고 킁킁거리며 냄새를 맡고, 다음에는 오줌을 갈긴다. 많이도 아니고 찔끔. 야생의 습관으로 남아 있는 일종의 영역 표시 행위이다. 물론 영역 표시는 하지만 그것을 지키기 위한 실력 행사를 어떻게 하는지는 분명치 않다.

사람 역시 나름의 체취를 가지고 있다. 인간의 후각은 동물에 비하면 능력이 떨어지는 편이다. 그럼에도 남에게 좋지 않은 인상을 줄 수 있는 체취를 감추거나, 혹은 좋은 냄새를 기억으로 남기기 위한 목적으로 향수를 개발하게 되었나 보다.

오래전 미국에서 치매 등 사람 뇌에 생기는 퇴행성질환의 병리학을 공부할 기회가 있었다. 실험실이 있는 대학병원은 물론, 인근의 재향군인병원과 시내에 있는 법의관실의 부검에서 얻어지는 사람 뇌를 검사해서 병리학적 진단을 결정하는 과정을 배웠다. 특히 가까운 병원에 설치된 뇌은행에서 보내오는 부검 뇌는 대부분이 치매를 앓다 죽은 환자의 것으로, 필자가 관심을 두던 분야이기도 했다.

실험실은 지하 2층에 있었지만 환기가 잘되기 때문에 병리실험실 특유의 포르말린 냄새도 별로 나지 않았다. 그런 실험실 환경이었는데도 선생님께서 간혹 재채기를 심하게 하시는 날이 있었다. 비서가 향수를 뿌리고 온 날이면 특히 심하셨다. 어느 날인가 선생님은 자신이 향수에 알레르기가 있다고 하셨다.

향수는 위해물질?

파트리크 쥐스킨트Patrick Süskind는 "향수는 사람을 도취시키고 매력적으로 만들기 위한 목적으로 사용하는 것"이라고 했다. 작가는 소설 『향수』에서 천재 조향사의 삶을 통하여 향수의 치명적 독성(?)을 이야기한다. 세상의 모든 향기를 구분하고 기억할 수 있는 재능을 타고난 그르누이는 정작 자신은 체취가 없음을 안타깝게 생각하고 자신의 정체성을 나타낼 향수를 개발한다. 마법의 향수를 제조하는 데 그가 사용한 원료는 25명의 꽃다운 처녀들의 체취였다. 그는 처녀들을 살해하여 체취를 얻어낸다.

마지막 범행 직후 그의 범죄 행각이 발각되어 사형에 처해질 절체절명의 순간, 그는 자신이 만든 향수를 뿌리고 형장에 나타난다. 처형을 지켜보려 몰려든 사람들은 그가 뿌린 향수에 도취되어 그의 무죄를 믿게 된다. 그는 마법의 향수를 사용하여 위기를 벗어날 수 있었지만, 마법의 향수가 가진 또 다른 치명적인 문제까지는 예상하지 못했다.

쥐스킨트의 믿기 어려운 이야기까지는 아니더라도 향수는 분명 타인의 마음을 훔치는 마력적인 힘을 발휘할 수 있다. 세상만사에는 좋은 점이 있으면 반대로 나쁜 점 또한 있어 균형을 맞추는 법이다. 향수 역시 완전무결하지 않을 수 있다. 다만 지금까지는 결점이 크게 드러나지 않았을 뿐이다.

향수 냄새를 맡으면 천식 증상이 심해지는 경우도 있으며 피부에 발진이 생기기도 한다. 따라서 적은 양을 가끔 사용하는 것은 문제가 없겠으나 매일 사용하지 않는 것이 좋다고 한다. 향수는 특성상 적은 양을 사용하기 때문에 특별한 부작용을 나타내지 않는다. 하지만 향수를 사용하고서는 피부질환을 비롯하여 알레르기와 같은 전신 반응을 일으키는 경우가 없지 않다. 특히 인공적으로 합성한 화학물질을 원료로 사용하는 경우에 그렇다. 향수를 뿌린 뒤, 색소 침착, 가려움증, 발진 등 피부질환이 생길 수 있다. 특히 향수가 뿌려진 피부를 햇볕에 노출하는 경우, 햇빛 속의 자외선이 향수 성분과 작용하여 광독성光毒性(빛에 의해 유도되거나 증가하는 독성) 피부염을 일으킬 수 있다. 이 경우 가려움증이 생기고 시간이 지나면서 피부의 색소가 침착할 수 있다.

과거에는 향수에 프탈레이트 계통의 화학물질이 들어가기도 했는데, 프탈레이트 중 일부는 불임이나 고환암 등 생식 기능에 장애를 초래할 수 있다. 특히 남자아이에서 문제가 된다. 남자아이를 임신한 임산부가 태아의 생식기관이 형성되는 시기인 임신 8~12주 사이에 프탈레이트계 화학물질이 함유된 향수나 화장품을 사용하는 경우에 위험성이 높다.

향수를 위한 변명

세기의 여배우 메릴린 먼로Marilyn Monroe는 잘 때 무엇을 입고 자느냐는 질문을 받고 "샤넬 넘버 5뿐"이라고 대답해서 유명세를 탄 바 있다. 하지만 향수로서 샤넬 넘버 5는 특별한 점이 더 있다. 1921년 프랑스 디자이너 코코 샤넬Coco Chanel이 처음 사용한 이 향수는 최초로 합성화학물질(2-메틸언데카날Methylundecanal)을 넣은 향수이기 때문이다. 그전까지는 자연에서 추출한 물질만으로 향수를 만들어왔다.

향수는 시향top note, 중간향middle note, 기초향base note의 조합으로 이루어진다. 시향은 휘발성이 강해서 향수를 뿌렸을 때 가장 먼저 느껴지는 향이다. 지속 시간은 30분 정도로 짧다. 영혼의 향기heart note, soul note라고도 하는 중간향은 시향에 뒤이어 느끼게 되는 향이다. 시향이 끝날 무렵 느낄 수 있으며 1시간 정도 지속된다. 잔향이라고도 하는 기초향은 휘발성이 약해서 금세 느낄 수 있는 향은 아니지만, 사람의 감정을 자극하는 원초적인 효과를 가진다. 또한 시향과 중간향을 섞어주고 향이 지속되도록 해주는 효과도 있다.

향수perfume는 '연기를 통해서'를 의미하는 라틴어 '페르 푸무스per fumus'에서 유래했다. 고대 문명에서 종교의식 중에 신과 교감하기 위한 목적으로 사용하기 시작했다. 초기에는 몸을 씻고 향기가 배어 있는 나무를 태우고, 잎에서 추출한 즙을 몸에 발랐을 것이다. 인도 의학서 『아유르베다』에는 식물에서 이타Ittar라는 향기 나는 기름을 추출했다는 기록이 남아 있다.

2005년 이탈리아 고고학자들이 키프로스 섬의 피르고스 지방에서 발굴한 향수 제조시설은 지금으로부터 약 4,000년 전의 것으로 가장 오래된 향수 관련 유물이다. 그런가 하면 기원전 1200년 무렵 바빌로니아 왕국의 타푸티Tapputi는 증류, 냉침, 혼합 등 자연의 재료로부터 향기를 추출하는 방법을 개발하여 기록으로 남긴 최초의 화학자다. 그녀는 꽃, 기름, 창포 뿌리, 그리고 향기가 들어 있는 재료를 섞어 증류와 여과를 여러 차례 거듭하여 향수를 제조해냈다.

1920년 이전에는 향기를 품고 있는 재료를 자연에서 얻어 다양한 방법으로 향을 추출해왔다. 현재 향수를 제조하는 회사는 그 성분을 기재할 의무가 없다. 유럽에서는 발암성, 돌연변이성, 생식독성을 유발하는 물질이 들어가지 않도록 규정하고는 있지만 물질대사를 교란하는 성분은 막지 못하고 있다는 주장이 있다. 프탈레이트계 화학물질 가운데 디부틸프탈레이트DBP는 우리나라 식약처에서도 금지하는 성분이다.

옛날에는 자연에서 얻은 물질을 원료로 사용했지만 1920년대부터는 인공 화학물질을 사용하게 되었다. 이렇게 만든 인공 화학물질 가운데, 이소티아졸리논계의 방부제, 페녹시에탄올이나 파라벤 등의 화합물이 들어간 제품은 피하는 것이 좋다.

인체에서 분비되는 페로몬에 따라 결정되는 독특한 체취는 나름의 역할이 있다는 연구가 있다. 스위스의 베른 대학교 연구진은 '주조직 적합성 복합체Major Histocompatibility Complex, MHC' 유전자와 체취의 선호도를 조사했다. MHC 유전자는 장기를 이식할 때 거부 반응을 줄이기 위하여 조사하는 유전자로, 구성이 유사할수록 거부 반응이 적다. 즉 유전적으로 가까운 관계라고 할 수 있다. 실험 결과 여성들은 자신과 MHC 유전자가 비슷한 남성보다는 다른 남성에 대하여 성적 호기심을 나타냈다.

연구를 주도한 클라우스 베데킨트Claus Wedekind 교수는 "인간은 자신과는 다른 유전자를 가진 사람을 성관계 대상으로 선호하는 쪽으로 진화되어 왔다"라고 했다. 근친상간을 피함으로써 건강한 유전자를 후손에게 물려줄 수 있게 된 것이다. 하지만 임신 중이거나 피임약을 복용 중인 여성들은 MHC 유전자가 비슷한 사람들의 체취를 더 좋아하는 경향이 있었는데, 유전적으로 가까운 사람이 자신을 보호해줄 것으로 기대하기 때문일 것이라고 설명했다. 여담이지만 향수를 즐겨 사용하는 여성을 만나는 경우 향수가 체취를 감추기 때문에 제대로 된 유전적 선택을 어렵게 할 수도 있겠다.

향수의 위해를 차단하는 방법

향수는 가격이 비싸기 때문에 인체에 미치는 위해성을 확인하는 실험이 실제로 행해지지 않는다. 다만 전통적으로 사용해오면서 보고된 특별한 부작용이 없기 때문에 사용에 별다른 제한이 없다고 이해하면 되겠다. 하지만 새롭게 합성된 화학물질의 경우는 안전 여부를 확인해야 할 것이다.

잘 알려진 향수라고 하더라도 민감한 사람에게서는 다양한 부작용을 나타낼 수도 있기 때문에 사용에 주의를 기울이는 것이 좋겠다. 몇 가지 주의사항을 정리하면 다음과 같다.

1) 향수를 피부에 직접 뿌리는 것은 피하자. 흔히 귓바퀴의 뒷부분, 손목 등에 살짝 바르는데, 햇볕이 강한 계절에는 향수 사용을 피하거나 향수를 뿌린 부위를 햇빛에 노출하지 않는 게 좋겠다.

2) 구입할 때나 사용할 때는 라벨에 적힌 성분을 확인하자. 특히 구입할 때는 앞서 이야기한 프탈레이트 계열의 성분이 포함되었는지 확인하자. '프탈레이트 프리phthalate-free'라고 표시되어 있으면 안심이다.

3) 유통 기한도 확인하자. 자주 사용하지 않다 보면 유통 기한을 훌쩍 넘기는 경우도 있다. 유통 기한을 넘긴 향수는 색이 변하거나 향이 날아가기 때문에 사용하지 않는 것이 좋겠다.

4) 심지어는 가짜 향수도 있다. 가짜 향수의 경우 성분 표시가 분명치 않거나 사용이 금지된 화합물을 넣었을 수도 있기 때문에 조심해야 한다.

최근 들어서는 향기산업이라는 말이 나올 정도로 향기가 들어가는 제품이 확대되고 있다. 그 역사가 오래된 전통적인 향기제품으로는 향수와 화장품이 있으며, 최근에는 샴푸, 샤워젤, 탈취제, 청소용품,

공기청정제, 각종 세제, 연화제는 물론 화장지 등에도 향기를 입혀 사람들의 관심을 끌고 있다. 이 제품들은 특히 인공적으로 합성한 화학물질이 첨가되기 때문에 안전성이 문제될 수도 있으므로 지나치게 많이 사용하지 않는 것이 좋겠다.

특히 휘발성 유기화합물voc 중 일부는 두통, 어지럼증, 설사, 우울증 등을 일으킬 수도 있다. 물론 이런 증상들은 다양한 원인들에 의하여 올 수 있어 향수를 비롯한 향기제품만을 범인으로 지목하기 어려울 수도 있다. 하지만 이런 증상들이 향기제품의 사용과 관련하여 나타날 때는 한 번쯤 의심해볼 만하다.

아로마 치료,
입증되지 않은
보완요법

언젠가부터 사무실에 낙엽 태우는 듯한 향기가 스며들곤 했다. 가을
도 아닌데 어디서 낙엽을 태우는가 싶어 창문을 열고 내다보았지만,
20층 사무실에서 내려다보는 지상은 까마득했다. 다만 제2청사를 짓
느라 기반 조성 작업을 하고 있는 공사장에서 작업하는 사람들이 추
위를 달래기 위하여 무언가를 태우나 보다 싶었다.

학생 시절에는 교과서에 나오는 이효석 님의 수필 「낙엽을 태우면
서」를 암송할 정도였다. 특히 가을이 되면 "낙엽 타는 냄새같이 좋은
것이 있을까. 갓 볶아낸 커피의 냄새가 난다. 잘 익은 개암 냄새가 난
다"라는 대목을 생각하면서 은근히 낙엽을 태우는 향기를 기다리곤
했던 기억이 있다.

그러던 것이 언젠가부터 가을이 되어도 낙엽 태우는 장면을 볼 수
없게 되었다. 금지된 것이다. 낙엽을 태울 때 나오는 물질이 대기를 오
염시키고, 특히 다이옥신 같은 것을 대기 중으로 다시 확산시키기 때
문이다. 그래도 모처럼 맡은 낙엽 태우는 향기가 향수를 자극하는 듯
했다. 그런데 향기가 매일 이어지자 어디서 나는 것인지 궁금하지 않
을 수 없었다. 그 향기가 옆방에서 건너온다는 사실을 알게 된 것은

며칠이 지나서였다. 일종의 향기요법으로 향을 태우고 있었던 것이다. 마음이 차분하게 가라앉는 느낌이 들어 자주 향을 태운다고 했다.

좋은 향이 주는 심리적 효과는 분명 있는 듯하다. 이효석 님 역시 "향기로운 냄새를 맡고 있노라면 별안간 맹렬한 생활의 의욕을 느끼게 된다"고 하지 않았던가. 이효석 님은 일찍이 향기요법의 효과를 깨달았던 모양이다. 하지만 필자는 가을에 낙엽 태우는 향기를 맡으면 계절의 분위기와 함께 쓸쓸함 혹은 안타까움 같은 느낌이 든다. 나무가 떨군 낙엽이 땅으로 돌아가 썩어야 다음 해 나무에 도움이 될 터인데, 태우고 나면 땅으로 돌아가야 할 것들이 하늘로 날아가 버리는 것 같아서다.

아로마 치료Aromatherapy(향기요법)를 하는 후배에게 안전성과 유효성에 관하여 자문해준 적이 있다. 보통은 호흡을 통하여 폐로 들어가는 화학물질의 안전성은 호흡독성시험을 통하여 확인하게 된다. 하지만 향기요법에 사용하는 물질들이 대부분 자연에서 얻어지고, 가격이 비싸기 때문에 호흡독성시험을 하기가 쉽지 않다.

향기요법, 안전할까?

부정적 감정이 긍정적 감정보다 강력한 힘을 가진다고 주장하는 심리학자도 있다. 행복과 삶의 의미를 연구하는 토드 카시단Todd Kashdan 교수와 로버트 비스워스디너Robert Biswas-Diener 교수가 그들이다. 사람들은 기분 좋은 향을 맡으면 잠깐 미소를 지을 뿐이라고 한다. 향기가 주목을 끄는 시간은 그리 길지 않다는 것이다. 반면 불쾌한 향을 맡으면 코를 더 오래 찡그리고 반응도 강렬하다는 것이다. 불쾌한 향이 어디서 나오는지 확인하고 치우려는 적극적인 행동에 나선다.

흔히 자연에서 얻은 향기로 치료를 하기 때문에 안전할 것이라고 막연한 생각을 가지는 경향이 있지만, 향기요법을 받는 과정에서 생길 수 있는 여러 가지 부작용의 위험이 있다.

향기요법에 사용되는 원료인 정유(에센셜 오일essential oil)는 고도로 농축되어 있다. 따라서 정유를 매개유(캐리어 오일carrier oil)에 희석하지 않고 직접 피부에 사용하면 발진 등 부작용이 나타날 수 있다. 피부에 바르는 정유를 희석하는 매개유로는 호호바 오일jojoba oil, 올리브 오일, 코코넛 오일 등을 사용한다. 라임이나 레몬과 같은 감귤류 껍질에서 추출한 기름 등은 광독성을 가지고 있다. 이들 기름을 매개유에 희석해서 피부에 바른 뒤 1시간 이내에 햇빛에 노출하면 광독성 피부염이 생기며, 심하면 피부세포의 유전자 변이가 생길 수도 있다. 정유 중 일부는 많이 사용하면 피부 등 신체 부위에서 민감한 반응을 일으키는 화학 성분이 들어 있다. 원료식물을 재배하면서 농약을 사용한 경우에는 농약으로 인한 알레르기가 생길 수도 있다.

식물에서 추출한 정유 중 일부는 여성호르몬인 에스트로겐과 유사한 효과를 보인다는 주장도 있다. 따라서 임신이나 수유 중인 여성은 주의해야 한다. 임신 초기에는 태아에 영향을 줄 수도 있으며, 젖먹이에게도 전달될 수 있으므로 전문가의 조언에 따라야 한다.

치료 목적으로 정유 섭취를 권하는 사람도 있지만, 독성이 강한 정유를 사용할 때는 반드시 전문가의 처방을 받는 것이 좋다. 페놀과 테르펜Terpen 성분이 들어 있는 유칼립투스Eucalyptus에서 얻은 정유는 찻숟가락으로 하나 정도만 마셔도 간 기능에 이상을 초래할 수도 있고,

4~5ml를 마시면 심각한 중독 증상이 발생할 수 있다. 샐비어Salvia, 우슬초Hyssop, 측백나무, 참죽나무에서 채취한 정유를 섭취했을 때 간 손상과 경련 등의 부작용이 나타난 경우도 있다.

질병 치료를 위하여 복용하고 있는 약물이 있는 경우 향기요법에 사용되는 정유와 상호작용을 일으켜 부작용이 나타나는 경우도 있다. 예를 들면, 항응고제인 와파린을 복용하고 있는 환자에게 살리실산메틸을 많이 함유하고 있는 자작나무나 북미 원산의 바위앵도류의 관목에서 채취한 정유를 사용하는 경우 출혈을 일으킬 수 있다.

혈압에 영향을 미치는 정유도 있다. 라벤더 정유를 오래 사용하면 혈압이 내려가는 반면, 로즈메리는 혈압을 상승시키는 효과가 있기 때문에 각각 저혈압 환자나 고혈압 환자에게는 사용에 주의해야 한다.

향기요법을 위한 변명

의학적으로 입증된 바가 없기 때문에 질병을 예방하거나 치료하기 위한 목적으로 사용하는 향기요법은 의사의 자문을 받아야 한다. 심리적 혹은 육체적 건강을 향상시키기 위한 보완요법의 개념으로 적용하는 경우도 마찬가지다. 보완요법을 대체의학이라고 주장하는 경우도 있지만, 의학적 치료를 대신할 수 있는 치료법이라고 오해하지 말아야 한다.

향기요법은 중국, 인도, 이집트 등 고대 문명에서 치료, 위생, 영적인 목적으로 사용되거나 제사의식의 일부로 사용된 것에서 유래한다. 1세기 무렵 페다니우스 디오스코리데스Pedanius Dioscorides가 남긴 『약물학 De Materia Medica』이라는 책에는 기름의 치유 효과에 대하여 기록되어 있다. 11세기에 증류법이 개발되면서 증류된 정유를 치료약으로 사용하기 시작했다. 11세기 이슬람의 의사이자 철학자인 이븐 시나Ibn Sīnā는 수증기 증류법을 사용하여 정유를 분리해냈다.

향기요법의 전문가들은 정유가 질병을 치료하거나 예방하며, 통증 및 불안을 완화하고, 단기 기억을 향상시키는 효과가 있다고 주장한다. 이러한 효과와 관련해서, 정유가 후각기관을 통하여 변연계에 작용한다는 설명과, 정유가 가지는 약리적 활성이 효과를 나타낸다는 설명이 있다. 그럼에도 불구하고 향기요법에 대하여 불신의 목소리는 여전하다.

향기요법에서는 정유를 매개유에 희석하여 피부에 바르거나, 마사지를 병행하거나, 호흡기 기능을 강화시키기 위하여 직접 흡입하기도 한다. 정유를 목욕물에 타서 목욕을 하기도 한다.

주로 식물에서 얻어낸 향기로 심신을 치료하는 향기요법에 대한 일반의 관심이 커지고 있지만, 고도로 농축된 원료물질을 사용해야 하므로 전문가의 조언에 따라야 할 것이다. 또한 제대로 된 치료 효과를 보려면 좋은 원료를 사용해야 한다.

이정아 박사는 시트란 장미Rosa hybrida 'citran', 오리엔탈 나리 '시베리아' Lilium Oriental hybrids 'Siberia', 스톡Mathiola incana 등 향기가 있는 꽃과 식물을 실내에 둠으로써 초·중·고등학교 학생들의 학습 집중력을 향상시키고 정서 안정을 꾀할 수 있다는 연구 결과를 발표했다. 하지만 향기가 진하면 오히려 부작용이 생길 수도 있으니, 향기가 은은하게 퍼질 수 있는 정도의 화분을 실내에 두는 것이 좋은 향기요법이라 할 수 있겠다.

향기요법의 위해를 차단하고 효과를 높이는 법

아이의 경우 어른보다는 적은 용량으로도 독성 작용을 나타낼 수 있으므로 우발적으로 섭취하는 사고를 막기 위하여 정유 등을 안전한 곳에 보관하도록 한다. 또한 전문가의 조언에 따라 사용한다.

향기요법은 다음의 여러 방법으로 행할 수 있다.

1) 흡입하는 방법이 가장 간편하고 효과를 쉽게 볼 수 있다. 정유를 담은 병의 뚜껑을 열고 직접 향을 맡거나, 화장지나 손수건에 1~2 방울 떨구어 냄새를 맡는다. 심리적 안정을 가져오는 효과가 크다.

2) 코 막힘이나 기침, 천식과 같은 호흡기질환을 앓는 환자의 경우 증기 상태로 만들어 흡입하는 것이 효과적이다. 뜨거운 물에 정유를 2~3방울 떨어뜨린 뒤에 올라오는 김을 깊이 들이마신다.

3) 정유를 정수된 물에 희석하여 향로에 담고 열을 가하여 향기가 공기 중으로 확산하도록 하는 방법도 있다. 향로를 피우는 것이 번거로우면 물뿌리개에 정수된 물 100ml를 담고 정유 15방울을 떨어뜨

린 다음 잘 흔들어 공기 중에 뿌리면 된다.

4) 피부에 바르는 경우는 정유를 올리브 오일 같은 매개유에 희석하여 바르면 되는데, 마사지를 해주면 효과가 더 커진다.

5) 정유 섞은 물에 몸을 담그는 목욕요법도 효과적이다. 욕조에 목욕물을 받고 정유 10방울 정도(어린이는 2~3방울) 떨어뜨려 섞은 뒤에 몸을 담그면 근육이 이완되면서 편안한 느낌을 얻을 수 있다.

피부용품에
숨어 있는
유해물질

자외선차단제,
햇볕은
피부의 적인가?

지난해 우연히 팔목을 젖혔다가 손등에 잔주름이 자글자글 잡히는 것을 발견했다. 얼굴이나 팔뚝처럼 피부가 접히지 않는 부위에는 아직 잔주름이 없는 편인데, 손등에 이런 변화가 생긴 것은 아무래도 햇볕에 많이 노출되기 때문인 듯하다. 아내는 선크림, 즉 자외선차단제를 바르라고 늘상 권유하지만 자외선차단제를 바르고 난 다음에 느끼는 끈적임과 지울 때의 불편함이 싫어서 사용을 피하는 편이다. 게다가 야외활동이 많지 않아 피부가 허여멀끔한 편인데, 그보다는 적당히 햇볕에 그을린 모습이 건강해 보일 것이라는 생각도 한다.

주름에 대해서도 나이 듦을 굳이 감출 필요가 없다고 생각한다. 필자의 경우 10대 무렵부터 새치가 나기 시작하더니 꾸준히 늘어 50살을 넘기면서 반백에 가까워졌다. 염색을 하면 더 젊어 보일 것이라는 조언을 주위로부터 많이 들었다. 그때마다 이미 평생을 같이할 아내가 있는데 누구에게 잘 보일 이유가 있겠냐고 얼버무리곤 해왔다. 사실은 머리 염색을 하는 것도 엄청 부지런해야 가능한 일이다.

흔히 사람들이 남의 눈치를 보는 이유는 '혹여 나의 언행을 남이 비웃지나 않을까?' 하는 걱정이 지나치기 때문이다. 남의 시선을 의식하지 않는 사람은 자칫 독단에 빠질 위험이 있지만, 지나치게 남의 시선을 의식하는 사람 역시 바람에 흔들리는 갈대처럼 눈치를 보느라 아무것도 하지 못하게 된다. 조선 후기 학자 이헌경李獻慶은 "남들의 비웃음이 두려워 남과 같아지려 한다면, 어리석고 능력 없는 사람과 무엇이 다르겠는가"라고 했다. 송나라 사상가 장재張載 역시 "천하의 가장 큰 우환은 남의 비웃음을 두려워하는 것이다"라고 했다. 현명한 사람이 깊이 생각하고 소신껏 움직이는 것을 배워야 한다.

심리학에서는 남의 시선을 의식하는 것을 '자기의식'이라는 개념으로 설명한다. 자기의식에는 공적 자기의식과 사적 자기의식이 있다. 공적 자기의식이란 자신의 외모나 행동같이 외적인 측면에 쏟는 자기의식을 말한다. 사적 자기의식은 생각이나 태도와 같이 내적인 측면에 쏟는 자기의식을 말한다. 두 종류의 자기의식의 비중은 서로 반비례하는 경향이 있다. 즉 공적 자기의식이 높은 사람은 남의 눈치를 많이 보며 노심초사하는 경향이 있다. 그 정도가 심하면 불안장애, 강박증, 심지어는 대인공포증이 생길 수도 있다. 외국인들이 보기에 한국인들은 외부에 비쳐지는 자신의 이미지를 중요하게 생각하는 경향이 있다. 사적 자기의식이 높은 사람은 남의 눈치를 별로 보지 않기 때문에 자기중심적일 수 있다. 자기의식 역시 중용中庸의 묘를 찾아야 하겠다.

자외선차단제 이야기가 샛길로 빠졌다. 화상 등 피부 손상이나, 피부 노화, 피부암 등을 예방하기 위한 목적으로 자외선차단제를 사용한다. 그런데 우리나라 사람들의 경우는 피부암보다는 피부 노화를 예방하기 위한 미용 목적으로 많이 사용하는 것 같다. 요즘 나이가 들어 보이는 것에 대하여 민감한 사람들이 늘면서 일상적으로 외출하면서도 선글라스에 마스크, 긴소매 옷을 입어 피부가 햇볕에 노출되는 것을 완벽하게 차단하려는 분위기다. 여기에 더하여 자외선차단제를 바르기까지 한다. 그런데 피부 노화 혹은 피부암을 예방하기 위한 목적으로 사용하는 자외선차단제는 완벽하게 안전한가 하는 것이 문제다. 건강해 보이기 위하여 인공적으로 피부를 태운 것을 자랑하던 시절이 있었다면 믿지 못할 일이다.

자외선ultraviolet ray은 파장의 길이에 따라서 UVA, UVB, UVC로 구분한다. 파장이 가장 짧은 UVC(200~290㎚)는 생명체에 심각한 손상을 입히지만 오존층에서 걸러지기 때문에 지상에 도달하지 않는다. 중간 파장의 UVB(290~320㎚)는 피부의 상피층까지만 투과하는데, 에너지가 크기 때문에 피부에 화상을 입힐 수 있다. 그뿐 아니라 상피세포의 DNA에 손상을 입히고, 돌연변이를 유발하여 암으로 발전하게 한다. 또한 상피층에 있는 멜라닌 색소를 활성화시켜 주근깨와 짙은 반점을 만들어 피부 노화를 촉발한다. 파장이 가장 긴 UVA(320~400㎚)는 상피를 지나 진피까지 도달하는데, 에너지는 낮지만 피부를 그을리고, 피부 탄력을 유지하는 콜라겐이나 엘라스틴과 같은 구조를 손상시켜 진피층이 얇아지게 만든다. 또한 활성산소를 생성하여 DNA에 손상을 줄 수 있다.

어찌 되었거나 자외선차단제를 비롯하여 햇볕을 피하려는 노력이 안쓰러울 정도인데 문제는 없는지 알아보자.

자외선차단제, 무엇이 문제인가?
자외선차단제는 구성 성분과 작용 방식에 따라 유기 자외선차단제와 무기 자외선차단제로 구분한다. 유기 자외선차단제(또는 화학적 자외선차단제)는 옥시벤존Oxybenzone, 아보벤존Avobenzone 등 카보닐기Carbonyl group와 결합한 벤젠 계열의 방향족 유기 화학물질을 주성분으로 한다. 이들은 고에너지의 자외선을 흡수하여 저에너지의 광선으로 방출해 자외선이 피부에 도달하는 것을 방지한다.

무기 자외선차단제(또는 물리적 자외선차단제)에 속하는 산화아연 Zinc Oxide이나 이산화티타늄Titanium Dioxide은 자외선을 반사하거나 산란시켜 피부에 침투하는 것을 방지하는 방식이다.

무기 자외선차단제는 UVA 차단에 효과적이지만 피부가 하얗게 보이는 백탁 현상이 생기는 단점이 있다. 유기 자외선차단제는 UVB 차단에 효과적이다. 피부에 잘 발리며 백탁 현상이 없는 장점이 있는 반면, 민감한 피부에는 자극적일 수 있는 단점이 있다. 이런 점들을 고려하여 대부분의 자외선차단제는 무기 자외선차단제 성분과 유기 자외선차단제 성분을 섞어 만들어지고 있다.

무기 자외선차단제가 2종에 불과한 데 반해 유기 자외선차단제는 다양한 성분들을 사용하고 있다. 그 가운데 옥토크릴렌Octocrylene은 자외선을 쪼이면 활성산소를 생성하여 피하 조직에 손상을 입혀 노화를 촉진할 수 있다. 페닐벤즈이미다졸 술폰산Phenylbenzimidazole Sulfonic Acid은 세균에서 유전독성을 나타낸다. 흔히 파바PABA라고도 하는 파라아미노벤조산p-Aminobenzoic Acid은 DNA에 손상을 입히는 것으로 알려져 사용이 줄고 있다.

자외선차단제 가운데 옥시벤존은 피부에 알레르기를 잘 일으키고 어류에서 내분비 장애 문제를 일으키는 것으로 알려졌다. 최근에는 미량의 옥시벤존이 어린 산호초의 DNA에 손상을 입혀 기형을 일으키고, 성장이나 암수 균형을 방해한다는 연구가 나왔다. 미국 하와이 의회에서는 산호초를 보호하기 위해 화학적 자외선차단제의 판매와 사용을 금지하는 법안을 추진하고 있다.

포항공과대학교의 장윤석 교수는 상대적으로 독성이 약한 철나노 입자가 미생물 표면에 부착되면 압력을 가해 세포를 손상시키고 성장을 저해하는 것을 발견했다. 구제역과 조류독감 등으로 살처분되어 매립된 가축에 의해 지하수와 토양이 오염되는 환경 문제를 해결하기 위하여 나노 입자를 이용하려는 연구가 진행되고 있다. 장 교수 팀은 문제 해결을 위하여 투입한 나노 입자가 오히려 환경에 위해 요소가 될 수도 있음을 밝혀낸 것이다. 자외선차단제에 함유된 산화아연이나 이산화티타늄도 사용한 뒤에 얼굴에서 닦아내면 하수를 통하여 환경으로 흘러들어간다. 따라서 무기 자외선차단제로 사용된 나노물질의 환경 위해 여부도 확인이 필요하다.

자외선차단제를 오랜 기간 사용하게 되면 비타민D 결핍이 올 수도 있다. 질병관리본부의 조사에 따르면, 우리나라 성인의 93%는 비타민D가 부족한 것으로 드러났다. 심한 경우 골다공증 수준으로 골밀도가 낮은 20대도 있다는 것이다. 야외활동을 많이 하지 않고, 외출을 하더라도 햇빛을 피하기 위하여 자외선차단제 등을 사용하는 사람들이 늘어났기 때문으로 보인다.

비타민D는 칼슘의 흡수를 도와주는 역할을 한다. 따라서 비타민D가 부족하게 되면 골다공증이나 구루병이 생긴다. 또한 비타민D는 면역 능력을 키워주고, 노화와 암을 예방하는 효과도 있다. 비타민D는 말린 버섯이나 생선 등에 많이 들어 있다. 비타민D의 하루 권장 섭취량은 250µg인데, 지나치게 많이 먹는 경우 위, 신장, 간, 연조직 등에 장애를 일으킬 수도 있다. 다행히도 비타민D는 햇빛을 받았을 때 피부에서 만들어진다. 오전 10시에서 오후 2시 사이에 30분 정도 팔다리 전체를 햇볕에 쪼이면 이틀치의 비타민D 권장량을 채울 수 있다. 일주일에 서너 번 정도 햇볕을 쪼이는 것으로 필요한 비타민D를 얻을 수 있는 셈이다. 그럼에도 불구하고 피부 노화를 방지한다며 자외선차단제를 사용하고, 그 결과 부족해진 비타민D를 보충하기 위하여 주사를 맞는다. 이렇게 비타민D 주사를 맞는 경우에도 건강보험에서 진료비를 지불해야 하는지 의문이 든다.

자외선차단제를 위한 변명

고대 문명에서도 햇볕으로 인한 손상을 예방하기 위해 다양한 방법을 사용했다. 고대 이집트에서는 쌀, 재스민, 루핀 등의 식물에서 추출한 성분을 사용했고, 고대 그리스에서는 올리브 오일을 사용했다. 요즘 각광받는 산화아연으로 만든 제품도 수천 년 동안 사용되어 왔다. 합성물질로 만든 최초의 자외선차단제는 1928년에 개발되었고, 1936년 로레알에서 상품화했다.

자외선차단제가 개발된 가장 큰 이유는 자외선에 많이 노출되면 유전적 요인이 큰 악성 흑색종을 제외한 상피세포암이나 기저세포암과 같은 피부암이 생길 위험이 높기 때문이다. 1928년 조지 핀들레이 George Findlay가 쥐의 피부에 자외선을 쪼여서 자외선 조사량과 피부암 발생이 상관관계에 있음을 관찰한 이후로, 자외선이 피부암 발생의 주요 원인이라고 알려졌다. 특히 기저세포암의 경우 85% 정도가 자외선 노출에 의해 발생하며, 백인종, 금발, 어려서 주근깨가 있던 사람, 피부암 가족력이 있는 사람이 위험하다.

피부에 생기는 악성 흑색종은 특히 백인종에서는 폐암에 이어 두 번째로 많이 생기는 악성 종양이다. 피부암은 백인에서는 전체 암종의 20~30%를 차지하는 반면 아시아 사람들에서는 2~4%, 흑인에서는 1~2%를 차지한다. 즉 유색인종에게서는 피부암의 발생이 드문 편이다. 피부 색깔이 진한 사람에게서 피부암이 적게 발생하는 것은 피부 상피에 들어 있는 멜라닌 색소가 햇빛을 차단하는 효과를 나타내기 때문이다. 백인의 상피가 UVB형의 자외선을 24% 투과시키는 데 반하여 흑인의 경우는 7.4%만 투과시킨다. 자외선은 DNA에 손상을 입히고 유전적 변이를 일으켜 피부암을 유발하는 것으로 알려져 있다.

우리나라에서의 피부암 유병률에 대한 정확한 자료는 아직 없으나, 건강보험심사평가원(심평원)의 청구 자료에 따르면 악성 흑색종을 비롯한 피부암이 꾸준하게 증가하고 있다. 피부암에 대한 국민들의 인식이 개선되면서 진단율이 높아졌을 가능성도 고려해야겠지만, 최근 우리나라 상공의 오존층이 얇아진 것도 피부암의 유병률 증가에 기여했을 수도 있다.

자외선차단제를 사용하는 두 번째 이유는 자외선이 피부 노화를 촉진시키기 때문이다. 자외선에 의하여 피부가 노화되어 나타나는 초기 증상으로는 노출된 피부에 색소가 침착하고 주름이 생긴다. 얼굴과 목에 모세혈관이 확장되어 거미줄처럼 보인다. 자외선에 장기간 노출되면 찡그리지 않아도 주름이 깊어진다. 피부가 늘어진다. 모세혈관의 확장이 코, 뺨 그리고 턱 주위로 확산된다. 기미와 주근깨가 늘어난다.

미국피부과학회American Academy of Dermatology는 옥시벤존Oxybenzone, 레티닐팔미테이트Retinyl Palmitate 및 나노 기술을 적용한 자외선차단제들이 사람의 건강에 위해하지 않다는 입장이다. 나아가 미국피부과학회의 헨리 림Henry W. Lim 박사는 2017년 5월에 "지금까지의 과학적 자료들은 자외선 차단 성분들이 사람의 건강을 위협한다는 주장을 뒷받침하지 못하고 있다. 반면 햇빛의 자외선이 피부에 미치는 장단기 손상을 최소화하기 위하여 자외선차단제를 사용하는 것이 효과적이라는 근거가 되고 있다"라고 주장했다.

2009년 호주의 연방의료제품청Therapeutic Goods Administration은 자외선차단제의 안전성에 대하여 다음과 같은 결론을 내렸다. "자외선차단제에 들어 있는 이산화티타늄TiO_2과 산화아연ZnO 등 나노 입자의 위해성은 기본적으로 피부 세포에 이를 수 있는가에 달려 있다. 지금까지의 증거들을 보면 이들 물질이 피부 세포에 도달한다고 볼 수 없다. 자외선차단제는 많은 국가의 정부기관에서 광범위하게 검토되고 있으며, DNA에 손상을 입히는 것으로 밝혀진 파라아미노벤조산PABA과 같은 성분은 시장에서 철수하기 시작했다."

피부암을 예방하는 방법

1) 햇빛에 노출을 최소화한다. 특히 오전 10시부터 오후 4시 사이에 태양에 노출되는 것을 피한다.
2) 햇빛을 차단한다. 둥근 테가 있는 모자와 선글라스를 착용하고, 촘촘하게 짠 의복을 입는다.
3) SPF 15 이상의 자외선차단제를 입술을 포함하여 햇빛에 노출되는 모든 피부에 바른다. 흐린 날에도 2시간마다 자외선차단제를 다시 바른다(6개월 이상의 아이도 햇볕에 나갈 때는 아이용 자외선차단제를 바른다).
4) 인공 빛으로 피부를 태우지 않는다.
5) 햇볕과 피부암에 관한 정보를 습득해둔다.
6) 정기적으로 피부 검사를 받는다.

자외선차단제의 올바른 사용법

1) 야외활동의 종류와 피부 민감도에 따라 UVB 차단지수SPF와 UVA 차단지수PA의 등급을 맞춘 자외선차단제를 고른다. 피부를 엷은 갈색으로 태우기 위한 목적으로 사용하는 경우 낮은 SPF, PA인 제품을 고른다. 야외활동의 경우 계절이나 자외선 노출 시간 등을 고려

하여 결정하는데, 스키장이나 해변과 같이 자외선이 강한 장소에서는 차단 기능이 높은 제품을 사용한다.
예를 들면, 다음 표와 같다.

민감한 사람이나 짧은 외출	SPF 10, PA+
일상생활	SPF 15~30, PA++
스키장이나 해변	SPF 30~50, PA+++

2) 해수욕장 혹은 수영장에서 물놀이를 하는 경우 내수성 제품을 사용한다.
3) 햇볕에 노출되기 15분 전에 노출되는 피부 전체에 얇게 고루 발라준다.
4) 땀이나 옷 등으로 지워지게 되므로 2시간 간격으로 덧발라준다.
5) 외출에서 돌아오면 자외선차단제가 피부에 남지 않도록 깨끗하게 씻어준다.
6) 피부에 상처가 있을 때는 사용하지 않으며, 알레르기 등 피부 반응이 있으면 사용을 중지한다.
7) 입이나 눈에 들어가지 않도록 주의한다. 특히 에어로졸(스프레이) 제품을 사용할 때는 들이마시지 않도록 한다.
8) 일주일에 한두 번 정도는 한낮의 뜨거운 볕만 아니라면 자외선차단제 없이 30분 정도 햇빛을 ��다.

피부 노화를 막기 위하여 자외선을 차단하는 일은 기본이다. 피부에 노폐물이 쌓이지 않도록 세안을 꼼꼼하게 한다. 자외선이 강해지는 계절에는 과일을 많이 먹는 것도 도움이 된다. 과일에 풍부한 비타민C가 피부 조직의 노화를 막아주고 주근깨와 기미가 생기는 것을 예방한다. 음식을 싱겁게 먹는 것도 피부 노화를 늦추는 데 도움이 된다.

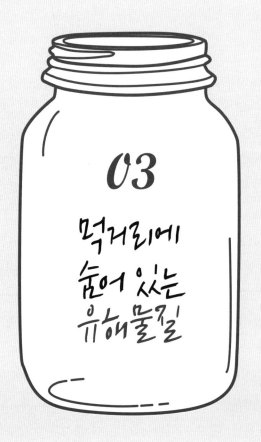

03

먹거리에
숨어 있는
유해물질

GMO,
먹어도
될까?

지난해 MBC 〈PD수첩〉에서는 국내에 시판되는 10종의 라면을 조사
했더니 5종에서 GMO(유전자변형생명체Genetically Modified Organism) 성분이
검출되었다고 보도했다. 미국에서 수입한 밀가루에 혼입된 GMO 옥수
수가 주범이었다는 것인데, 해당 GMO 옥수수는 우리나라에서도 수
입이 허가된 것이라고 했다. 방송의 쟁점은 GMO 곡물의 수입 실태와
사용처에 관한 정보를 공개하지 않는 것에 맞추어져 있었다.

이 소식을 전한 신문에서는 GMO 옥수수를 먹인 쥐에서 면역 저하,
종양, 간·신장 손상이 많다는 프랑스 캉 대학교Université de Caen Normandie
의 연구 결과를 소개했다. 동시에 실험의 설계에 문제가 있었다는 주
장, 그리고 GMO와 질병 사이의 연관성을 찾을 수 없다는 미국 국립
학술원의 반대 입장을 소개하면서 GMO의 안전성에 대한 논란이 여
전하다고 했다.

그런가 하면 최근 우리나라에서 불임 부부들이 급증하는 것은
GMO 곡물을 많이 수입해서 먹고 있기 때문이라고 보도한 신문도 있
다. 사실 이런 방송이나 기사를 보면 안전하다는 주장이 특정 국가에
서 발표되고 있기 때문에 믿어도 될까 하는 의구심으로 GMO 곡물에

대한 불안한 마음을 갖게 된다.

필자 역시 30여 년 전에는 'GMO가 안전할까?' 하고 의심하는 쪽으로 마음이 더 쏠렸다는 고백을 먼저 해야겠다. GMO 식품이 알레르기 반응을 일으킨다는 주장이 나오고 있었기 때문이다. 심지어는 장기 섭취로 인한 부작용, 예를 들면 암이 더 많이 생기는 것이 아닐까 하는 의문도 가졌다. 그 무렵만 해도 발암 여부를 확인하는 연구가 진행되었다는 소식이 없었기 때문이다.

관련 업계에 따르면 우리나라는 GMO 작물 수입이 세계 2위에 이른다. 단순하게 보면 우리나라 사람들은 GMO의 위험에 노출되어 있을 가능성이 높다고 생각할 수도 있다. 하지만 우리나라에서는 GMO 작물을 전혀 생산하고 있지 않기 때문에 GMO 작물을 생산하여 자국에서 다량 소비하고 있는 나라들에 비하면 그리 심각할 정도는 아니다. 그럼에도 불구하고 우리나라 사람들의 대다수는 GMO에 대하여 부정적으로 인식하고 있다.

GMO 작물이 실질적으로 상업화된 시기를 1996년으로 보고 있다. 20여 년의 기간은 GMO 작물이 사람의 건강에 미치는 장기적 위해성을 판단하기에 충분하지 않다고 볼 수도 있겠으나, 적어도 단기적이고 급박한 위해성을 판단해볼 수는 있을 것 같다.

GMO 식품의 위해성

미국환경의학회American Academy of Environmental Medicine는 모든 환자들에게 비GMO 식이요법을 처방하라고 의사들에게 촉구했다. GMO 식품을 먹인 동물에서 장기 손상, 면역 이상, 노화 가속, 불임 등의 반응이 나타났다는 실험 결과가 있기 때문이다. 1996년 GMO 작물이 상업화되어 식품 원료로 사용된 이후로 공중보건에 이상 징후가 나타났다는 점도 인용했다. 예를 들면 음식 알레르기가 늘었고, 자폐증, 생식 장애, 소화 장애를 보이는 환자가 늘고 있다는 것이다. 물론 이와 같은 현상이 GMO에 의하여 생긴 것이라는 점을 입증하는 연구는 아직 충분하지 않다.

GMO는 많은 잠재적 부작용을 가지고 있다는 것이 GMO 반대론자들의 주장이다. 이들이 우려하는 바는 GMO가 환경과 인간의 건강에 부정적 영향을 미칠 가능성이다. 특히 이들은 새로이 개발되는 모든 물질에 대해 안전이 입증되기 전까지는 안전하지 않다고 보는 '사전 예방의 원칙'을 내세운다. 특히 식품 원료로 사용하는 GMO의 안전에 관심이 크다.

GMO는 기존의 생물체에 새로운 유전자를 삽입하여 원하는 형질을 나타내게 한 것이다. 새로운 유전자는 최종적으로 단백질을 생산하여 원하는 형질을 띠게 된다. 따라서 GMO의 안전성을 평가하는 데 있어 관심사는 예기치 않은 알레르기 유발 물질이나 독성물질이 만들어지는지, 항생제에 대한 내성이 증가하는지, 혹은 기존의 작물보다 영양 성분이 감소되는지 등이다.

우리 몸은 자신의 것과는 다른 단백질이 체내에 들어오게 되면 면역 체계를 작동시켜 스스로를 보호하기 위한 거부 반응을 보인다. 그와 같은 반응이 특히 과도하게 작동되는 것이 알레르기 반응이다. 알레르기 증상을 보이는 환자에서 알레르기를 일으키는 원인 물질을 찾아내는 것조차 쉽지 않다. 실제로 GMO가 알레르기를 일으켰다는 직접적인 사례는 아직 발표되지 않았다. 다만 개발 중인 GMO가 알레르기 반응을 일으킬 수 있다는 실험 결과로 인하여 제품 개발이 중단된 사례는 있었다.

GMO가 암을 일으킬 수 있다는 연구가 발표된 적도 있다. 프랑스 캉 대학교의 질에릭 세랄리니Gilles-Éric Séralini 박사 팀은 몬산토 사의 유전자조작 옥수수(NK603)와 제초제, 라운드업(몬산토 사에서 개발한 제초제 중 하나)을 2년간 쥐에게 먹였더니 대조군보다 암이 더 발생했고, 성호르몬의 균형이 깨졌으며, 간과 신장에 독성을 나타내더라는 실험 결과를 2012년에 발표해 파장을 불러왔다.

GMO 사용을 반대하는 사람들은 GMO가 사람의 건강에 부정적 영향을 미치는 한편, 환경에도 예상치 못한 결과를 가져올 수 있다고 경고한다. 유전자의 교차 오염과 유전자 도입으로 인한 효과에 저항하는 진화가 일어날 수 있다는 것이다. GMO 작물의 꽃가루가 다른 품종의 작물에 떨어져 수정이 되면 변형된 유전자의 형질이 다른 품종으로 옮겨질 수가 있는 것이다.

살균/살충 성분을 생산하는 유전자를 도입한 식물이 일정 기간에는 효과를 보일 수 있겠지만, 시간이 흘러가면 세균이나 곤충 역시 살균/살충 성분을 피할 수 있도록 진화할 것이라는 주장이다. 이미 항생제 개발 과정에서 밝혀진 사실이다. 진화를 통하여 살균/살충 성분에 내성을 보이는 새로운 세균이나 곤충은 다루는 것이 더 어려울 수도 있다.

GMO 식품을 위한 변명

유전자는 개별 생명체의 형태와 기능적 특징을 결정하는 유전 정보 단위로서, 앞 세대에서 물려받아 다음 세대로 전달된다. '유전'이라는 개념은 19세기 오스트리아 수도사 그레고어 멘델Gregor Mendel이 처음 확립했다. 1856년부터 교회의 뜰에 완두콩을 심어 실험을 거듭한 끝에 완두콩의 형질이 다음 세대로 전달되는 유전 법칙을 발견하고, 1865년 브륀Brünn의 자연과학협회에 발표했다. 하지만 멘델의 유전 법칙은 1900년 네덜란드 식물학자 휘호 마리 더 프리스Hugo Marie de Vries에 의하여 재발견될 때까지 묻혀 있었다.

1910년 토머스 모건Thomas Hunt Morgan은 노랑초파리를 이용한 유전 연구를 통하여 유전자가 염색체에 있음을 입증하여 고전 유전학을 정립하게 되었다. 1944년 캐나다 유전학자 오즈월드 에이버리Oswald Avery는 DNA가 형질 변환의 원인임을 입증하여 DNA가 유전물질임을 밝혀냈다. 1953년 제임스 왓슨James Dewey Watson과 프랜시스 크릭Francis Harry Compton Crick이 DNA의 이중나선 구조를 밝혀냄으로써 유전자의 개념이 확립되었다.

유전자변형 기술이 개발되기 전까지 동식물의 형질을 개선시키는 전통적인 육종 방법으로는 시대별로 분리육종법, 교배육종법, 돌연변이육종법, 잡종강세육종법 등이 있다.

야생식물을 재배하기 시작한 신석기인들은 기존의 품종 가운데 우수한 개체를 골라 다음 해 다시 재배했는데, 이를 '분리육종법'이라 한다. '교배육종법'은 형질이 서로 다른 두 품종을 교배하여 우수한 형질이 조합된 새로운 품종을 얻는 방법으로 불과 200~300년 전에 시작되었다. '돌연변이육종법'은 1926년 미국 유전학자 허먼 멀러Hermann Joseph Muller가 초파리에 엑스선을 쪼이면 돌연변이가 생긴다는 것을 발견한 데서 시작되었다. 지금은 원하는 유전자에서만 돌연변이가 일어나게 할 수 있지만, 당시 이 방법은 꼭 긍정적인 방향으로만 일어나는 것이 아니라는 한계가 있었다. '잡종강세육종법'은 잡종 1세대가 양친보다 우수한 형질을 나타내는 점을 활용한 방법으로, 수확물에서 종자를 얻는 방식에서 종자회사로부터 매년 종자를 구입해야 하는 문제가 있다. 유전자변형 기술을 육종 분야에 적용한 것을 '생명공학육종'이라고 하며, 새로운 육종 기술이라고 할 수 있다.

유전자를 변형하는 기술은 1972년 폴 버그Paul Berg가 DNA를 재조합한 것이 처음이다. 즉 유전자 재조합 기술은 의학 분야에서 먼저 실용화되었다. 1973년 스탠리 코헨Stanley Cohen과 허버트 보이어Herbert Boyer가 제한효소와 리가제ligase를 사용하여 DNA를 자르고 붙이는 기술과, 박테리아에서 새로운 DNA를 복제하는 기술을 개발했다. 이를 토대로 1978년에는 재조합 인간 인슐린을 처음 만들어냈고, 1979년에는 인간 성장호르몬을 만들어냈다. 그때까지는 동물의 췌장에서 추출하거나 죽은 사람의 뇌하수체에서 추출하여 치료제로 사용했기 때문에 그로 인한 부작용이 있었다. 예를 들면, 광우병과 비슷한 크로이츠펠트-야콥병Creutzfeldt-Jakob disease, CJD으로 죽은 사람의 뇌하수체가 섞인 인간 성장호르몬을 주사로 맞은 어린이들이 의인성 CJD에 걸리기도 했다.

1990년을 전후하여 유전자변형 기술을 식물에 적용하는 실험들이 다양하게 진행되었으며, 1996년에는 제초제에 대한 내성을 가진 라운드업 레디Roundup Ready 콩과 볼가드Bollgard 면화 등의 작물이 상용화되기에 이르렀다. 사실은 수확한 후에도 무르지 않는 토마토Flavr Savr가 1994년에 상용화되었지만, 껍질이 너무 두꺼워 사람들이 외면하는 바람에 시장에서 퇴출되고 말았다. 작물을 재배하는 데 있어 잡초는 작물과 경쟁함으로써 수확량을 감소시키는 피해를 준다. 그뿐 아니라 해충은 작물의 성장을 방해하거나 고사시키는 등 심각한 피해를 주기 때문에, 잡초를 제거하거나 해충을 막기 위하여 제초제와 살충제를 사용해야 한다. 문제는 제초제와 살충제를 살포하게 되면 환경 오염은 물론 살포하는 사람의 건강에도 영향을 미친다.

GMO 개발 초기에는 제초제 내성 작물과 해충 저항성 작물 등 작물의 생산성을 높이는 것을 집중 목표로 연구 개발이 이루어졌다. 최근에는 해당 작물의 품질이나 부가가치를 높이기 위한 목적의 연구 개발이 활발하게 이루어지고 있다. 2000년에 발표된 일명 황금쌀은 수선화와 옥수수에서 베타카로틴Beta-carotene을 만드는 유전자를 추출하여 벼에 삽입한 것으로, 비타민A 결핍으로 오는 야맹증을 방지하는 효과를 기대할 수 있다.

GMO가 위해 가능성이 있다는 일반의 인식 때문에 GMO에 대한 안전성 평가 기준은 어떠한 식품보다도 높은 수준으로 정하고 있다. 흔히 GMO에 반대하는 측에서 GMO 식품이 알레르기를 유발할 수 있다는 증거로 브라질넛 사건을 인용한다. 브라질넛 사건은 콩에서 메티오닌과 시스테인이라고 하는 필수아미노산의 함량을 높이기 위하여 브라질넛의 2S 알부민 유전자를 콩에 도입한 유전자변형 콩을 개발했지만, 알레르기가 문제가 되어 개발이 중단된 사건이다. 원래는 2S 알부민이 알레르기를 잘 일으키는 성분으로, 유전자변형 때문에 알레르기가 생기는 것은 아니다. 그뿐 아니라 안전성 기준을 통과하지 못할 것으로 판단되어 제품 개발을 중단한 것이니, 안전성 기준을 통과한 제품의 문제로 확대 해석해서는 안 될 것이다.

흔히 GMO의 위험성을 경고하는 실험들은 실험 설계 자체에 문제가 있었던 경우가 많다. GMO 콩을 먹인 쥐에서 대조군과 비교하여 사망률이 높거나 태어난 새끼가 심각한 저체중을 보였다고 2005년에 발표한 러시아 과학아카데미의 이리나 에르마코바Irina Ermakova 박사의 실험이 그렇다. 보통 생식 독성실험을 하려면 무리당 20마리의 임신한 동물을 사용해야 함에도 에르마코바 박사는 3마리를 사용했기 때문에 통계적 검증이 불가능했다. 쥐에게 먹인 사료에 대한 정보, 즉 GMO 콩의 출처와 성분에 대한 정보도 충분하지 않았다.

앞서 소개한 프랑스 캉 대학교의 세랄리니 박사 팀의 몬산토 사 유전자조작 옥수수(NK603)와 제초제, 라운드업의 발암성실험 역시 비슷한 문제가 있었다. 24개월 동안 몬산토 사의 NK603 옥수수를 0%, 11%, 22%, 33% 섞은 사료를 먹인 생쥐와, 이 옥수수를 재배할 때 사용하는 제초제 라운드업을 물에 섞어 먹인 생쥐를 비교해보았다고 하는데, 각 실험군에는 10마리의 생쥐를 배치했다고 한다.

필자 역시 우리나라에서 개발된 신약에 대한 발암성실험을 주관한 바 있는데, 당시 이 실험 결과에 대한 우리나라 식약청의 검토 의견은 "국제적으로 통용되는 OECD 453(만성 독성/발암성 독성실험) 가이드라인에서는 발암성실험의 경우 군당 최소 50마리를 이용한 실험 결과의 통계학적 비교를 실시하도록 권고하고 있으나, 본 연구에서는 군당 10마리를 이용한 발암성 결과를 해석하여 OECD 가이드라인을 따르지 않았고, 통계 분석을 하지 않아 실험군과 대조군 간 유의미한 차이를 나타내는지 여부를 알 수 없다'라는 것이었다. 흥미로운 점은 사료에 GMO 옥수수를 33% 넣은 실험군에서 치사율이 가장 높았다는 것이다. 유독물질의 독성은 당연히 함량이 높을수록 강하다.

GMO 작물의 식품 안전성평가는 1993년 경제협력개발기구OECD가 발표한 '실질적 동등성substantial equivalence' 개념에 따라 이루어진다. 기본 원칙은 GMO 작물을 인류가 오랫동안 먹어온 기존 작물과 비교하는 것이다. 세계보건기구WHO와 식량농업기구FAO의 산하 기구인 국제식품규격위원회Codex Alimentarius Commission, CODEX를 중심으로 논의한 끝에 만든 '현대 생명공학 유래 식품의 위해도분석을 위한 원칙'과 '재조합-DNA 식물 유래 식품의 안전성평가 실시에 관한 가이드라인'을 2003년 7월에 열린 CODEX 총회에서 채택했다. 우리나라에서도 「유전자변형 생물체의 국가 간 이동에 관한 법률」과 「식품위생법」 등에 규정된 식용 GMO 작물의 안전성평가는 CODEX의 지침을 따르고 있다.

CODEX가 제시한 GMO 작물 유래 식품의 안전성평가 자료는 다음과 같다. (1) 재조합-DNA 식물체에 관한 자료, (2) 숙주와 그것을 식품으로 이용하는 것에 대한 자료, (3) 공여체에 관한 자료, (4) 유전자변형에 관한 자료, (5) 유전자변형체의 특성에 관한 자료, (6) 안전성평가 자료(유전자산물, 주요 성분 분석 자료, 대사산물 분석 자료, 식품가공, 영양학적 변화 등), (7) 기타 검토 사항 등.

GMO 작물에서 새롭게 만들어진 단백질의 안전성 여부는 다음 사항들을 종합적으로 판단하여 결정한다. (1) 유전자산물 및 유전자산물이 포함된 생물체를 먹은 적이 있는지 여부, (2) 이미 알려져 있는

GMO의 위해성

모든 GMO가 안전한 것은 아니다. 하지만 적어도 실험실을 벗어나 상업적으로 생산되는 것들은 엄격한 기준에 따라 안전성과 유효성을 입증받은 것들이라고 보면 된다.

우리 정부에서는 국민들의 정서를 고려하여 GMO 작물의 재배는 허가한 바 없으며, 수입하고 있는 GMO 작물마저도 모두 국내에서 재배하거나 생산하지 않는다는 조건 아래, 식품, 사료, 가공용으로만 수입하고 있다.

따라서 GMO 작물에 대하여 지나치게 예민할 것까지는 없겠다.

독소나 항영양소 등의 아미노산 서열과의 비교, (3) 유전자산물을 물리화학적으로 처리할 때 안전성 여부, (4) 만들어진 단백질의 단회 투여 독성실험 결과.

GMO 작물이 사람의 건강에 미치는 영향을 엄격한 기준의 안전성 평가를 통하여 검증하고 있는 것처럼, 환경 위해성평가 역시 엄격한 기준을 가지고 확인하고 있다. 우리나라에 GMO를 수출하는 나라에도 우리와 같은 기준을 적용하라고 요구하는 추세다. 우리나라에서 수입하고 있는 GMO 작물은 모두 국내에서 재배하거나 생산하지 않는다는 조건 아래, 식품, 사료, 가공용으로만 수입하고 있다. GMO의 환경 위해성평가는 GMO가 어떠한 과정을 통해서 환경에 유출되었을 때 토종의 동일 작물을 오염시키는지, 그리고 다른 작물 혹은 재배 환경에 어떤 영향을 미치는지를, 과학적 근거 자료로 평가한다. GMO 작물이 유독물질을 생성하는가, GMO 작물이 환경에 유출되었을 때 잡초가 될 수 있는가, 해충 저항성 GMO 작물의 경우 해충이 아닌 일반 생물체에 어떤 영향을 미치는가 등도 포함된다.

GMO 개발을 반대하는 사람들이 주장하는 바를 보면 유전공학은 근본적으로 위험한 학문이라고 인식한다. 사람의 건강과 환경에 해를 끼친다고 하고, GMO에 의한 오염은 영원하다고 한다. 하지만 이러한 주장이 과학적 근거에 바탕을 두고 있다고 보기 어렵다. 특히 GMO가 안전하다고 하는 연구는 관련 업계와 정부가 배경에 있다고 하며, GMO가 위험하다고 하는 독립적인 연구나 보고서는 제대로 평가받지 못했다는 주장이다. 실험은 과학적 규범에 맞게 진행하고 결과는 과학적으로 타당하게 해석되어어 할 것이다.

GMO에 대한 인식 변화가 필요하다

한국바이오안전성정보센터가 발간한 주요 GMO 작물 동향 보고서(2017)에 따르면, 2016년 기준으로 전 세계 26개국이 1억 8,510만 헥타르의 농경지에서 GMO 작물을 재배하고 있다. 콩이 50%의 농경지에서 재배되고 있고, 옥수수(33%), 면화(12%), 카놀라(5%)의 순이다. 2017년 9월 기준으로 GMO 옥수수는 세계적으로 13억 톤이 생산되었다. 미국이 3억 6,000만 톤으로 가장 많이 생산했으며, 중국 2억 1,500만 톤, 브라질 9,500만 톤, EU 6만 톤, 아르헨티나 4만 톤의 순서이며, 11위 남아프리카공화국은 1,250만 톤을 생산하고 있다. 이들 11개국에서는 생산하는 모든 옥수수의 90% 이상을 GMO 옥수수로 생산하고 있다. 2017년 9월 기준으로 멕시코(1,550만 톤), 일본(1,500만 톤), 한국(1,020만 톤), 이집트(1,000만 톤)의 순서로 GMO 옥수수를 수입하고 있다.

2015년 기준으로 우리나라 옥수수 자급률은 0.8%에 불과하여 대부분 수입에 의존하고 있다. 우리나라는 2016년에 모두 980만 톤의 옥수수를 수입했는데, 그 가운데 GMO 옥수수는 876만 톤으로 90%를 차지했다. 수입된 옥수수의 80%는 사료로 이용된다. 수입된 GMO 옥수수 가운데 식용으로 사용된 것은 102.2만 톤이었다.

GMO 콩의 경우는 2017년 9월 기준으로 1억 2,000만 톤을 생산했고, 브라질(1억 70만 톤), 아르헨티나(5,700만 톤), 중국(1,400만 톤)의 순서다. 한편 수입국가로는 중국이 9,500만 톤을 수입하여 전체의 60%를 차지하며, EU(1,450만 톤), 멕시코(400만 톤), 일본(330만 톤)의 순서다. 우리나라는 2016년 기준 134만 톤의 콩을 수입했다. 그 가운데 GMO 콩은 98만 톤으로 73%에 달했고 수입된 콩의 대부분은 식용으로 사용되었다.

이상에서 보는 것처럼 GMO 작물은 이미 우리 생활에 깊숙하게 들어와 있다. 개발 초기의 국제적인 분위기 때문에 각국에서는 GMO 작물의 생산과 유통에 관하여 엄격한 기준을 마련하여 감시하고 있으므로 크게 걱정할 분위기는 아닌 듯하다.

특히 식품은 국가 안보에서 중요한 위치를 차지하고 있는 만큼 국가 차원의 기술 경쟁력을 갖추어야 할 이유가 있다. 지구 환경의 변화로 식품 원료가 되는 농작물 재배 환경이 열악해지고 있다. 그뿐 아니라 건강을 증진시키거나 질병을 예방하는 백신 기능을 가진 작물을 유전자재조합 기술을 이용하여 개발하려는 시도들이 여러 나라에서 경쟁적으로 추진되고 있다. 우리나라의 생명공학 기술은 상당한 수준에 이르고 있으나, GMO에 대한 국민들의 막연한 불안감 때문에 관련 정책들이 적극 추진되지 못하고 있는 실정이다. 물론 실험실에서 만들어낸 GMO 작물을 모두 인정하자는 것은 아니다. 개발된 GMO 작물을 상업화하는 과정에서 안전하다는 것을 과학적으로 철저하게 검증하는 절차가 필요할 것이다. 그리고 그렇게 검증된 GMO 작물에 대한 인식의 개선이 필요한 시점이다.

GMO 식품을 확인하는 법

현재 우리나라는 「식품위생법」에 따라 GMO 표시제를 실시하고 있다. GMO 표시 대상은 대두, 옥수수, 면화, 카놀라, 사탕무, 알파파, 감자 등 총 7종이다. GMO 식품을 피하고 싶다면 포장에서 GMO 사용 여부를 확인한다. GMO를 사용하지 않은 제품은 '비유전자변형식품', '무유전자변형식품', 'Non-GMO', 'GMO free' 등으로 표시되어 있다.

다만, 현행법으로는 GMO 재료를 사용하더라도 가공 과정에서 DNA나 단백질 구조가 파괴되어 GMO 사용 여부 확인이 불가능한 제품들, 즉 식용유, 간장 등은 GMO 표시 대상이 아니다. 최근에 시민단체를 중심으로 GMO 완전표시제 요구 움직임이 확산되고 있어 그 결과가 주목된다.

설탕이냐, 사카린이냐?

미국으로 공부를 하러 갔을 때 일이니 벌써 27년도 넘은 옛날 일이 됐다. 매주 수요일 아침에 병원 강당 앞 로비에서 열리는 모임에 참석 하곤 했다. 학술적인 모임은 아니고 제약사에서 나와서 자기네 회사 에서 만드는 약품에 대한 설명을 하는 시간이었다. 많을 때는 10여 개 이상의 회사에서 나와서 약품과 관련한 자료들을 주고 궁금한 점에 관하여 답변도 해주었다. 병리학을 전공하고 있으니 약품을 사용할 일이 없음에도 불구하고 그 모임에 빠지지 않은 것은 얻는 바가 많았 기 때문이다. 약품과 관련한 질병에 관한 슬라이드나 책자를 주는 경 우도 있었다. 지금은 흔해 빠졌지만, 선물로 주는 미제 볼펜을 수집(?) 하는 재미도 쏠쏠했다. 그렇게 수집한 볼펜 대부분이 굳어서 사용하 지 못하고 말았다.

사실 수요일 모임에 빠지지 않고 간 이유는 또 있다. 아메리카노 커 피와 함께 달콤한 빵을 주기 때문이다. 크림치즈시나몬롤이나 시나몬 슈가와 같이 거의 설탕덩어리라고 할 정도로 겉에 설탕을 쏟아부은 듯한 빵인데, 설탕을 넣지 않은 커피와 잘 어울렸다. 수요일 아침 출근 하면 곧바로 강당으로 달려가곤 했던 것은 어쩌면 중독 증상일 수도 있다. 요즈음 설탕이 건강을 해친다고 생각하는 사람들이 이야기하는 설탕 중독 말이다.

수요일 아침은 그랬고, 나머지 요일에는 사무실에서 티백에 든 홍차를 우려서 마셨다. 학생 때 즐겨 가던 다방에서 달착지근한 홍차를 마시던 기억 때문이었을까? 그런데 설탕을 몇 봉 뜯어 넣어도 다방 홍차처럼 달지 않았다. 나중에는 인공감미료인 스테비오사이드를 넣어 보기도 했는데, 약간 쓴맛이 남아 별로였다. 그때는 어렸을 적에 먹던 사카린이 아쉬웠던 것 같다. 조금만 넣어도 달콤한 맛을 내는 사카린은 발암물질이라는 이유로 사용할 수 없게 되었던 것이다. 사카린이 발암물질이 아니라고 결정되었다는 것은 최근에서야 알게 되었다. 사실 어렸을 때만 해도 '뉴슈가'라는 이름의 사카린 제품을 집에서도 썼던 것으로 기억한다. 특히 옥수수를 찔 때는 뉴슈가를 넣어야 제대로 단맛이 났다.

흥분했을 때나, 피곤할 때 달달한 것을 먹으면 기분이 가라앉거나 피곤함이 가시는 느낌이 든다. 그래서 일이 바쁘게 돌아가는 오후에는 달달한 것을 간식으로 먹기도 하는데, 불어나는 체중이 부담스럽기 때문에 그조차도 꾹 눌러 참는 날이 많다. 필자는 대학을 졸업할 때까지 50kg 전후로 마른 편이었다. 그랬던 것이 전공의 생활을 하면서 꾸준하게 늘어 60kg을 넘어섰다. 결혼을 하면서 담배를 끊었더니 순식간에 다시 10kg 정도가 늘었다. 일종의 금연 효과였던가 보다. 그때 운동을 곁들여서 체중이 느는 것을 막았어야 했다. 결국 입대 무렵에는 체중이 90kg에 육박하는 지경에 이르렀다.

삼군사관학교에 입교한 다음 날 아침, 구보를 하는데 숨이 턱에 차

오르는 바람에 도중에 포기하고 말았다. 아침 구보를 언제까지 열외로 할 수는 없어 결국 차오르는 숨을 달래가며 뛰다보니 익숙해졌다. 그때부터 식사량을 줄이고 훈련에 빠지지 않은 덕분에 13주 훈련이 끝났을 때는 다시 60kg대로 체중이 줄어서 날씬한 모습을 회복할 수 있었다. 처음으로 체중을 줄여본 것이다. 이토록 어렵게 줄였던 체중이 자대 배치를 받고 조금씩 늘어나기 시작했다.

그 뒤에도 체중 줄이기를 한 차례 더 시도해서 성공한 적이 있다. 이때도 식사량을 줄이고 걷기를 했는데, 일주일에 70km 정도 걷기를 1년 정도 했더니 체중이 조금씩 줄어서 약 20kg 정도를 감량할 수 있었다. 두 차례의 체중 줄이기 경험을 되돌아보면 특별한 비결이라기보다는 운동량을 늘리고 탄수화물을 줄이는 것이 가장 효과가 좋았던 것 같다. 필자가 요즈음 단것을 피하는 가장 큰 이유는 다시 야금야금 불어난 체중 때문이다. 요즘 같으면 설탕 대신 사카린을 써보고 싶은데 사카린을 쉽게 구할 수가 없어 아쉽다.

감미료, 무엇이 문제인가?

단것을 싫어하는 사람은 별로 없을 것이다. 그래서 혀에도 단맛을 느끼는 특별한 부위가 있는 것이리라. 그것도 혀의 가장 끝부분에서 단맛을 느낀다. 단맛을 내는 물질을 감미료라고 하는데, 설탕처럼 자연에서 얻는 것을 덕용감미료라고 하고, 설탕보다 훨씬 단맛을 내는 강력 감미료는 대부분 인공적으로 합성하기 때문에 인공감미료라고 한다. 덕용감미료로는 과당, 자일리톨, 에리스리톨, 포도당, 갈락토스, 맥아당, 소르비톨, 젖당 등이 있다. 인공감미료로는 고대 로마 시대의 사파Sapa를 비롯하여, 사이클라메이트Cyclamate, 아스파탐, 아세설 팜Acesulfame, 사카린, 수크랄로스Sucralose, 알리탐Alitame, 스테비오사이드 Stevioside, 네오헤스페리딘Neohesperidin, 타우마틴Thaumatin 등이 있다. 이들 가운데 사이클라메이트만 설탕의 30배 정도의 단맛을 낼 뿐, 사카린 이나 스테비오사이드는 설탕의 300배, 알리탐이나 타우마틴은 설탕 의 2,000배나 되는 단맛을 내는 그야말로 강력 감미료다.

덕용감미료는 원하는 단맛을 내기 위하여 많은 양을 써야 하고 그 러다 보니 원하지 않는 과다한 열량을 얻게 되는 부작용이 있다. 덕 용감미료가 사람에게서 충치, 심장 질환, 비만과 연관이 있다는 주장 이 제기되어 왔다. 물론 이런 주장이 잘못된 것이라는 반론도 만만치 않다. 그런가 하면 인공감미료 가운데 사이클라메이트나 사카린 등은 암을 유발할 수 있다는 의혹이 제기된 적도 있다.

덕용감미료 가운데 설탕은 사탕수수에서 처음 만들어졌다. 폴리네 시아 원산인 사탕수수는 중국을 거쳐 인도로 건너가 재배되었다. 인 도 사람들은 기원전 700년경부터 사탕수수에서 설탕을 정제해냈다. 서기 800년경에는 지중해 연안에서도 재배되다가, 콜럼버스가 아메리 카 대륙을 발견한 뒤로 이 지역으로 옮겨져 대규모로 재배되기 시작 했다. 나폴레옹 전쟁 때는 사탕무에서 설탕을 정제하는 기술이 개발 되면서 유럽 대륙에서도 설탕을 정제할 수 있는 원료작물 재배가 가 능해졌다.

설탕Aacarose은 포도당D-glucose과 과당D-fructose이 결합한 2당체다. 인 버타제invertase의 작용으로 쉽게 포도당과 과당으로 가수분해가 일어 난다. 과당은 설탕보다 단맛이 더하다. 정제된 설탕은 단맛 외에도 상

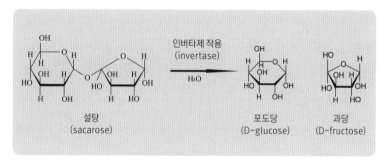

〈포도당과 과당이 결합한 설탕〉

당한 이점이 있다. 다른 화학물질로 오염될 염려가 없고, 보존제 역할
도 한다. 건냉소에서 오랫동안 보존이 가능하기 때문에 흉년에 대비
해 저장해둘 수도 있다. 쉽게 소화되고 에너지도 많이 낸다. 사람이 생
존하는 데 필요한 최소한의 1일 에너지 요구량이 1,000kcal 정도인데,
설탕 280g을 먹는 것으로 충분하다. 물론 생명을 유지하기 위해 에너
지를 내는 물질에 더하여, 단백질, 필수아미노산, 비타민, 무기질 등도
필요하다. 그런데 설탕은 에너지를 내는 것 말고 다른 요소는 전혀 없
다. 그래서 영양학자 존 유드킨John Yudkin 교수는 설탕을 '속 빈 강정'이
라고 했다. 설탕 외에도 포도당, 과당, 젖당 등 덕용감미료와 전분을
포함하는 모든 탄수화물이 이에 속한다.

　유드킨 교수는 1972년에 쓴 『설탕의 독Pure, White and Deadly』에서 설탕
이 당뇨와 궤양, 심장질환을 일으키는 데 관여한다고 주장했다. 유드
킨 교수의 주장은 시간이 지남에 따라 맹장염, 담석증, 헤르니아(탈장)
등 다양한 질병도 설탕과 관련이 있다는 식으로 확산되었는데, 심지어
는 유방암과 정맥류도 일으킨다고 했다. 이런 분위기 탓인지 1983년

영국의 런던 왕립의과대학Royal College of Physician of London은 국가 전체의 설탕 소비를 절반으로 줄여야 할 것이라고 경고하기에 이르렀다. 한편 설탕이 피부 노화를 앞당긴다는 주장도 있다. 혈당이 높은 상태로 유지되면 피하에 있는 콜라겐 등에 설탕이 결합하는 '당화 반응'이 진행된다. 그 결과 피부가 거칠어지고 탄력도 사라지면서 주름이 생기게 된다.

일반적으로 단맛은 행복과 사랑이라는 긍정적인 감정을 떠오르게 한다. 이런 잠재적 감정은 설탕이 '좋은 것'이라고 생각하게 만든다. 따라서 설탕의 문제점을 애써 무시하려는 경향이 있다. 하지만 미생물이 왕성하게 자라게 하고, 면역 체계를 약화시키는 등 각종 질병으로 우리 몸의 모든 부분을 병들게 하고 있다는 주장도 있다. 실제로 미국 질병통제예방센터Centers for Disease Control and Prevention, CDC 연구팀의 역학조사에 따르면, 미국에서 설탕 소비와 심혈관질환으로 인한 사망률 사이에 통계적으로 의미 있는 위험이 커지고 있다.

사카린을 비롯한 인공감미료는 제1, 2차 세계대전 중에 각광을 받았다. 특히 제1차 세계대전 중에는 설탕 공급이 원활하지 않아 설탕 값이 가파르게 오르기 시작했다. 이때 세계에서 사카린을 가장 많이 생산하던 몬산토 사가 '사카린이 설탕을 대신할 수 있다'라고 대대적으로 선전하면서 주목을 끌었다. 하지만 전쟁이 끝나면서 사람들은 다시 설탕으로 돌아갔고, 이런 현상은 제2차 세계대전 때 반복되었다. 사카린은 인공감미료이고 설탕은 자연산이기 때문에 후자가 안전할 것이라는 막연한 심리가 작용했던 것이다. 이른바, 전 세계판 신토불이身土不異가 아닐 수 없다.

사카린에 결정적 한 방을 먹인 것은 캐나다의 국립 보건방어연구소Health Protection Branch, HPB였다. 1974년부터 3년간 100마리의 쥐에게 사카린을 투여하는 실험을 했더니 14마리에서 방광 종양이 생겼다고 발표한 것이다. 물론 추가 실험을 통하여 사카린이 덮어쓴 누명을 벗을 수 있었지만, 원상으로 회복할 수는 없었다. 미국은 1977년 곧바로 사카린을 발암물질로 규정하여 사용을 금지했다. 국제암연구소IARC는 1979년 사카린을 인체발암가능물질(2B군)로 정했고, 1987년에도 이를 확인했다. 그러나 1997년에는 사카린과 그 염은 인간에게서 암을 유발한다고 분류할 수 없음을 뜻하는 3군이라고 결정했다. 동물실험에서는 비뇨기계에 종양을 일으키는 결과가 나왔으나 인간에게서는 아직 결정적 증거가 없기 때문이다.

감미료를 위한 변명

사카린을 위한 변명을 먼저 해보자. 나름 잘나가던 사카린에 결정적한 방을 먹인 캐나다의 국립 보건방어연구소의 연구는 발표된 뒤 문제가 있다는 지적이 잇달았다. 우선 실험에 사용한 2만 5,000ppm에 달하는 사카린의 양이 문제가 되었다. 이 정도의 양은 당시 시중에서 팔리던 다이어트 탄산음료에 포함된 사카린을 기준으로 해도 매일 800캔 이상을 마셔야 하는 1일섭취허용량(평생 동안 매일 흡입해도 해당 유해물질이 사람의 건강을 해치지 않는 범위의 양)의 500배 수준이었다. 또한 수컷 쥐에서만 방광암이 생겼던 것인데, 이는 쥐와 사람의 방광 생리와 소변의 화학적 성분에서 차이가 있다는 것으로 설명된다.

결국 광범위한 역학조사 결과 사카린과 사람의 방광암 사이에는 아무런 연관성이 없으며, 동물실험에서도 제한점이 있다는 것이 밝혀졌다. 따라서 캐나다와 미국 정부는 1991년부터 사카린에 대한 규제를 없앴다. 당시 미국의 대중들은 규제 철폐에 반발했다고 한다. 1993년 세계보건기구WHO는 사카린이 인체에 안전한 감미료라고 결정했다. 그때까지의 급성 독성실험 등의 결과를 바탕으로 1일섭취허용량을 체중 1kg당 5mg까지 인정한 것이다. 앞서 밝힌 것처럼 국제암연구소 역시 1997년에 사카린과 그 염류를 인체발암물질로 분류할 수 없다고 입장을 바꾸었다.

우리나라에서는 1960년대까지만 해도 사카린이 귀한 설탕을 대신하는 인공감미료로 국민적 사랑을 받았고, 1970년대까지만 해도 수출 주력 상품으로 떠오르기도 했다. 1973년에 제정된 「식품위생법」에서는 식빵, 이유식, 백설탕, 포도당, 물엿, 벌꿀, 알사탕 등에서는 사카린을 사용할 수 없지만, 그 외 식품에는 제한 없이 사용할 수 있게 했다. 1980년대 들어 언론에서 사카린 유해론이 소개되면서 소비자단체가 가세하여 1990년에 사카린을 허가된 특정 식품에서만 사용하게 했다. 1992년에는 사카린을 쓸 수 있는 식품을 절임식품류, 청량음료, 어육 가공품 및 특수 영양식품 등으로 대폭 축소시켰다. 외국에서는 이미 사카린에 대한 규제를 풀기 시작한 시점에서 말이다. 그러다가 소스 종류, 탁주, 소주, 껌, 잼, 양조간장, 토마토케첩, 조제커피(커피믹스) 등 몇 개 품목에 사카린을 넣을 수 있게 한 것이 2011년이다.

이제 설탕이 위해하다는 주장에 대한 변명을 정리해보자. 먼저 '설탕 중독'이라는 치명적 단어가 잘못됐다는 이야기부터 시작한다. 보통 단것을 먹으면 당분이 뇌의 쾌락 중추를 자극해서 세로토닌과 도파

민을 분비하게 된다. 세로토닌이 증가하면 심리적으로 안정감을 회복하게 된다. 이런 느낌을 경험한 사람들이 자주 단것을 찾는데, 이런 경향을 마약이나 알코올과 같은 치명적 중독 현상에 비유해 설탕 중독이라고 하는 것은 지나치다는 것이다. 흔히 말하는 중독은 문제가 되는 요소를 끊으면 신체적으로 고통스러운 증상을 보이는 심각한 부작용이 있다. 설탕은 그런 정도는 아닌데도, 설탕의 위해성을 경고하는 사람들이 허구를 만들어냈다는 것이다.

설탕을 지나치게 많이 먹으면 건강에 해롭다는 것은 일단 수긍할 수 있다. 하지만 어떻게 해로운가 하는 것이 문제다. 어떤 자료를 보면 설탕이 건강에 심각한 위험을 초래할 수 있는 분야는 질병 및 질환의 위험을 증가시키거나, 영양소의 결핍이나 불균형을 초래할 수 있고, 나아가 신체의 손상을 일으키거나 행동을 변화시키는 등 모두 76가지나 된다는 주장도 있다.

1950년대부터 심혈관질환과 대사질환을 일으키는 주된 원인을 두고 학자들 간에 치열한 힘겨루기가 있었다. 설탕을 비롯한 탄수화물이 위험하다는 유드킨 교수의 주장에 대하여, 미국 미네소타 대학교 앤셀 키스Ancel Keys 교수는 고지방이 심장병에 기여한다면서 저지방 식단을 추천하고 나섰다. 이 싸움은 키스 교수의 완승으로 끝났다. 그런데 키스 교수가 제당업계의 후원으로 연구를 진행했다는 음모설이 등장한다. 1980년 이후로는 다시 지방을 많이 먹는 것보다는 탄수화물을 많이 먹는 것이 건강에 더 해롭다는 쪽으로 무게가 옮겨졌다. 캐나다 맥마스터 대학교가 중심이 되어 18개국의 13만 5,335명을 대상으로 식단과 질병, 사망과의 관계를 7.4년 동안 추적하는 대규모 역학조사를 실시한 것이다. 그 결과는 '고지방 식단이 심혈관계 질환을 일으키고 사망률을 높일 것이라는 의학적 믿음이 틀렸다'라는 것이다.

식약처가 2016년 4월 7일 발표한 보도자료에 따르면, 2013년 기준 우리 국민의 1일 평균 당류 섭취량은 하루 전체 섭취 열량 대비 14.7%(72.1g)다. 이는 2007년 기준 1일 평균 당류 섭취량이 13.3%(59.6g)였던 것과 비교하면 섭취량 기준 연평균 3.5%씩 증가한 것이다. 같은 기간에 조사된 국민건강영양조사 자료를 바탕으로 당류 섭취와 관련한 질병 발생 사이의 관계를 따져보았더니 당류 섭취가 총 열량의 10%를 초과하는 사람은, 그렇지 않은 사람과 비교했을 때 비만, 고혈압, 당뇨병 발생의 위험이 각각 39%, 66%, 41% 높았다. 이런 결과를 두고 식약처에서는 「제1차 당류 저감 종합계획('16~'20)」을 세우고 2020년까지 가공식품을 통한 당류 섭취량을 1일 열량의 10% 이내로 관리하겠다는 목표를 세웠다.

우리나라 소매시장에서 유통된 설탕의 규모는 2016년 기준 1,430억 원으로, 2013년의 2,310억 원에 비하여 38.1%가 감소했다. 반면 인공 감미료의 경우 2016년에 120억 원으로, 2014년의 77억 원과 비교하여 2년 만에 55.8% 성장했다. 금액으로 따지면 설탕과는 비교가 되지 않지만, 값이 싸다는 점을 고려하면 인공감미료를 써서 설탕 사용을 줄인 효과는 엄청나게 크다. 아마도 사카린 등 인공감미료에 대한 부정적인 인식이 걷히게 되면 설탕 사용이 더 줄어들 것으로 기대된다.

설탕의 위험에서 벗어나는 법

설탕이 건강에 해롭다는 주장과, 이런 주장은 지방제품을 생산하는 회사가 관련되어 있다는 음모설을 내세우며 설탕은 아무 문제가 없다는 주장이 맞서고 있다. 결국 선택은 소비자의 몫이 될 수밖에 없는 셈이다. 이런 경우에는 스스로 조심하는 수밖에 없다.

『허핑턴포스트The Huffington Post』에 실린 조 하틀리Jo Hartley의 「설탕 섭취를 천천히 줄이는 방법」을 참고해보자. 설탕 중독이라는 말이 있는 것처럼 설탕 줄이기도 담배나 체중 줄이기처럼 쉽지 않을 뿐더러 부작용도 만만치 않을 수 있어 철저한 준비와 시도가 필요하다고 한다.

1) 무엇을 어떻게 먹을 것인가를 미리 정한다.

   가급적이면 설탕이 많은 음식을 제외하기 위하여 평소에 잘 먹는 음식 가운데 단 음식이 무엇인지를 정하는 것이다. 커피나 차에 넣는 설탕도 줄이거나 인공감미료를 사용한다.

2) 식품마다 들어 있는 설탕의 양을 확인한다.

   우리가 일상적으로 섭취하는 설탕의 75%는 가공식품에 들어 있다. 가공식품에 붙어 있는 포장지에서 설탕이 얼마나 들어 있는지 확인한다. 참고로 1티스푼은 5g 정도 된다.

3) 지나친 목표를 세우지 말자.

삶은 즐겁고 행복해야 한다. 따라서 설탕을 하나도 넣지 않은 음식을 고행하듯 먹는 것은 권장할 만한 일이 아니다. 우리나라 식약처가 2016년에 정한 설탕 하루 권장량은 50g이다. 아주 좋아하는 음식까지 포기하는 것은 그리 좋은 일이 아니다.

4) 단 음식을 대체할 음식을 준비하자.

인공감미료나 과일로 설탕의 단맛을 대신할 수 있다. 하지만 과일 속에도 과당이라는 덕용감미료가 들어 있는 만큼 지나치게 많이 먹는 것은 좋지 않다. 인공감미료 가운데 스테비오사이드 같은 종류는 뒷맛이 쓴 것이 아쉽다. 각자 좋아하는 인공감미료를 선택하자.

5) 역시 습관이 무섭다. 나쁜 습관을 고치자.

'입이 궁금하다'는 우리말 표현이 있다. 궁금하면 무언가를 먹어야 한다. 그 시간만 되면 무언가를 찾는 버릇을 고쳐야 한다. 갈증이 날 때는 청량음료보다는 생수를 마시자. 무의식적으로 사탕이나 과자 통에 손이 간다면 주변에서 이것들을 치워라.

소금,
줄이는 것이
정답이다?

몇 년을 미루어오던 대장 내시경검사를 받았다. 50살이 넘으면 5년에 1번씩 받으라는 검사다. 그동안 4번은 받았어야 하는 검사를 차일피일 미뤄왔다. 위 내시경검사는 내과를 하는 동생이 가끔씩 해주었다. 내시경검사가 다소 불편하더라도 암 같은 심각한 병이 없다는 것을 확인하는 것은 중요하다. 그런데 동생이 대장 내시경검사는 하지 않아 따로 검사를 받아야 했다. 대장항문외과를 하는 동아리 후배 의사에게 부탁하면 되는데 절차가 번거로웠다.

사실 절차가 번거로울 것 같다는 생각은 핑계이고 힘들다는 소문이 결정적인 이유였을 것이다. 위 내시경검사는 전날 저녁부터 금식만 하면 되지만 대장 내시경검사는 검사 전날 장을 비워야 한다. 옛날에는 검사받는 날 아침에 관장까지 받았다. 정작 검사보다 이런 준비 과정이 더 힘들다는 선입관이 있었던 것 같다.

이번에 검사를 받으면서 겪어보니, 대장 내시경검사를 준비하는 절차가 아주 간편해졌다. 먼저 외래진료를 받고 검사 날짜를 정한다. 검사 며칠 전부터 식사를 가려 한다. 필자는 섬유질이 없는 흰밥이나 국수를 먹었다. 아침에는 죽도 좋다. 과일도 피한다. 검사 전날 저녁

6시에 설사를 하게 만드는 약을 먹는다. 그리고 2시간 안에 물 2리터를 마신다. 사실 생수라 해도 물을 그만큼 마시는 것은 쉽지 않지만 이온음료를 마시면 수월하다. 특히 설사를 하다 보면 탈수에 빠질 수도 있으므로, 이온음료를 충분히 마시는 것이 좋다.

설사약을 먹었는데도 한동안 화장실에 갈 기미가 보이지 않아 은근히 걱정했다. 하지만 이내 신호가 왔고 잠들기 전까지 화장실을 대여섯 차례 다녀왔다. 아마도 이온음료까지 모두 쏟아냈던 모양이지만 탈진한 느낌은 없었다. 설사라고는 하지만 언젠가 바닷가에 놀러 갔을 때 설사로 고생하던 것에 비하면 양반이었다. 다음 날 새벽 4시에 일어나 다시 약을 먹고 이온음료를 1리터 정도 마셨다. 그리고 화장실을 한 번 다녀오는 것으로 준비 끝이었다.

8시에 병원에 가서 준비를 하고 차례를 기다린 끝에 위 내시경과 대장 내시경을 같이 받았다. 위 내시경은 국민건강보험공단에서 지원을 받아 비용도 크게 들지 않았다. 별도 비용이 들지만 위 내시경검사와 대장 내시경검사 모두 수면 상태에서 받기로 했다. 내시경을 하기 직전에 잠들게 하는 약을 주사하는 듯했다. 내시경검사를 하는 주치의와 인사를 나눈 것은 기억이 나지만 검사가 어떻게 진행되었는지는 기억이 없다. 당연히 불편한 느낌은 전혀 없다. 어느새 검사가 끝나고 회복실로 가라는 이야기를 들었다.

회복실에서 충분한 휴식을 취한 다음 담당의사가 내시경검사의 결과를 설명해주었다. 검사 과정을 영상으로 볼 수 있었는데 필자가 내시경 전공은 아니지만 걱정하지 않아도 되겠다 싶었다. 용종이 4개가 있었고 모두 떼어서 병리검사를 보냈다고 했다. 큰 것은 1cm가 넘었기 때문에 입원해서 하루 정도 경과를 보자고 했다. 하지만 필자가 주의를 기울여 관찰하기로 했다. 사실 이번에 애써 무시하고 있던 내시경검사를 하게 된 것은 가까운 분이 대장암으로 수술을 받았기 때문이다. 평소 건강하셨던 분이라서 모두들 충격이었다. 그러고 보면 의사들이 평소 건강을 챙기는 일에 소홀한 경향이 있다. 이번에 회사에서는 필자 말고도 여러 사람이 대장 내시경검사를 받았다는 소문이 돌았다.

소금 이야기에 뜬금없이 대장 내시경 이야기를 한 것은 암도 일찍 발견하면 완치가 가능하다는 점을 강조하려는 것이다. 암을 일찍 발견하려면 주기적인 건강검진이 필요하다. 건강에 크게 문제되지 않는 위해 요소 문제에는 관심을 많이 두면서도 암과 같이 심각한 문제는 소홀한 사람들이 의외로 많은 듯하다.

대장 내시경검사를 하면서 필자가 바로 그런 사람이 되고 말았다. 내시경검사를 받기 직전에 혈압을 재야 했다. 지금까지 혈압이 높은 적이 없었기 때문에 별생각 없이 혈압을 쟀던 것이다. 그런데 수축기 혈압 195에 이완기 혈압 110이었다. 심각한 고혈압 상태. 내시경검사를 앞두고 너무 긴장했나 싶고, 병원에 도착해서 충분히 쉬지 않고 쟀나 싶어 시간을 두고 다시 쟀지만, 160/105로 나왔다. 몇 차례 반복해도 더 내려가지 않았다. 담당의사도 고혈압일 수 있다고 했다. 내과를 하는 큰아이는 의사를 만나려는 사람이 긴장할 때 생기는 흰 가운 증후군일 거라면서 두고 보자고 했다. 필자도 그런 생각에 동의했다.

며칠이 지나서 회사 로비에 있는 혈압기로 다시 혈압을 쟀는데 145/95였다. 새로 바뀐 기준에 따르면 고혈압이다. 이제는 고혈압이라는 현실을 받아들이고 적절하게 대처해야 했다. 하지만 아직은 약을 먹을 상황은 아니다. 우선 일상에서 혈압에 나쁜 요소를 제거하기로 했다. 음식을 아주 싱겁게 먹고 운동량을 늘리기로 했다. 주말에 원고를 쓴다고 오랫동안 거르던 양재천 산책을 다시 시작했다. 예전에는 한 번에 10km 정도를 걷던 산책이다. 한 주에 2번 정도는 산책을 나가기로 했다.

고혈압을 일으키는 가장 큰 원인은 소금이다. 음식을 싱겁게 먹는 것은 아내의 절대적인 도움이 필요하다. 과일은 웬만큼 먹는데 채소는 충분치가 않다. 중요한 것은 음식을 싱겁게 먹는 것이다. 지금까지 달고 짜고 맵게 먹던 식습관을 바꾸기가 쉽지는 않다. '달고 짠' 즉 단짠 음식이 사람들의 입맛을 사로잡는 비결이다. 〈윤식당〉 시즌2에서 스페인 가라치코 마을 사람들의 입맛을 사로잡는 비결이 '단짠' 소스에 있었음을 기억하자. 하지만 고혈압, 당뇨와 같은 만성 대사성질환 환자에게 단짠은 쥐약이다. 고혈압과 당뇨 같은 대사성질환을 생활습관 병이라고도 하는 이유는 음식을 조심하고 운동을 많이 하는 쪽으로 생활습관만 바꾸어도 증상이 호전되는 경우가 많기 때문이다.

우리나라 의학계에서는 수축기(최고) 혈압이 140mmHg 이상, 이완기(최저) 혈압이 90mmHg 이상일 때 고혈압이라고 한다. 최근 들어 고령 인구가 빠르게 늘면서 고혈압 환자 역시 1,100만 명 정도 될 것으로 추정된다. 2016년 기준으로 환자가 스스로 고혈압이라는 사실을 알고 있는 경우는 65%, 치료까지 하는 사람은 61%, 치료를 받아 정상 혈압을 유지하는 사람은 44%다. 식사와 운동을 통하여 혈압 조절에 성공하면 좋겠지만 그렇지 않으면 혈압약을 먹어야 한다. 어쩌면 죽을 때까지 먹어야 할 것이다.

최근에 중국산 혈압약 원료에 발암물질이 섞여 있었다고 해서 더 불안해진다. 식약처의 발표에 따르면 고혈압치료제를 만드는 중국산 원료의약품 '발사르탄'에 N-니트로소디메틸아민NDMA이 불순물로 섞여 있었다는 것이다. 사건 경위는 유럽의약품안전청European Medicines Agency, EMA이 2018년 7월 5일 NDMA 검출 사실을 확인하고 제품 회수 조치를 취했다는 발표가 있고, 우리나라 식약처는 토요일인 7월 7일 정오에 관련 제품의 수입과 제조를 중단시키고, 유통을 금한다는 사실을 발표한 것이다. 판매 중지 및 제조 금지 대상 제품은 82개사 219개 품목이었다. 식약처가 발 빠르게 대처하는 모습이 새롭게 느껴졌다. 문제는 이틀 뒤인 월요일에 식약처가 발표한 보도자료를 보면, 46개 업체의 104개 품목의 경우 해당 원료를 사용하지 않은 것으로 확인되어 판매 중지 및 제조 금지를 해제한다고 한 것이다. 발 빠른 대처가 오히려 국민들을 혼란에 빠뜨린 결과를 가져온 셈이다. 오히려 발이 느리다는 비난을 들었더라도 정확한 정보를 제공하는 편이 좋았을 것이다. 어차피 주말에 일한 것은 마찬가지였을 터이니 말이다.

소금이 문제다

세계보건기구WHO의 하루 나트륨 권장량은 2g이다. 염화나트륨인 소금으로 환산하면 하루 권장량은 찻숟가락 하나 분량인 5g이다. 우리나라 사람들의 하루 나트륨 섭취량은 1998년부터 조사하기 시작했는데, 2005년 5,260㎎으로 가장 높았다. 이를 소금으로 환산하면 무려 13.15g이나 된다. 이는 세계보건기구의 하루 나트륨 권장량의 2.6배에 이르며 세계 1위에 해당하는 양이다.

이런 경향은 2012년 정부가 나트륨 저감화 정책을 시행하면서 꾸준하게 감소하여 2017년에는 3,669mg으로 줄였다. 하지만 이 역시 세계보건기구 하루 권장량의 1.8배나 되는 수치다. 우리 국민의 하루 나트륨 섭취량이 줄어든 데는 김치와 간장, 된장, 고추장 등의 장류와 라면 등 가공식품에 포함된 나트륨 함량을 줄인 것이 크게 기여했다. 역시 국민들이 싱거운 음식을 찾는 인식 변화가 가장 중요한 요소라 하겠다. 문제는 나이가 많은 층에서는 여전히 짠 음식을 찾는 경향이 남아 있다는 것이다.

중풍과 급성 심근경색 등 심혈관질환도 소금과 밀접한 연관이 있다. 식품의약품안전평가원의 '독성정보제공시스템'에 등재된 염화나트륨의 독성 자료를 정리해보면, 소금, 즉 염화나트륨 중독은 높은 농도의 식염수로 위 세척을 하거나, 젖먹이 음식에 소금을 너무 많이 넣었을 경우에 생긴다. 오심, 설사, 피로감, 목마름, 어지러움, 두통, 발작, 혼수, 빈맥, 저혈압, 호흡 정지 등이 독성 증상으로 나타날 수 있다.

임신한 여성에서는 임신중독증이 생길 수 있다. 동물실험에서는 흰쥐와 생쥐에서 기형과 유산을 유발했다. 만성 독성이나, 유전독성, 면역독성 등은 기록된 것이 없으며, 장기별로는 위장관이나 신장에 급성 독성을 나타낼 수 있다. 염화나트륨만으로는 국제암연구소나 미국 국가독성프로그램 등에 발암물질로 등재되어 있지는 않다.

하지만 우리나라 국가암정보센터가 암정보 나눔터에 올린 자료를 보면, 세계암연구기금 및 미국암연구소(WCRF/AICR) 보고서에서는 소금 및 짠 음식 섭취를 위암 발생의 2군 위험요인(probable, 강력히 의심되는 발암 위험요인)으로 정하고 있다. 이는 헬리코박터균과 상호작용을 일으켜 위암 발생의 가능성을 높인다는 것이다. 절인 생선을 많이 먹은 남성에서 전립선암의 위험이 2배 정도 높아진다는 연구도 소개한다.

그런가 하면 국제암연구소는 2012년 중국의 광둥성 등지에서 밥반찬으로 즐겨 먹는 '소금에 절인 생선'을 1군 발암물질로 등재했다. 우리나라 사람들도 즐겨 먹는 보리굴비가 이에 해당할 듯하다. 그런가 하면 아시아 사람들이 즐겨 먹는 '절인 야채'도 식도암과 위암을 일으킬 가능성이 있다고 보아 2B군 발암물질(인체발암가능물질, 즉 인체발암물질로 분류할 수 없으나 암을 일으킬 가능성이 있는 물질)로 등재되어 있다.

소금이 비만의 원인이라는 설도 있다. 소금이 식욕 중추를 자극하여 음식을 많이 먹게 한다고 설명한다. 짠 음식을 먹으면 갈증이 생기면서 단 음식이 당긴다. 단짠이 균형을 맞춰야 하기 때문이다. 결국 열량이 많은 음식에는 소금이 더 들어가기 마련이다. 이렇게 얻은 열량이 살로 가는 것이다. 한편 소금을 많이 먹으면 갈증이 생기고 물을 마시려는 욕구가 커진다. 물을 많이 마시면 몸이 부어 마치 살찐 것처럼 보일 수도 있다.

소금을 위한 변명

소금은 염화나트륨(NaCl)을 주성분으로 하고 각종 미네랄을 함유하고 있다. 소금의 나트륨(Na^+) 성분은 칼륨(K^+)과 함께 생명체의 삼투압을 유지하는 데 결정적 역할을 한다. 따라서 소금을 섭취하지 않으면 어떤 생명체도 살아남을 수가 없다. 또한 쓸개즙, 이자액, 장액 등 알칼리성 소화액의 주요 성분이다. 염소는 타액에 들어 있는 효소 아밀라아제나 위액 속에 들어 있는 염산의 재료다.

소금이 부족하게 되면 단기적으로는 음식물을 소화할 수 없기 때문에 소화 불량에 빠진다. 격렬한 운동으로 흘리는 땀을 통하여 소금 성분을 갑자기 많이 잃게 되면, 현기증이 생기고 심해지면 의식이 혼탁해지는 지경에 이를 수도 있다. 따라서 땀을 많이 흘릴 때는 소금을 먹어 보충해주어야 한다. 장기적으로는 쉽게 피로해지고 전신 무력증이 나타난다. 따라서 적절한 양의 소금을 매일 보충해주어야 하는데, 육체적 움직임의 강도나 기후 등의 요소에 따라서 차이는 있지만, 세계보건기구가 정한 성인의 하루 소금 섭취 권장량은 5g이다. 우리나라 역시 이 기준을 적용하고 있다. 그런가 하면 소금은 냉장고가 없던 시절 음식물을 저장하는 데도 한몫을 했다.

소금은 생명 유지에 있어 매우 중요한 물질이기 때문에 옛날부터 소금을 생산하는 곳을 가진 집단은 강력한 힘을 과시할 수 있었다. 필자가 가본 곳만 해도, 폴란드 크라쿠프 인근의 비엘리치카Wieliczka 소금광산, 오스트리아의 할슈타트Hallstatt 소금광산, 콜롬비아 보고타 인근의 시파키라Zipaquira 소금광산, 크로아티아 스톤Ston의 천일염 생산 시설 등이 그랬다.

소금은 그만큼 인간의 일상과 밀접하게 관련되어 있다. 요즘은 매달 받는 급여를 개별 통장에 넣어주지만 필자가 처음 직장생활을 할 때만 해도 월급날 봉투에 담아주었다. 퇴근해서 월급봉투를 아내에게 전하면 "한 달 동안 정말 애썼어요"라고 진심이 담긴 아내의 말 한마디에 피로가 녹아내리던 기억이 가물가물하다. 이제는 대부분의 직장이 월급통장으로 직접 넣어주기 때문에 월급 전달식이 사라지고, 남편의 수고도 당연한 것으로 치부되고 말아 조금은 섭섭해진다. 월급 이야기를 하는 이유는 급여를 의미하는 영어 '샐러리salary'가 소금을 의미하는 라틴어 '살라리아salaria'에서 유래했기 때문이다. 고대 로마에서는 군인들의 급여를 소금으로 지급한 적이 있다.

한국 사람이 평균적으로 섭취하는 김치량을 고려하여 계산하면, 한국인이 하루에 섭취하는 전체 나트륨 중 12%가 김치로부터 나온다. 그런데 김치에는 문제의 나트륨만 들어 있는 것이 아니라 칼륨이 풍부하게 들어 있다. 칼륨은 신장에서 나트륨을 배출하도록 돕는 역할을 한다. 김치의 칼륨/나트륨 비율은 3:5로 가공식품의 평균 1:5보다 칼륨 비율이 3배나 높다. 김치의 사례에서 보듯이, 소금이 건강에 위해하다는 여러 증거들 가운데 염장식품이나 발효식품 등의 위해 여부에 관한 구체적 연구가 미흡한 것도 사실이라는 '소금의 역설'을 주장하는 연구자도 있다.

소금을 적게 먹는 방법

소금은 생명을 지키는 소중한 물질이지만, 과도한 섭취는 건강에 해롭다. 아직 논란은 있지만, 고혈압과 같은 생활습관 질환이나 중풍이나 허혈성 심장질환과 같은 심·뇌혈관질환, 신장염 등이 과도한 소금 섭취와 관련이 있다는 설명은 어느 정도 근거를 가지고 있다. 따라서 질환에 따라서는 저염식, 심지어는 무염식을 처방하기도 한다. 병이 없다고 하더라도 평소 짠 음식을 즐겨 먹는 사람은 소금 섭취를 줄이는

소금을 줄여야 하는 이유

소금은 생명을 유지하는 데 반드시 필요한 성분이다. 하루 권장 섭취량은 5g 이다. 필요한 만큼 섭취해야 한다.

하지만 염장 생선은 비인후암을 유발한다고 해서 1군 발암물질로 지정되었 고, 절인 채소는 식도암 및 위암과 관련이 있을 가능성이 있어 2B군 발암물질 로 지정되었다.

그 밖에도 고혈압, 당뇨와 같은 생활습관 질환이나 중풍, 허혈성 심장질환 과 같은 심·뇌혈관질환과 연관되어 있다고 하므로 지나치게 짜게 먹지 않도 록 한다.

것이 좋겠다. 소금 섭취를 줄이기 위하여 다음 사항을 참고하자.

1) 국, 찌개, 라면과 같은 국물 음식은 건더기 중심으로 먹고 국물은 남긴다. 국물에 대부분의 소금이 녹아 있기 때문이다. 매끼 국물을 1컵(200㎖) 덜 마시면 하루 소금 섭취량을 절반으로 줄일 수 있다.

2) 칼륨이 풍부한 식품을 많이 먹는다. 칼륨이 신장에서 배설될 때 나트륨을 끌고 나가기 때문이다. 칼륨이 많은 음식으로는 연어·대 구·정어리·가자미 등의 해산물, 닭고기·소고기·돼지고기 등의 육 류, 달걀, 유제품, 바나나·키위 등의 과일, 아몬드·땅콩·호두·피스 타치오 등의 견과류, 감자, 콩과 두부, 토마토, 당근, 시금치와 같은 녹색 채소 등이 있다. 특히 녹색 채소는 익히지 않고 먹는다.

3) 멸치와 새우, 다시마 등 천연조미료를 사용한다.

4) 음식을 할 때 레몬, 오렌지즙, 겨자, 고추냉이, 후춧가루, 고추, 마늘, 생강, 양파, 카레 가루 등 향신료를 많이 넣는다. 이렇게 하면 소금 을 적게 넣어도 싱겁다는 느낌이 들지 않는다.

5) 염장 생선을 많이 먹지 않는다.

6) 김치를 짜지 않게 담근다.

7) 음식의 간은 먹기 직전에 한다. 뜨거울 때 간을 보면 싱겁게 느껴
   진다.

참치,
수은 중독에 대한
고민

필자는 항구도시 출신이라선지 육류보다는 생선을 즐기는 편이다. 생
선회는 당연히 좋아한다. 그래도 여름에는 생선회 먹는 게 조금은 신
경이 쓰인다. 비브리오 패혈증 때문이다. 만성 간질환을 가지고 있는
환자에서는 사망률이 50%에 이르는 치명적인 감염병이다. 이 병은 바
닷물에 사는 비브리오 불니피쿠스Vibrio vulnificus균에 감염될 때 생긴다.
보통은 날씨가 더워지는 5~7월경 발생하기 시작한다. 하지만 바닷물
온도가 18도가 넘으면 빠르게 불어나기 때문에 날씨가 일찍 더워지는
해는 4월에 발생하기도 한다. 우리나라에서는 매년 50명 정도의 환자
가 발생한다.

　주로 익히지 않은 생선이나 조개류를 먹어서 병이 생기지만, 상처
가 난 채로 바닷물에 들어가면 상처를 통해서도 감염이 될 수 있다.
감염이 되고 12시간에서 72시간 정도의 잠복기가 지나면 증상이 나
타난다. 갑자기 열이 나고, 오한이 생긴다. 배가 아프고, 토하거나 설사
를 한다. 혈압이 떨어지기도 한다. 이런 증상이 나타나고 하루가 지나
면 피부에 붉은 반점이 생기고, 붓거나 물집이 잡히기도 한다. 이런 피
부 증상이 점점 커지면서 썩어 들어간다. 혈액이나 피부에서 비브리

오 불니피쿠스균을 발견하여 진단한다. 치료는 항생제를 투여하고, 피부나 근육이 심하게 썩어 들어간 경우에는 수술이 필요할 수 있다.

비브리오 패혈증을 피하려면 사전 예방이 중요하다. 바닷물에서 비브리오균이 왕성하게 번식하는 여름철에는 생선이나 조개류를 85℃ 이상으로 충분히 익혀서 먹어야 한다. 그리고 상처가 있는 사람은 바닷물에 들어가지 않도록 한다. 생선과 조개류는 5도 이하의 냉장 상태로 저장한다. 조리할 때도 바닷물 대신 흐르는 수돗물에 깨끗이 씻는다. 생선과 조개류를 다룬 도마와 칼 등 조리기구는 소독한 다음 말려서 사용한다. 만성 간염, 간경화증, 간암 등을 앓고 있는 환자나, 알코올 중독자, 당뇨병 등 만성 질환자, 에이즈 등 면역결핍 환자, 장기 이식을 받고 면역억제제를 먹는 환자, 재생불량성빈혈, 백혈병 등 혈액질환 환자, 각종 암 환자 등은 비브리오 패혈증에 걸릴 위험이 높기 때문에 특히 조심해야 한다.

필자의 경우 비브리오 패혈증을 걱정할 정도로 건강이 나쁘지 않지만, 아무래도 찜찜해서 여름철에는 생선이나 조개류를 날것으로 먹는 것을 피하는 편이다. 그래도 생선회를 먹고 싶을 때는 참치를 먹게 된다. 참치는 영하 40~50도로 냉동하여 유통되기 때문에 비교적 안전하다는 참치업계의 홍보에 솔깃해지는 탓이다. 물론 참치전문점이라고 해도 참치 외의 생선이나 조개류를 다루는 경우가 많아 비브리오균에 오염될 가능성은 여전히 남아 있다.

참치는 여름이 아닌 다른 계절에도 가끔은 즐기는 편이다. 하지만 자주 먹는 것은 피하려고 한다. 참치에 들어 있을 수은이 걱정되기 때문이다. 실제로 수산물 가공품 중 일부에서 중금속인 메틸수은이 기준치(1.0㎎/㎏)를 초과해 이들 품목을 판매 중단은 물론 회수하도록 조치했다는 식약처의 보도자료를 심심치 않게 볼 수 있다.

참치에 수은이 들어 있는 이유는 산업화 과정의 부작용 때문이다. 참치에 들어 있는 수은은 일상에서 보는 액체 상태의 원소로서의 수은이 아니라 메틸수은(CH_3Hg^+)이다. 메틸수은은 아세트알데히드 등을 만드는 과정에서 부산물로 나온다. 이렇게 만들어진 메틸수은은 미나마타병Minamata disease의 원인이라는 사실이 밝혀지기 전까지는 별다른 규제 없이 산업폐기물 혹은 오폐수를 통하여 환경으로 흘러들어 갔다. 바닷물의 엄청난 양을 따지면 이렇게 바다로 흘러든 메틸수은의 양은 아주 적은 양이라 할 수 있다. 특히 사람이 바닷물을 마실 일이 없으므로 위험하지 않으리라고 생각했을 것이다.

하지만 문제는 생물학적 농축이다. 바닷물로 흘러든 메틸수은은 1차로 플랑크톤이나 해조류에 들어간다. 이것들을 먹은 작은 물고기의 몸 안에 메틸수은이 쌓이고, 이렇게 쌓인 수은은 큰 물고기를 거쳐 참치나 상어와 같은 대형 어류와 고래, 혹은 펠리컨과 같은 대형 조류에 이르는데, 이들 몸에는 상당한 양의 수은이 쌓이게 된다. 메틸수은의 생물학적 반감기는 72일 정도라서 어느 정도는 체외로 배출되지만, 워낙 흡수가 잘되기 때문에 생물학적 농축이 잘 일어나는 것이다.

실온에서 액체 상태인 수은은 공기 중으로 조금씩 확산되므로 호흡을 통해 쉽게 몸 안으로 들어올 수 있지만, 피부나 소화기를 통해서는 쉽게 몸 안으로 들어올 수 없다. 반면 메틸수은은 물에 잘 녹으며 소화기관에서 잘 흡수된다. 따라서 메틸수은에 오염된 음식물을 먹으면 쉽게 몸 안으로 흡수되는 것이다. 어렸을 적에 수은 온도계가 깨지면 흘러나온 수은을 가지고 놀았던 기억이 난다. 아무것도 모르던 때 일이다.

수은 중독, 얼마나 무서운가?

수은 중독의 대표적 사례가 바로 이웃 일본에서 발견된 미나마타병이다. 이 병이 처음 의학계에 알려진 것은 1956년 4월 21일이다. 일본 미나마타에 사는 5살 된 여자아이가 경련을 일으켜 신일본질소주식회사新日本窒素株式會社(당시 일본에서는 칫소[ちつそ, Chisso]라고 줄여 불렀다) 부설병원에 입원했다. 아이는 걷거나 말하는 것도 힘들어했다. 이틀 후에는 여동생도 같은 증상으로 입원했고, 주변에서 모두 8명의 환자가 더 발견되었다. 처음에는 전염병으로 생각하고 환자들을 격리시켰다. 시간이 지나면서 동네에 사는 고양이는 물론 야생동물도 경련을 하다가 죽어나갔다. 바다에서는 물고기들이 죽어서 떠올랐다. 1956년 10월까지 40여 명의 환자가 생겨 14명이 죽었다. 구마모토 대학熊本大學의 연구진이 역학조사를 실시하고, 11월 4일에 "미나마타병은 중금속 오염에서 기인한 것으로 보이며, 아마도 물고기와 갑각류를 통하여 인체 내부로 들어왔을 것"이라고 발표했다.

미나마타의 바다가 수은으로 오염된 것은 1908년 이곳에 공장을 세운 칫소가 아세틸렌, 아세트알데히드, 아세트산, 염화비닐, 옥타놀 등도 생산하면서부터다. 이들 제품을 생산하는 과정에서 생긴 공장 폐수가 그대로 미나마타 만灣으로 흘러들었던 것이다. 어장이 황폐화되면서 회사는 1926년과 1943년 두 차례에 걸쳐 어업조합에 보상을 해주어야 했다. 칫소의 미나마타 공장에서는 1932년 210톤의 아세트알데히드 생산을 시작으로 매년 양을 늘려가 1960년에는 45,245톤을 생산하기에 이르렀다.

칫소는 아세트알데히드 생산 공정 가운데 망간이산화물을 촉매로 사용하다가 1951년 8월부터 삼황화이철(Fe2S3)로 바꾸었다. 삼황화이철은 촉매 작용을 하는 과정에서 소량의 메틸수은을 부산물로 만든다. 1965년에는 니가타 현에서도 수은 중독 환자가 발견되었고, 2001년까지 공식적으로 2,265명의 환자가 확인되었으며, 1,784명이 죽었다. 칫소의 생산 공정은 1968년에 중단되었다.

식품의약품안전평가원의 독성정보제공시스템에 등록된 수은에 관한 독성 자료를 요약하면 다음과 같다. 원소성 수은은 기압계, 온도계, 유속계, 고온도계, 혈압계, 보일러, 추진제, 밀러-애보트 튜브Miller-Abbott Tube, 염소와 가성 소다의 전기적 생산, 형광램프, 수은등, 스위치, 건전지, 금의 채굴, 냉각수, 거울의 코팅, 원자력 발전에서 중성자 흡수체, 많은 약제, 이뇨제, 방부제 원료, 수은전지, 농약, 살진균제 등에서 사용된다. 치과 아말감의 약 50%는 금속성 수은을 포함한다.

다량의 수은 증기에 노출되면 수시간 내에 쇠약감, 오한, 오심, 구토, 복통, 설사, 두통, 떨림, 시야 혼란, 호흡 곤란, 기침, 가슴 조임 등의 급성 증상이 나타난다. 소량씩 오랜 기간 만성적으로 노출될 때는 주로 성격 변화, 환각, 섬망, 불면, 흥분, 과민증, 두통, 기억 소실, 맛과 냄새 감각의 변화, 식욕 감소 등의 신경계 증상이 생긴다.

만성적으로 수은 증기에 노출된 작업자에게서 콩팥의 사구체 기저막에 대한 자가항체가 만들어졌다는 보고가 있다. 수은으로 인한 자가면역 사구체신염이다. 동물에 따라서는 면역이 저하되는 경우도 있다. 유전독성의 근거는 분명치 않다. 수은에 노출된 임산부에서 자연유산의 가능성이 높았다. 빈혈, 임신 중독, 출혈, 산통이 늦게 오거나 저체중아를 낳는 경우가 있다. 수은 증기는 신장에 급만성 손상을 입힐 수 있다. 원소성 수은에 노출된 어린이에게서 혈압이 올라가고 맥박이 빨라지기도 했다. 수은 증기에 노출된 피부에서는 발진이 생기거나 접촉성 피부염이 발생할 수 있고, 만성적으로는 피부가 분홍빛으로 변하고 벗겨질 수 있다. 수은 증기를 흡입한 후 객혈, 청색증, 기침, 가슴 조임, 폐렴, 괴사성 기관지염, 폐부종이 나타날 수 있다. 심하면 폐의 섬유화가 진행되어 호흡이 어려워질 수 있다. 빈혈이 생기고 갑상선 기능에 이상이 온 사례도 있다. 국제암연구소의 발암성 기준은 3군, 즉 '인체발암물질로 분류할 수 없음'이다.

참치에 들어 있는 수은을 위한 변명

바다의 먹이사슬에서 최상위에 속하는 참치 등 대형 심해어종의 경우, 생물학적 축적 효과로 인하여 메틸수은을 많이 가지고 있다. 따라서 참치와 같은 어종을 너무 많이 먹는 것은 건강에 위험할 수 있다. 식약처에서는 다랑어류, 새치류 및 심해어종에 대하여 메틸수은이 1.0ppm을 넘지 않도록 규정하고 있다. 캐나다 등 일부 국가에서는 0.5ppm으로 강화된 기준을 적용하기도 하지만, 우리나라의 기준은 국제식품규격위원회CODEX나 미국 등 대다수의 국가와 같은 수준을 지키고 있다.

이들 생선류에는 두뇌 영양에 좋은 DHA를 비롯하여, 우울증 예방 등 정신 건강에 효과적이라는 오메가-3 등이 풍부하게 들어 있다. 그뿐 아니라 비타민과 셀레늄 등 무기질 함량이 높아 어린이 두뇌 발달, 성장 발달에 기여하며 면역력을 높여준다고 알려져 있다. 따라서 임산부, 가임 여성, 수유모는 주 1회 100g 이하로 현명하게 섭취하는 것이 좋다고 권장하고 있다. 앞서 말한 것처럼 메틸수은의 생물학적 반감기는 72일인 만큼 참치 등 대형 심해어종을 너무 자주 먹지 않는다면 건강을 다칠 정도로 심각한 위해 상황은 피할 수 있다.

참고로 식약처가 조사한 우리나라 사람들의 혈중 수은 농도는 평균 3.45μg/L인데 이를 식품의 섭취량으로 환산해볼 때 수은의 주간 섭취 한계량의 28% 수준이다. 우리나라 사람들의 혈중 수은 농도는 꾸준하게 감소하는 경향을 보이고 있다.

식약처에서는 정기적으로 참치전문점을 비롯하여 시장에서 팔리는 참치 등 대형 심해어종을 수거하여 수은 함량을 측정하고 있다. 일본 미나마타 지방의 비극 이후로 수은 등 중금속류의 환경 오염에 대한 관심이 높아지고 있으므로 앞으로 미나마타병이 대량 발생하는 비극이 되풀이되지 않을 것으로 생각한다.

수은 중독을 피하는 법

수은을 가지고 작업을 할 때는 안경 등 눈보호장구를 착용한다. 수은이 눈에 닿은 경우에는 눈꺼풀을 들어 올린 다음 많은 물로 씻어낸다. 피부에 닿았을 때는 비누와 물로 씻는다. 들이마셨을 때는 신선한 공기를 마실 수 있는 곳으로 이동한다. 수은을 먹었을 때는 즉시 토하게 하는 등의 응급처치를 받는다.

미국 소비자단체는 어린이와 임산부는 아예 참치를 먹지 않는 게

수은이 들어 있다는 참치, 안전한가?

각국에서는 수은에 의한 환경 오염을 막기 위한 장치를 두고 있다. 또한 우리 나라를 비롯한 대부분의 나라에서는 다양한 경로를 통해 바다로 흘러든 수은 에 오염된 생선과 조개류의 함유 수은 양의 한도를 1ppm으로 정하고 있다. 수시로 조사도 하고 있으므로 안심하고 먹어도 되겠다.

특히 참치 등에 많은 DHA, 오메가-3, 비타민, 셀레늄 등이 어린이의 두뇌 발달과 성장 발달을 도와주고 면역력을 높여준다고 알려져 있다. 따라서 임산 부, 가임 여성, 수유모는 주 1회 100g 이하로 현명하게 섭취하는 것이 좋다고 권장하고 있다.

좋다고 권고하고 있다. 소아나 임산부가 수은을 많이 먹을 경우 신생 아와 소아의 신경 발달에 나쁜 영향을 미칠 수 있기 때문이다. 그럼에 도 불구하고 미국 식품의약국Food and Drug Administration, FDA은 임산부, 소 아, 수유를 하는 엄마들에게 다음과 같이 권고했다. 생선이 아동의 성 장 발달에 좋은 영향을 주기 때문이다.

1) 상어Shark, 황새치Swordfish, 동갈삼치King mackerel, 대서양 옥돔Tilefish 등 은 메틸수은의 함량이 높으므로 먹지 않도록 한다.

2) 생선은 수은이 많이 들어 있지 않은 것으로 일주일에 2번 정도 총 량은 340g 이내로 먹는다. 수은이 적은 생선류로는 새우, 참치(캔), 연어, 다랑어, 명태, 메기가 있다.

우리나라 식약처에서는 임산부, 가임 여성, 수유모는 섭취로 인한 영양성을 고려하여 상어, 황새치, 참치 등을 주 1회 100g 이하로 현명 하게 섭취하는 것이 좋다고 권고했다.

식품첨가물, 넣어야 하나, 말아야 하나?

얼마 전 회사에서 열린 워크숍은 조금 다른 방식으로 진행되었다. 평소보다 늦은 오후 5시부터 등록을 하고 회사에서 가까운 중국집에서 저녁식사를 먼저 했다. 간단한 요리 2가지를 먹고 개인 식사로 필자는 자장면을 먹었다. 그때 같이 근무하는 분이 자신은 중국 음식을 먹으면 가슴이 뛰고 졸리면서 나른해진다고 했다. 듣고 보니 필자 역시 가슴이 뛰는 정도까지는 아니었지만 늘어지는 느낌이 들었던 적이 있는 것 같았다. 하긴 그때 마침 많이 피곤한 상태였을 수도 있으니 굳이 중국 음식 탓이라 할 수도 없겠다. 앞으로 유심히 관찰해볼 일이다.

흔히 중식당 증후군, 영어로는 차이니스 레스토랑 증후군Chinese Restaurant Syndrome, CRS이라고 하는 이 증상은 1968년 로버트 호 만 콱 Robert Ho Man Kwok이 의학 잡지 『뉴잉글랜드 저널 오브 메디신New England Journal of Medicine』에 보낸 편지에서 처음 언급되었다. 편지 내용은 앞서 적은 증상과 비슷하다. "나는 중식당, 특히 북부 중국 음식을 제공한 식당에서 식사를 할 때마다 이상한 증후군을 경험했습니다. 증후군은 대개 음식을 먹기 시작한 지 15~20분 후에 시작되며 숙취 효과 없이 약 2시간 지속됩니다. 목 뒤쪽의 무감각이 나타나 점차 팔과 등으로 확산되며, 온몸이 늘어지고 심장이 두근거리는 증상이 가장 두드러졌습니다."

글루탐산Glutamic Acid은 1866년에 독일 화학자 카를 하인리히 리트하우젠Karl Heinrich Ritthausen에 의하여 발견되었다. 1907년 일본의 이케다 기쿠나에池田菊苗가 대량 생산기술을 개발했는데, 이케다는 글루탐산염이 특히 해초류에서 느껴지는 독특한 향미를 가지고 있음을 발견하고 이를 '우마미うま味'라고 했다. 우리말로는 감칠맛에 해당된다.

글루탐산나트륨Monosodium Glutamate 즉 MSG가 중식당 증후군을 일으키는 범인으로 지목되었지만 과학적 근거는 없다. 심지어는 화합물에 민감하다는 사람들을 대상으로 한 연구에서도 일관된 결과를 얻지 못하고 있다. 흥분독소의 일종인 글루탐산은 혈-뇌 장벽을 쉽게 통과하여 신경세포를 흥분시킨다. 혈-뇌 장벽은 뇌에 혈액을 공급하는 혈관의 독특한 구조로서 고분자화합물이 뇌로 들어가지 못하도록 하는 방어막이다. 글루탐산이 많이 든 음식을 먹여 혈액 중에 글루탐산 농도를 높게 한 쥐에서는 뇌의 특정 부위가 손상되었다. 하지만 인간을 비롯한 영장류의 경우, 설치류와는 달리 흥분독소에 민감하지 않으므로 문제가 아니라는 주장도 있다.

EU는 글루탐산을 식품에 적게 사용할 것을 권고하고 우유제품, 파스타, 코코아, 초콜릿, 주스 등에는 넣지 못하도록 금하고 있다. 동물연구를 토대로 체중 kg당 6g을 하루 권장량으로 했다. 미국 식품의약국은 글루탐산을 일반적으로 안전하다고 인정하고 있다.

주변에서도 글루탐산이 주원료인 조미료를 넣은 음식은 먹지 않는다고 자랑스럽게 말하는 사람이 막상 식당에서 밥 먹을 때는 조미료가 들었는지 구분하지 못하고 먹는 경우도 많이 보았다.

그러고 보면 글루탐산은 대표적인 식품첨가물이다. 옛날에는 소금, 설탕, 고추, 마늘, 생강 등 자연에서 얻는 향신료로 음식의 맛을 더하거나 오래 보존할 수 있었다. 하지만 화학이 발전하면서 맛과 색을 더하거나 보존 목적으로 사용하는 식품첨가물이 개발되어 왔다. 이런 물질들은 화학적으로 만들어낸 인공합성물이라는 이유로 문제가 있을 것이라는 부정적인 인식이 자리 잡아온 것 같다. 특히 원료물질이 사람의 건강에 위해한 경우에는 경각심이 더 높아진다. 심지어는 인공화합물을 식품에 넣는 자체를 위험하다고 말하는 사람도 많다. 그래서 식품첨가물이 얼마나 위험한지 알아보기로 했다.

식품첨가물은 독소식품?

『식탁의 배신』을 쓴 프랑스 시사전문기자 윌리엄 레이몽William Reymond 은 어느새 우리네 식탁에서 엄마표 밥상이 사라지고 그 자리를 가공식품들이 채우고 있다고 우려한다. 그는 가공식품을 아예 독소식품으로 규정한다. 고혈압이나 당뇨 등 각종 질병의 원인이 되는 비만을 야기하고, 심지어는 암을 일으킬 수도 있다는 것이다. 이런 식품들은 공장에서 상품을 찍어내듯 만들어진 식재료로, 인공적으로 합성된 화학물질이 뒤범벅되어 있기 때문이다.

일본의 소비자 문제를 다루는 전문지 기자인 와타나베 유지渡辺雄二 역시 『먹으면 안 되는 10대 식품첨가물』을 통하여 식품첨가물을 각종 질병을 유발하는 가장 위험한 물질이라고 했다. 특히 인공적으로 합성된 식품첨가물의 경우, 사람의 장에서 소화되거나 분해되지 않고 그대로 흡수된다는 것이다. 흡수된 이물질이 혈관 속으로 들어가 몸 속을 떠돌면서 악영향을 끼친다고 했다. 간, 신장, 면역 체계, 호르몬 체계를 망가뜨릴 위험이 높다고 했다. 유전자에 돌연변이를 일으키기도 하는데, 동물실험에서 암을 일으킨 경우도 있다고 했다.

위키백과의 식품첨가물 항목에 정리된 첨가물의 부작용은 다양하면서도 방대하다. 아마도 식품첨가물의 종류와 원료물질이 다양하기 때문일 것이다. 신경계, 위장관, 간, 신장, 생식기관, 심혈관, 조혈기관, 호흡기, 피부 등 거의 온몸에 부작용이 나타날 수 있다고 한다. 발암 가능성도 빠지지 않는다. 2016년 기준으로 우리나라에서는 인공으로 합성된 화합물 403개 품목과 천연에서 얻어진 첨가물 196개 품목, 도합 599개 품목이 법이 정한 식품첨가물로 설정되어 있다.

식품첨가물은 법에 정한 바에 따라 안전성을 평가받고 있지만, 부작용이 나타나는 것은 개인별 차이가 충분히 고려되지 못했기 때문이라는 주장이 있다. 특히 노인, 어린이, 만성 질환을 앓는 환자처럼 기력이 약한 경우나, 특정 식품첨가물에 민감한 사람의 경우 안전하다는 양을 먹어도 부작용이 나타날 수 있다고 한다.

식품첨가물은 괴물이 아니다

식품첨가물은 식품의 맛이나 모양을 비롯한 특성을 두드러지게 하기 위하여 더하는 물질이다. 냉장고가 없던 옛날에는 식품을 보존하여 오래 먹는 것은 중요한 일이었다. 옛날부터 두부를 만들려면 끓인 콩국에 간수를 넣었다. 간수에는 소금 성분이 들어 있다. 서양에서도 고기를 오랫동안 보관하기 위하여 천일염이나 암염 등에 절였다. 즉 소금은 보존제라는 식품첨가물의 기원이라 할 만하다. 후추, 깨, 고추 등의 향신료도 식품첨가물의 일종이다. 그 옛날에는 식품첨가물은 당연히 자연에서 얻을 수 있는 것들이었다.

19세기 후반에 들어와 다양한 가공식품들이 등장하면서 여러 식품첨가물이 만들어졌다. 화학의 발전에 따라 자연산 식품첨가물의 효능을 가진 성분을 인공적으로 합성할 수 있게 되었다. 그뿐 아니라 자연산이건 인공합성물이건 사람의 건강을 해치는 물질에 대한 연구 방법들도 발전했고, 위해 가능성이 있는 물질이라고 해도 일정한 조건으로 사용이 가능하다는 사실도 알게 되었다.

따라서 각국에서는 식품첨가물의 사용을 법으로 규정하게 되었다. 우리나라에서도 1962년에 「식품위생법」에 식품첨가물 관련 규정을 정했고, 1966년에는 「식품첨가물공전」을 제정하여, 식품첨가물의 지정과 이의 규격 기준을 정하게 되었다. 이에 따르면 우리나라에서 사용할 수 있는 식품첨가물의 영역은 식품에 단맛을 부여하는 '감미료'를 비롯하여 모두 32종이다. 그리고 식품첨가물을 사용할 수 있는 식품군으로는 18가지가 정해져 있다. 또한 식품첨가물의 제조 기준, 일반 사용 기준, 보존 및 유통 기준, 품목별 성분 규격 등이 정해져 있다.

식품첨가물은 기본적으로 식품에 더해져 소비자를 이롭게 할 뿐 아니라, 사람에게 유해한 영향을 미치지 않아야 한다. 앞서 소개한 전문가들은 식품첨가물이란 인간의 욕심이 만든 독성 덩어리이므로 아예 사용하지 말아야 한다는 입장이다. 그런가 하면, 다른 생각을 가진 전문가들도 있다. 후자는 일부 전문가라는 사람들이 전문성보다는 뉴스성을 앞세워 일반 국민들을 현혹하고 있다고 말한다. 즉 안전하다는 주장은 사람들의 이목을 끌지 못한다는 것이다. 일본의 『마이니치 신문每日新聞』 생활가정부 편집위원을 역임한 고지마 마사미小島正美는 증거가 빈약할수록 일반 국민들이 재미있어 한다고 지적했다. 과학적 근거에 따른 신뢰가 뉴스로서의 재미와 대등하게 다루어지지 않는다는 것이다. 특히 뉴스의 재미에 동조하는 과학자가 한 명이라도 있으면 판이 완전히 기울어버린다. 마사미는 일부 전문가와 결탁하여 위험을 부풀리는 언론의 행태를 『오해투성이의 위험한 이야기』에서 고발한 바 있다.

첨가물은 안전성이 확인된 물질에 한하여 지정된다. 사람에 대한 실험은 윤리적으로 불가능하기 때문에, 실험동물을 사용하는 독성시험으로 안전성을 검토한다. 독성시험의 범위는 생쥐나 흰쥐를 사용한 급성, 아급성, 만성 독성시험이다. 생체 기능에 영향을 미칠 수 있다고 판단되는 경우에는 관련된 혈액검사, 생화학검사, 생리검사, 세균검사 및 특수 시험을 시행해야 한다.

독성시험에서 얻은 자료를 바탕으로 하여 허용량 및 사용량을 설정하게 된다. 만성 독성시험에서 결정된 무작용량, 즉 동물에 대한 안전량을 기준으로 하여 사람의 안전량을 산정한다. 환산계수는 동물과 사람의 감수성을 1:10으로, 사람마다의 개인차를 고려하여 다시 1:10으로 계산한다. 즉 동물에서의 안전량의 1/100이 사람의 kg당 안전량이 된다. 이에 기반을 두고 체중 50kg 성인을 기준으로 하여 1일 섭취허용량(평생 동안 매일 흡입해도 해당 유해물질이 사람의 건강을 해치지 않는 범위의 양)을 결정하는 것이다. 조사에 따르면 우리나라 사람들이 섭취하는 식품첨가물의 총량은 1일섭취허용량의 10% 수준이라고 한다.

몇몇 호사가들이 발암물질이라고 주장하는 몇 가지 식품첨가물에 대한 독성 자료를 찾아보았다. 아질산나트륨Sodium Nitrite의 급성 독성 실험에서 흰쥐의 반수치사량(Lethal Dose 50, LD50)은 50mg/kg이다. 시험관 안에서 세균과 포유동물 세포에 직접 반응하여 염기쌍치환 돌연변이와 염색체 이상을 일으켰다는 보고가 있다. 그 밖에 기관 특이 독성은 물론 발암성에 관한 자료는 아직 없다. 그럼에도 불구하고 아질산나트륨이 암을 일으킬 수 있다는 주장은 아질산나트륨이 식품에 들어 있는 아민류와 반응하여 니트로소아민Nitrosoamine을 만들 수 있다는 데서 온 것이다. 니트로소아민은 300여 종이나 되는데, 담배에도 들어 있는 니트로소에틸아민은 국제암연구소에 2A군(인체발암추정물질)으로 등록되어 있다. 아질산과 아민류가 반응하여 니트로소화합물을 생성하는 반응은 비타민C에 의해 대부분 억제된다. 또한 아질산나트륨이 아민류와 반응하여 니트로소아민을 얼마나 만들어내는지에 대한 구체적 자료가 없어 단정할 수 없는 한계가 있다.

식빵을 만들 때 부풀리는 효과가 있는 브롬산칼륨Potassium Bromate도 발암성이 있다고 한다. 식품의약품안전평가원의 독성정보시스템에서는 이 물질과 접촉했을 때 자극, 통증, 발적이 생길 수 있고, 흡입하면 기침, 호흡 곤란, 두통 등이 나타날 수 있다고 한다. 하지만 대부분의 발암물질에 대한 정보를 관리하는 기관의 자료에 등록되어 있지 않다.

사카린을 비롯한 인공감미료의 발암성에 관해서는 이 책의 '설탕이냐, 사카린이냐?' 장에서 논한 바 있지만, 발암성이 없는 것으로 이미 판명되었다.

식품첨가물의 안전성

식약처에서 관리하는 「식품첨가물공전」에 따르면 우리나라에서 식품에 넣어 사용할 수 있는 식품첨가물은 모두 599종이다.

식품첨가물이 다양한 독성을 나타낼 수 있다는 문제 제기가 있지만, 충분히 안전한 범위에서 사용될 수 있도록 법으로 관리하고 있다. 안심하고 사용해도 좋겠다.

그래도 식품첨가물이 찜찜하다면…

기왕이면 다홍치마라고 했던가? 식품첨가물은 식품의 풍미, 영양, 보존성 등의 질을 높여주기 위하여 사용한다. 인공화합물이 많아지면서 불안하다는 목소리가 커지고 있다. 하지만 충분히 안전한 범위 내에서 사용될 수 있도록 법으로 관리하고 있다는 점을 기억해야 한다. 그럼에도 불구하고 가급적이면 식품첨가물을 조금만 먹고 싶다고 생각하는 사람도 있을 것이다. 그런 사람들은 다음 사항들을 따르자.

1) 자연에서 얻은 식재료를 이용해 조리한 음식을 먹는다. 청량음료보다는 물을, 가공우유보다는 흰 우유를, 가공육보다는 신선한 고기를, 과자보다는 원료가 되는 감자·옥수수·밤을 먹는다. 특히 노인이나 어린이, 간이나 콩팥의 만성 질환자, 알레르기질환을 앓는 환자는 자연식품을 주로 먹는 편이 좋다.

2) 가공식품을 먹은 뒤에 불편한 증상이 나타나는 경우, 포장에 적혀 있는 식품첨가물의 종류를 확인하여 원인 물질을 파악할 필요가 있다. 다음부터는 문제의 성분이 들어간 가공식품을 피한다. 식품

첨가물의 허가 사항을 확인하려면 식약처의 '식품 및 식품첨가물 공전(https://www.foodsafetykorea.go.kr/foodcode)'에서 확인할 수 있다.

3) 가공식품을 먹을 때도 식품첨가물을 줄이는 방법을 쓴다. 예를 들면 라면을 먹을 때는 번거롭더라도 한 번 끓인 다음에 면을 건져내 따로 끓인 물에 넣어 조리한다. 스프는 양을 줄여서 넣고 야채를 추가하여 조리한다. 먹을 때는 국물은 남기도록 한다. 게맛살이나 어묵에도 보존료와 색소 등 식품첨가물이 다량 들어 있다. 조리하기 전에 미지근한 물에 담가두면 첨가물이 빠져나간다. 햄과 소시지에 사용되는 식품첨가물 역시 섭씨 80도 정도의 물에 담가두면 빠져나간다. 염분도 같이 빠져나가니 일거양득이다. 단무지에 들어 있는 방부제와 사카린, 빙초산 등도 찬물에 5분 정도 담가두면 제거할 수 있다.

아크릴아마이드,
커피와 감자튀김 속
시한폭탄

커피를 좋아하는 사람들에게는 놀라운 소식일 수도 있겠다. 2018년 3월 미국 로스앤젤레스 고등법원은 커피제품은 물론 커피를 파는 가게 안에도 '커피에는 발암물질이 포함되어 있다'라는 경고문을 붙여야 한다고 판결했다.

아침에 출근해서 따뜻한 커피를 한 잔 들고 컴퓨터 앞에 앉으면 향긋한 커피 향에 힘이 솟는 느낌이 든다. 늦은 오후에는 달달한 다방커피 한 잔으로 쌓인 피로를 몰아낼 수도 있다. 이제 커피도 발암물질이라고 하니, 커피를 대신할 무엇을 찾아봐야 할 모양이다.

커피콩을 볶을 때 생기는 아크릴아마이드Acrylamide가 문제다. 국제암연구소는 아크릴아마이드를 2A군 발암물질(인체발암추정물질)로 규정하고 있기 때문이다. 피고 측인 스타벅스 등 커피회사들은 커피에 들어 있는 아크릴아마이드는 적은 양이며 사람에게 위험하다는 것이 증명되지 않았다고 주장했다. 하지만 재판부는 커피가 사람의 건강에 해롭지 않다는 것을 밝히지 못했다는 이유로 원고의 손을 들어준 것이다. 드라마 〈대장금〉에서 "홍시 맛이 나서 홍시라 했는데, 왜 홍시냐고 물으시면…"이라고 했던 어린 장금이 생각난다. 건강에 해롭지 않다는 것을 어떻게 증명해야 할지….

그런데 아크릴아마이드가 커피에만 들어 있는 것은 아니다. 아크릴아마이드는 감자와 같이 전분, 탄수화물이 많은 식재료를 120℃ 이상의 고온에서 튀길 때도 생기고, 담배를 피울 때 피어오르는 연기 속에도 들어 있다. 그렇다면 감자튀김 포장지나 감자튀김을 파는 패스트푸드 매장 안에도 같은 경고문을 붙여야 할 모양이다.

가공식품을 독소식품이라고 하는 『식탁의 배신』의 작가 윌리엄 레이몽은 아크릴아마이드를 음식에 숨어 있는 시한폭탄이라고 말한다. 아크릴아마이드의 발암 가능성에 주목한 것이다. 아크릴아마이드와 유방암 사이의 연관성에 대하여 상반된 결과를 내놓은 2건의 논문을 인용하면서 음모가 감춰져 있는 듯한 분위기를 풍긴다. 하지만 저자가 인용한 논문 가운데 연관성이 있다는 연구마저도 해석상의 문제가 있다는 지적이 있다.

아크릴아마이드는 흰색에 냄새가 없는 화학물질이다. 수돗물에 들어 있는 불순물을 없애거나, 폐수 처리 과정에 사용하는 폴리아크릴아마이드의 원료물질이다. 그 밖에도 접착제, 종이, 화장품, 직물 등 다양한 용도로 사용된다. 또한 터널, 하수도, 우물, 저수지 등을 건설할 때 구조물의 균열을 메우기 위하여 다량으로 사용된다. 1997년 9월 스웨덴의 남서쪽에 있는 보스타드Båstad에서 농장의 소들이 마비되고 양어장의 물고기가 떼죽음하는 사건으로 주목받았다. 당시 할란드소센Hallandsåsen 철도터널 공사에 사용된 1,400톤 이상의 방수제 로카질Rhoca-Gil이 흘러내려 환경을 오염시킨 결과였다. 로카질의 주성분이 바로 아크릴아마이드다.

공사에 참여한 노동자들의 혈액에서 아크릴아마이드를 측정하는 과정에서 로카질에 노출되지 않은 사람들의 혈액도 검사했는데, 상당한 양의 아크릴아마이드가 검출되었다. 실험을 수행한 스톡홀름 대학교 환경화학과의 마리트 퇴른크비스트Marit Törnqvist는 음식에 원인이 있을 것으로 의심했다. 그리고 2000년에는 튀긴 음식만 먹인 쥐와 익히지 않은 음식을 먹인 쥐를 비교해보았다. 결과는 튀긴 음식을 먹인 쥐의 혈액에서 아크릴아마이드가 더 높게 측정되었다. 이후로 식품에서의 아크릴아마이드에 대한 연구가 많아졌고, 그 결과에 따라 2005년에는 유엔식량농업기구와 세계보건기구 합동의 식품첨가물전문가위원회Joint FAO/WHO Expert Committee on Food Additives, JECFA에서 "식품의 아크릴아마이드는 사람의 건강에 잠재적 위험이 된다"라고 발표했다.

고온으로 조리하는 경우, 식품에 들어 있는 아스파라긴산이라는 아미노산이 포도당과 반응하여 아크릴아마이드가 만들어진다.

아크릴아마이드, 얼마나 위험한가?

아크릴아마이드는 관련 작업을 하는 사람의 경우 다양한 경로를 통하여 노출될 수 있다. 그렇지 않은 경우 주로 식품이나 물을 통하여 몸 안에 들어온다. 담배를 피우는 사람은 담배 연기에 들어 있는 아크릴아마이드가 폐를 통하여 몸 안으로 흡수된다. 담배를 피우는 사람은 그렇지 않은 사람보다 혈중 아크릴아마이드가 4~5배나 높다.

아크릴아마이드는 식품이나 음료를 먹거나 공기를 흡입할 때 사람의 몸 안으로 들어올 수 있을 뿐 아니라, 피부와 점막 등을 통해서도 빠르게 흡수된다. 흡수된 아크릴아마이드는 혈액을 통하여 전신에 분포된다. 혈중의 아크릴아마이드는 1.7~1.9시간에 절반으로 줄어들고, 조직에 분포된 아크릴아마이드는 5시간이 경과되면 절반으로 줄어든다. 다만 척수에서는 반감기가 24일로 비교적 길다. 아크릴아마이드에 중독되는 경우 신경 증상을 나타낸다. 주로 간과 콩팥에서 대사되어 독성이 없는 대사산물로 바뀐다. 아크릴아마이드 대사산물의 대부분은 소변으로 배설되며, 담즙과 호흡을 통하여 일부가 배출된다.

다량의 아크릴아마이드가 몸 안으로 들어오는 경우 주로 환각, 혼돈, 진전(떨림), 간대성 경련(근육이 갑자기 불규칙적이면서 비대칭적으로 수축하는 현상), 활 모양의 강직, 발작, 말초신경병증과 같은 신경계 증상이 나타난다. 경우에 따라서는 콩팥에 독성 작용을 나타내 소변이 줄어든다. 심혈관 증상으로는 저혈압이 생길 수 있고, 특히 손에 붉은 점이 나타날 수 있으며, 피부에서 땀이 나거나, 찬 느낌, 청색증 등을 보인다.

만성적으로 노출되는 경우 역시 신경계 증상이 주로 나타나는데, 감각 이상을 비롯하여, 말초신경 장애가 나타난다. 소변을 저리거나 소변을 누지 못하는 증상이 생길 수 있다. 식욕 부진과 위장 장애가 나타난다. 저혈압과 허탈 상태에 빠질 수도 있다.

임산부가 섭취하는 경우 태아에게 아크릴아마이드가 건너갈 수 있지만, 아직까지 생식기 계통에 미치는 영향에 관한 보고는 없다. 쥐와 같은 설치류 동물에서는 돌연변이 유발성, 염색체 변형/변이와 발암성 형질 전환이 관찰되었다. 이를 토대로 국제암연구소에서는 아크릴아마이드를 2A군 발암물질(인체발암추정물질)로 분류하고 있다. 즉 동물에서는 암을 일으키지만, 사람에서는 암을 일으킨다는 증거가 아직 없다는 것이다. 식품을 통해 아크릴아마이드를 많이 섭취한 폐경 이후의 여성에서 자궁내막암과 난소암의 위험이 높아지나 유방암은 차이가 없다는 역학조사도 있다.

아크릴아마이드를 위한 변명

우리나라 노동부는 아크릴아마이드를 A2군 발암물질(발암성물질로 추정되는 물질)로 규정하고 피부 노출 기준으로 공기 중의 시간가중 평균농도를 0.03mg/㎥로 정하고 있다. 이는 미국 정부산업위생전문가협의회The American Conference of Governmental Industrial Hygienists, ACGIH와 국립직업안전보건연구소The National Institute for Occupational Safety and Health, NIOSH 등에 따른 것이다. 조금 오래된 자료이긴 하지만, 산업안전공단이 2008년에 내놓은 「화학물질 유통 사용 실태 조사 결과보고서」에 따르면, 2005년도에 우리나라의 산업 현장에서 사용된 아크릴아마이드는 41,096톤이었다. 앞서 지적한 것처럼 아크릴아마이드는 다양한 경로를 통하여 사람의 몸 안으로 빠르게 흡수되는 경향이 있다. 그렇다면 아크릴아마이드를 다루는 산업 현장에서 일하는 근로자의 경우 몸 안의 아크릴아마이드가 많이 축적되어 있을 수도 있다.

정수 처리 과정에서 사용하는 폴리아크릴아마이드에 아크릴아마이드가 섞여 있을 수 있다. 그래서 세계보건기구WHO에서는 먹는 물 수질 기준을 아크릴아마이드 잔류량 0.5㎍/L로 정하고 있다. 환경에 흘러든 아크릴아마이드는 토양과 물에서 세균에 의해 분해되거나 가수분해가 빠르게 진행되어 사라진다.

식약처가 정기적으로 국내에서 유통 중인 식품들 가운데 아크릴아마이드 오염도를 조사하고 있다. 2015~2016년 사이에 감자튀김이나 감자스낵의 경우 최고 1,590μg/kg이었고, 커피류는 최고 818μg/kg이었다. 우리나라는 EU 등이 설정한 식품 중 아크릴아마이드 권장량 1,000μg/kg 이하에 따르고 있는데, 일부 품목에서는 아크릴아마이드를 줄이기 위한 노력을 더 기울여야 하겠다.

식품을 통해 흡수된 아크릴아마이드가 폐경 이후의 여성에서 자궁내막암과 난소암의 위험을 높인다는 역학조사도 있지만, 광범위한 역학조사에서는 사람의 암과 관련 있다는 증거를 발견할 수 없었다는 논문도 많다.

또한 카레의 원료가 되는 강황의 핵심 성분인 커큐민Curcumin은 항산화 작용을 통하여 아크릴아마이드의 세포독성과 유전독성을 덜어주는 역할을 한다는 연구 결과도 있다.

아크릴아마이드, 이렇게 피하자

탄수화물과 당분이 많은 음식물을 조리하는 과정에서 아크릴아마이드가 만들어진다. 따라서 아크릴아마이드가 많이 생기는 식품을 조리할 때는 이렇게 해보자.

1) 감자튀김이나 감자칩을 만들 때는 먼저 감자 껍질을 깨끗하게 씻은 다음 얇게 자른다. 감자는 냉장고에 보관하지 말고 8℃ 이상의 음지에 보관한다. 튀기기 전에 물과 식초를 1:1로 섞은 물에 감자를 15분 정도 담가두면 좋다. 아크릴아마이드는 120℃ 이상의 고온에서 잘 만들어지며 160℃ 이상에서는 급격하게 늘어난다. 따라서 기름 온도는 가급적 160℃를 넘지 않도록 한다. 가급적이면 조리시간을 짧게 한다. 굽거나 튀기는 대신 찌거나 삶으면 아크릴아마이드가 만들어지지 않는다.

2) 밀이나 옥수수 등의 곡물을 원료로 하는 빵, 시리얼의 경우에 효모, 이스트, 소금을 적게 넣고, 설탕 대신 비환원당을 넣는다.

3) 감자나 빵을 조리할 때 갈색으로 변하지 않도록 한다. 갈색으로 변한 부분에는 아크릴아마이드가 들어 있을 수 있으므로 먹지 않는다.

4) 고기를 구우면서 후추를 뿌리면 굽는 동안 아크릴아마이드가 만들어지므로 구운 후에 뿌려야 한다.

5) 커피는 원두의 종류, 보관 기간, 추출 방법에 따라서 만들어지는 아크릴아마이드의 양이 결정된다. 아라비카Arabica 원두가 로부스타Robusta 원두보다 적게 만들어진다. 196~205℃에서 연하게 볶은 커피Light roasted coffee(약배전 커피)에는 225~245℃에서 진하게 볶은 커

피Dark roasted coffee(강배전 커피)보다 아크릴아마이드가 많이 들어 있다. 원두를 볶는 과정에서 196~205℃로 가열할 때 만들어지는 아크릴아마이드가 온도를 높이면 분해되기 때문이다. 연하게 볶은 커피로는 계피 로스트나 뉴잉글랜드 로스트가 있고, 진하게 볶은 커피로는 풀시티 로스트, 비엔나 로스트, 프렌치 로스트, 이탈리안 로스트 등이 있다. 볶아낸 커피는 오래 보관할수록 아크릴아마이드가 줄어든다.

6) 담배 연기에도 아크릴아마이드가 포함되어 있다. 집 안이나 자동차 안처럼 밀폐된 공간에서는 흡연을 삼가도록 한다.

살충제,
달걀 파동을
일으킨 물질

필자는 서울 변두리에 있는 후송병원에서 군생활을 시작했다. 여기서 군생활을 시작하는 단기 군의관들은 대부분 이곳에서 전역을 하곤 했다. 하지만 필자는 무슨 사연이 있었던지 1년 만에 1번 국도변에 있는 통합병원으로 전출되었다. 전출을 가던 날 남부터미널에서 시외버스를 타고, 몇 개의 도시에 있는 시외버스터미널을 거쳐서 해 질 무렵 부대에 도착했다. 야트막한 야산이 평야로 이어지는 끝자락에 부대가 있었다. 서쪽 야산에 해가 넘어가는 모습이 참 아름다웠다. 장교숙소를 배정받아 일단 첫날 밤을 보냈다. 개구리 우는 소리가 낭자하게 울려 퍼지는 가운데 잠들었다. 한나절 버스에서 시달리느라 꽤나 피곤했던 모양이다.

다음 날 전입신고 후 업무 인수인계를 받은 다음 서울에 있는 집으로 퇴근을 했다. 시내버스를 타고 인근 도시로 간 다음에 기차를 타면 서울역에 도착할 수 있었다. 부임하고 얼마 후에는 부대 옆에 있는 충성아파트를 배정받아 이사를 했다. 아내와 큰아이는 금세 시골 생활에 익숙해졌다. 필요한 것들은 인근 도시에 있는 장터에서 사들였는데, 농산물은 부대 앞에 있는 가게에서 살 수도 있었다. 어쩌면 큰 아이는 서너 살 때 생활한 이곳을 기억하지 못할 것이지만, 그래도 시골 생활을 해보는 좋은 기회였다고 생각한다.

30년도 넘은 옛날이야기를 꺼내는 이유는 2017년에 불거진 살충제 달걀 문제 때문이다. 그때 듣기로 사람들이 과일이나 야채를 살 때 싱싱한 것, 벌레 먹지 않은 것만 찾는다고 했다. 그래서 시장에 내놓는 과일이나 야채에는 농약을 치지 않을 수 없다고들 했다. 하지만 시장에 내놓지 않고 가족들이 먹을 과일이나 야채에는 농약을 치지 않는다는 이야기를 공공연하게 했다. 지금이야 그럴 일이 없겠지만, 그 옛날에는 농산물에서 농약을 제대로 검사하지 않았던 모양이다. 그런 이야기를 들은 다음부터는 도로변에서 파는 과일이나 야채를 사기 위해서 차를 멈추는 일은 없어졌다.

다시 살충제 달걀 파동으로 돌아가 보자. 2016년 11월 16일 전남과 충북에서 발생한 조류독감은 금세 경기, 전북, 충남, 세종, 강원을 거쳐, 12월에는 부산, 경남, 인천 등 전국적으로 확산되었다. 조류독감은 겨울 들어 더욱 기승을 부려 확산되다가 2017년 3월 말 기온이 오르면서 기세가 꺾여 5월에 상황이 종료되었다.

산란계(달걀 생산을 목적으로 키우는 닭)나 육계(식용으로 키우는 닭)는 물론 종계(병아리 생산을 목적으로 키우는 닭)까지 조류독감이 퍼지면서 많은 닭들을 살처분하는 바람에 전국적으로 달걀 값이 치솟기 시작했다. 보통 1판(30알들이)에 5,547원 하던 달걀 값이 2017년 1월에는 9,500원대로 치솟았다. 새해 들어 미국에서 달걀 100톤을 수입하는 등 공급 조절에 들어가면서 3월에는 7,200원까지 떨어졌지만, 6월에 조류독감이 다시 발생하면서 8,000원대로 올라 태국에서 달걀을 수입하기도 했다. 달걀 값이 천정부지로 솟은 데는 학교 급식이 한몫했다고 한다. 달걀 품귀 현상을 잠재운 것은 역설적으로 살충제 파동이었다. 9월 들어 살충제 달걀 문제가 확산되면서 1판에 3,000원대로 떨어지는 상황이 벌어진 것이다.

살충제 달걀 파동은 2017년 8월 네덜란드와 벨기에산 달걀에서 살충제 성분인 피프로닐이 다량 검출되면서 시작되었다. 네덜란드 정부는 180개 농장을 폐쇄하고 30여만 마리의 닭을 살처분하는 등 강도 높은 조치를 취했다. 반면 벨기에 정부는 관련 사실을 9개월 동안 감추었다. 그뿐 아니라 살충제 달걀을 낳던 닭을 가공하여 아프리카로 수출하도록 눈감아줬다는 의혹이 일어 비난을 받았다.

우리나라에서도 곧바로 살충제 달걀 파동이 일었다. 2017년 8월 14일 농림축산식품부는 친환경 산란계농장을 대상으로 잔류농약 검사를 시행한 결과를 발표했다. 당시 경기도에 있는 산란계농가 두 곳에서 각각 피프로닐과 비펜트린이 기준치를 넘어선 달걀이 발견된 것이다. 정부는 4일 만에 전체 산란계농가 1,239곳에서 나온 달걀을 대상으로 살충제 검사를 시행했다. 그 결과 49곳에서 기준을 초과한 살충제가 검출되었다. 살충제의 종류로는 비펜트린 37곳, 피프로닐 8곳, 플루페녹수론 2곳, 에톡사졸 1곳, 피리다벤 1곳 등이었다. 이 가운데 피프로닐(국제 기준 0.02mg/kg)과 비펜트린(국제 기준 0.01~0.02mg/kg) 등 2종만이 잔류허용기준Maximum Residue Limits, MRLs이 있을 뿐이다. 하지만 비펜트린을 제외하고 피프로닐을 포함한 나머지 살충제의 경우에 닭에서 사용이 금지된 살충제다. 그뿐 아니라 살충제가 검출된 농장 2곳에서는 1979년에 판매가 금지된 DDT까지 검출되었다.

달걀에 살충제가 들어가게 된 것은 산란계를 좁은 닭장 속에 가두어 키우는 밀집 사육 방식 때문이다. 산란계가 생활하는 공간은 A4 용지보다 조금 큰 정도다. 이렇듯 좁은 공간에 갇힌 닭이 달걀을 낳지 못하면 들어내고, 달걀을 낳기 시작한 새 닭을 집어넣는 순환 방식을 적용한다. 특히 덥고 습한 여름철이 되면 닭장 안에는 닭진드기가 극성을 부리기 마련이다. 닭진드기를 없애기 위하여 사용하는 살충제로 13종이 허가되어 있고, 그 기준치까지 마련되어 있다. 보통은 빈 닭장에 살충제를 뿌려야 하지만, 대부분의 산란계농가는 순환 방식으로 닭장을 사용하기 때문에 쉽지 않은 노릇이다. 따라서 닭이 들어 있는 닭장에 살충제를 뿌릴 수밖에 없다고 한다. 이렇게 뿌려진 살충제가 닭의 몸에 흡수되어 달걀에 전달되거나, 달걀에 직접 뿌려져 흡수되어 결과적으로 살충제 달걀을 만든 것이다. 사용이 허가되지 않은 살충제가 검출된 것은 닭진드기 등 해충들이 기존의 살충제에 대하여 내성이 생겼기 때문에 이를 대신할 살충제를 찾다보니 생긴 일로 보인다.

닭진드기는 닭의 몸이 아니라 닭장에 숨어 살면서 밤에만 나와 닭의 피를 빨고 숨어버린다. 따라서 모래목욕을 할 수 있도록 풀어놓거나, 닭장이 크다고 해결될 문제가 아니다. 유럽의 경우 방제회사가 살충 작업을 맡아서 하는데, 네덜란드의 사태에서는 방제회사가 허용되지 않은 살충제를 사용하여 문제가 된 것이다. 우리나라의 경우 산란계 농가에서 알아서 살충제를 선택하여 사용하고 있는 현실이다. 따라서 정부 기관에서 제대로 안내를 해야 함에도 불구하고 그렇지 못했기 때문에 이런 사태를 불러온 것이다.

달걀에서 나온 살충제, 어떻게 위험한가?

재해의 예방 관리에 관한 하인리히 이론이 있다. 1930년대 미국 산업 안전 분야의 개척자였던 허버트 윌리엄 하인리히Herbert William Heinrich는 『산업재해방지론Industrial Accident Prevention, A Scientific Approach』이라는 제목의 책에서 산업재해는 사회적 환경이나 유전적 요소가 작용하는 선천적 결함과 개인적 결함으로 일어나는 불안한 행동과 불안전한 상태에서 발생한다고 했다. 그리고 산업재해를 예방하기 위한 4가지 법칙을 제안했다. 첫째, 재해는 이유 없이 발생하는 것이 아니고 여러 가지 원인이 누적되어 발생한다는 '원인 연계의 법칙', 둘째, 재해의 결과로 생기는 손실의 크기는 우연적으로 결정된다는 '손실 우연의 법칙', 셋째, 재해는 원인만 없애면 예방이 가능하다는 '예방 가능의 법칙', 넷째, 재해 예방을 위한 종합적인 안전 대책이 마련되고 적용되어야 한다는 '대책 선정의 법칙'이다.

심각한 정도의 산업재해가 발생하기에 앞서 예고편처럼 경미한 수준의 재해와 징후들이 1:29:300의 빈도로 나타난다고 한다. 이처럼 크고 작은 재해와 징후들이 쌓여 대형 사고로 이어진다는 이론은 스위스치즈 모형으로 쉽게 이해할 수 있다. 스위스치즈에는 이산화탄소를 배출하는 미생물Propionibacterium freudenreichii의 작용으로 크고 작은 구멍이 만들어진다. 겉으로 보아서는 매끈하지만, 잘라보면 크기가 다양한 구멍들이 치즈 전체에 흩어져 있다. 구멍 하나하나를 재해의 원인에 비유하면, 다음 페이지의 그림에서 보는 것처럼 구멍들이 하나로 연결되는 순간 대형 사고가 발생하게 된다. 이것이 안전사고를 설명하는 스위스치즈 모형이다.

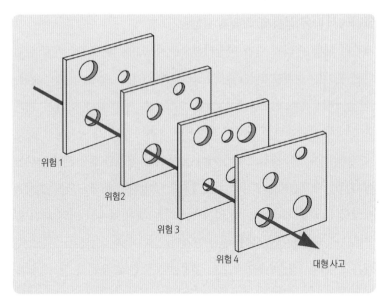

재해 원인을 보여주는 스위스치즈 모형. 한두 건의 위험은 조직의 여러 단계들 때문에 바로 사고로 연결되지 않지만, 각 단계마다 위험이 반복되고 그것들이 하나로 연결되면 결국 대형 사고로 이어진다. ⓒ Davidmack

　살충제 달걀 사건에서도 하인리히의 '원인 연계의 법칙'이 적용될 수 있다. 2016년 5월 국립농산물품질관리원 충남지원은 한 친환경 산란계농장에서 생산한 달걀에서 비펜트린이 기준치보다 높은 것을 발견했다. 그러고는 친환경 인증을 정지하는 조처를 내렸다. 관련 부처에 통보조차 하지 않았다. 따라서 전국 규모의 조사는 없었다.

　그해 여름 언론은 국내 산란계농가에서 닭진드기를 없애기 위하여 맹독성 살충제를 닭에 직접 뿌리고 있다고 보도했다. 하지만 관련 부처들에는 '소 귀에 경 읽기'였다. 그해 10월 식약처 국정감사에서 이 문제가 지적되었다. 식약처는 2차례에 걸쳐 유통 중인 달걀 60개를 수거하여 표본조사를 하고 문제가 없다고 발표했다. 2017년 4월에는 한국소비자연맹이 나서서 시중에 유통 중인 달걀에서 비펜트린 등이 검출되었고, 산란계농장에서 살충제를 사용하고 있음을 확인했다고 발표했다. 하지만 이번에도 관계 당국에서는 실태 조사에 나서지 않았다.

그러면 우리나라의 산란계농장에서 사용된 살충제들은 어떤 위험을 가지고 있는지 알아보자. 먼저 가장 많이 사용된 비펜트린Bifenthrin은 합성 피레스로이드 계열의 살충제로 불개미, 진딧물, 벌레, 닭진드기, 파리, 벼룩 등을 없애기 위하여 사용한다. 특히 물에 사는 생물에 강한 독성 작용을 나타내므로 제한적으로 사용되어야 한다. 피부를 통하여 흡수되며, 따끔거리는 느낌이 들고, 두통, 구토, 설사, 침 흘리기, 피로감 등이 생긴다. 양이 많아지면 떨리다가 마비되는 증상이 나타날 수 있다. 다행히 체내에서 빠르게 배설되지만, 생쥐에서는 지방조직에 축적되는 것으로 알려졌다. 쥐에서 시험한 반수치사량(LD50)은 암컷 54mg/kg이며 수컷은 70mg/kg이다. 미국 환경보호청EPA에서는 C급 발암물질로 분류하고 있으나, 국제암연구소나 미국의 국가독성 프로그램 등에는 등재되어 있지 않다.

피프로닐Fipronil은 페닐피라졸 계열의 광범위 살충제로, 나방, 메뚜기, 바퀴벌레, 개미, 진드기, 벼룩 등을 없애기 위하여 사용된다. 쥐에서는 입으로 먹였을 때 반수치사량(LD50)이 97mg/kg이다. 피부를 통한 독성은 낮다. 사람이 먹었을 때는 땀 흘리기, 메스꺼움, 구토, 두통, 복통, 현기증, 강박성 간질 발작 등이 일어날 수 있다. 쥐에서 장기간 시행한 내분비 교란 실험에서는 갑상선 기능이 저하되는 것 외에 생쥐, 토끼, 개 등에서 내분비 교란 작용은 없는 것으로 조사되었다. 한양대 의과대학 고현철 교수 팀은 피프로닐이 파킨슨병을 일으킬 가능성이 있다고 주장했다. 미국 환경보호청에서는 갑상선 종양이 생긴 쥐 실험을 근거로 C급 발암물질로 분류하고 있으나, 국제암연구소나 미국의 국가독성프로그램 등에는 등재되어 있지 않다.

플루페녹수론Flufenoxuron은 아실우레아계 살충제로 관상용 식물이나 과수원에서 응애나 나방을 없애는 데 사용한다. 독성은 비교적 낮아서 흰쥐에게 먹였을 때, 반수치사량(LD50)은 3,000mg/kg이다. 적혈구에 영향을 미쳐 용혈성빈혈이 생길 수 있다. 발암 여부는 확정된 바가 없다.

에톡사졸Etoxazol은 거미, 진드기 등을 없애는 데 사용한다. 급성 독성은 낮은 편으로 흰쥐에게 먹였을 때, 반수치사량(LD50)은 5,000mg/kg이다. 유전독성이나 발암성 관련 자료는 없으나, 흰쥐와 생쥐를 대상으로 한 90일 독성시험에서 간 독성을 보였다.

피리다벤Pyridaben은 피리다지논계 살충제로 응애와 가루이 종류를 없애는 데 사용한다. 피부와 눈을 자극하여 손상을 입힐 수 있다. 중등도의 급성 독성을 나타내며, 흰쥐에게 먹였을 때 반수치사량(LD50)은 수컷 1,110~1,350mg/kg이며, 암컷은 570~820mg/kg이다. 만성 독성으로는 체중이 늘거나 혹은 감소하는 경향을 보였다. 발암성은 아직 보고된 바 없다.

2개 농장의 달걀에서 미량이라고는 하지만 사용은 물론 판매도 금지하고 있는 DDT가 나오게 된 과정은 분명하지 않다. 우리나라에서는 1979년부터 DDT의 판매와 사용을 금하고 있기 때문이다. DDT(디클로로디페닐트리클로로에탄Dichloro-Diphenyl-Trichloroethane)는 1874년 처음 합성되었다. 제2차 세계대전 중에 DDT가 말라리아나 티푸스를 옮기는 모기를 죽이는 데 탁월한 효능을 가지고 있음을 알게 되었고, 전후 '무차별적으로 사용되었다'라고 할 정도로 많은 나라에서 남용되었다.

미국 해양생물학자 레이첼 카슨은 환경운동의 이정표를 세웠다고 할 수 있는 저서 『침묵의 봄』(1962)에서 DDT를 비롯한 살충제를 무분별하게 사용한 것이 생태계를 황폐하게 만들고 있다고 주장했다. 곤충류는 물론 어류, 양서류, 조류, 포유류에 이르기까지 죽음으로 몰아가고 있다는 증거들을 보인 것이다. 『침묵의 봄』은 DDT가 발암물질이며 생태계를 위협하고 있다는 점을 지적하여 일반 대중에게 환경의 중요성을 일깨우는 계기가 되었다.

미국 정부는 1972년 DDT의 사용을 전면 중단하게 되었다. 우리나라에서는 1979년 이후 사용이 금지되었다. 그럼에도 불구하고 이번에 달걀에서 미량이기는 하지만 DDT가 발견된 것은 DDT의 반감기가 매우 긴 까닭일 것이다. DDT의 반감기는 호수 물에서는 56일, 강물에서는 28일이며, 흙 속에서는 2~15년에 이를 정도로 분해되기 어려운 물질이다. DDT를 농작물에 사용하는 것은 금지되었지만, 질병을 매개하는 곤충을 없애는 목적으로 사용하는 국가들이 일부 있어 생산이 지속되고 있다.

DDT는 신경계에 작용하여 과다 활동 혹은 경련을 일으키는 독성 작용을 한다. 직업적으로 오랫동안 노출되면 감각 이상이 오거나, 근육 기능이 떨어지고, 근력이 약해지거나 마비되기도 한다. 노출이 중단되면 천천히 회복된다. 면역 기능에도 영향을 미친다. 물에서 사는 생물체에서 유전독성을 나타낼 수 있다. 동물실험에서 생식 능력에 영향을 미치고, 기형을 유발할 수도 있음이 밝혀졌다. 유기인계 살충제는 간과 콩팥에 손상을 입힌다.

많은 양을 먹으면 혀, 입술, 얼굴 등이 마비되면서 떨림, 불안, 어지럼증, 혼돈, 권태, 두통, 피로, 쇠약, 운동실조증, 안구진탕(눈동자떨림증), 호흡 증가, 과다 흥분 등이 뒤따른다. 양이 더 많아지면, 구역증, 설사와 구토를 일으킬 수 있다. 경련을 일으키고 시간이 지나면서 혼수 및 부분 마비로 변할 수 있다. 지속적으로 노출되면 체중 감소, 식욕 부진, 경증 빈혈, 불안, 신경 긴장, 고열, 근간대성 경련 등을 일으킬 수 있다.

DDT가 실험동물에서 암을 일으킨다는 증거는 충분하나, 인간에서도 암을 일으킨다는 증거는 충분하지 않다. 하지만 인간에게 암을 유발할 가능성이 있다고 보아 국제암연구소에서는 1991년 2A군 발암물질(인체발암추정물질)로 규정했다. 흰쥐에게 먹였을 때 반수치사량($LD50$)은 87mg/kg이고, 원숭이에게 먹였을 때 반수치사량($LD50$)은 200mg/kg이다.

달걀에서 나온 살충제를 위한 변명

2017년 우리네 식탁을 혼란에 빠뜨렸던 살충제 달걀 파동 당시에 문제가 되었던 살충제는 모두 5종이었다. 그 가운데 피프로닐과 비펜트린 등 2종만이 잔류허용기준이 있을 뿐이다. 검출된 5종의 살충제 가운데 닭진드기를 없애기 위하여 사용이 허가된 살충제는 비펜트린이

유일한데, 그마저도 허용 기준을 초과한 것이다. 앞에서도 언급했지만 양계농가에서 닭진드기를 없애기 위하여 살충제를 뿌릴 때는 산란계가 들어 있는 닭장을 비우고 나서 뿌려야 한다. 하지만 실제로는 어려움이 많기 때문에 닭이 들어 있는 닭장에 살충제를 뿌리는 바람에 잔류허용기준을 초과한 것으로 보인다. 참고로 우리나라에서는 닭진드기를 없애기 위하여 비펜트린을 비롯한 10여 종의 살충제 사용을 허가하고 있다.

농작물의 경우는 병충해의 피해를 막으면서도 소비자 건강을 지키기 위하여 수확한 농작물에 남아 있는 농약의 기준, 즉 잔류허용기준을 정하고 이를 넘지 않도록 하고 있다. 농민들이 쉽게 이해할 수 있도록 작물에 따라 농약별 사용 방법, 사용 횟수, 수확 전 농약 살포가 가능한 날짜 등을 정하여 안내하고 있다. 우리나라의 경우는 56개 작물에서 사용이 가능한 104개 품목의 농약에 대하여 안전하게 사용할 수 있는 기준을 정하고 있다. 하지만 축산 분야에서는 아직 구체적인 기준이 없다.

이미 언급했듯이, 2017년 살충제 달걀 파동에서 문제가 된 5종의 살충제 가운데 비펜트린과 피프로닐만이 잔류허용기준이 설정되어 있었다. 비펜트린의 경우 사용이 허가되어 있었기 때문이며, 피프로닐은 사용이 허가되지 않았지만, 이미 광범위하게 사용되고 있기 때문에 다양한 경로를 통하여 달걀을 오염시킬 가능성을 고려한 것이다. 나머지 3개 품목의 경우 사용이 허가되어 있지 않으며 독성이 상대적으로 미약하기 때문에 잔류허용기준이 설정되지 않았을 것으로 보인다. 피프로닐과 비펜트린의 경우 동물실험에서 제한적으로 암을 발생시키지만 사람에게서는 암을 발생시켰다는 보고가 없다. 따라서 미국 환경보호청EPA에서도 C군 발암물질로 분류하고 있으며, 나머지 3개 품목의 경우는 발암성에 대한 동물실험 결과나 사람에서의 보고가 없다.

농가에서 허가되지 않은 살충제를 사용하게 된 것은 몇 종류 되지 않은 살충제를 사용하다 보니 이에 대하여 면역이 생긴 벌레들이 나타나 살충 효과가 없어지고 있기 때문이다. 관계 당국에서는 현실에 맞게 새로운 살충제를 사용할 수 있도록 했어야 한다. 물론 독성 자료 등을 참고하여 안전하게 사용할 수 있는 기준도 마련했어야 한다.

다양한 경로를 통하여 식품에 포함되는 유해물질로부터 사람들의 건강을 보호하기 위하여 1일섭취허용량(평생 동안 매일 흡입해도 해당 유해물질이 사람의 건강을 해치지 않는 범위의 양)을 설정하게 된다. 해당 유해물질에 가장 민감한 동물에서 얻은 독성시험 자료를 바탕으로, 여기에 안전을 확보하기에 충분한 범위를 고려한 안전계수를 적용하여 계산한다.

피프로닐의 1일섭취허용량은 0.0002mg/kg으로 체중 60kg의 성인을 기준으로 하면 평생 매일 0.012mg까지 먹어도 안전하다는 의미다. 비펜트린의 1일섭취허용량은 0.01mg/kg으로 체중 60kg의 성인을 기준으로 평생 매일 0.6mg까지 먹어도 안전하다. 에톡사졸의 1일섭취허용량은 0.04mg/kg으로 체중 60kg의 성인을 기준으로 평생 매일 2.4mg까지 먹어도 안전하다. 플루페녹수론의 1일섭취허용량은 0.037mg/kg으로 체중 60kg의 성인을 기준으로 평생 매일 2.22mg까지 먹어도 안전하다. 피리다벤의 1일섭취허용량은 0.005mg/kg으로 체중 60kg의 성인을 기준으로 평생 매일 0.3㎎까지 먹어도 안전하다.

특히 살충제(혹은 농약)의 잔류허용기준은 식품에 포함되어 있는 살충제의 양이 사람이 일생 동안 해당 식품을 섭취해도 전혀 해가 생기지 않는 안전한 수준을 법으로 정한 양이다. 1일섭취허용량, 국민 평균 체중, 1인당 식품 평균 섭취량 등을 고려하여 설정한다. 피프로닐의 잔류허용기준은 0.02㎎/㎏이며, 비펜트린의 잔류허용기준은 0.01㎎/㎏이다.

2017년 살충제 달걀 파동 당시 식약처에서는 전국의 산란계농장에서 생산한 달걀에 대한 살충제 검사를 실시하고, 그 결과를 바탕으로 급성 및 만성 위해도평가를 시행하고 결과를 발표했다. 당시 우리나라 국민들의 평균 달걀 섭취량은 하루 평균 0.46개였는데, 많이 먹는 사람들(전체 중 상위 2.5%)은 연령별로 2~3개를 먹었다. 살충제 검출량은 피프로닐이 0.0036~0.0763ppm, 비펜트린이 0.015~0.272ppm, 에톡사졸이 0.01ppm, 플루페녹수론이 0.0077~0.028ppm, 피리다벤이 0.009ppm이었다. 이 양은 각각 살충제의 위험한계값(Acute Reference Dose, ARfD, 급성독성참고량)의 2.39~8.54%에 해당한다. 급성독성참고량은 해당 물질을 24시간 내에 혹은 1회에 섭취했을 때 건강에 해를 끼치지 않는 양을 의미한다. 따라서 100% 미만인 경우에는 안전하다는 것이다.

급성 독성 자료들을 바탕으로 피프로닐의 경우를 보면 1~2세 어린이는 하루 24개, 3~6세는 하루 37개, 성인은 하루 126개까지 먹어도 안전한 양이다. 비펜트린의 경우는 피프로닐보다 검출량이 다소 높아서 1~2세는 7개, 3~6세는 11개, 성인은 39개까지 먹으면 안전했다. 한

살충제 달걀, 얼마나 위험한가?

2017년 살충제 달걀 파동에서 검출된 5종의 살충제 가운데 비펜트린만이 허가된 살충제였다.

피프로닐은 땀 흘리기, 메스꺼움, 구토, 두통, 복통, 현기증, 강박성 간질 발작 등을 일으킬 수 있다. 하지만 사람에 독성을 나타낼 정도의 용량이면 닭에게 심각한 영향을 미칠 수 있을 것으로 보인다. 따라서 급성 독성은 크게 우려하지 않아도 될 것이며, 갑상선 기능에 영향을 미치는 내분비 독성 등 만성 독성이 문제가 될 수 있다.

에톡사졸, 플루페녹수론, 피리다벤 등은 독성이 미약하여 크게 우려하지 않아도 될 것 같다.

피프로닐과 비펜트린의 발암성은 동물실험에서 제한적으로 확인되었으며, 사람에서는 보고된 바가 없어 미국 환경보호청에서 C군 발암물질(발암 가능한 물질)로 정하고 있다.

편 만성 독성에 대한 안전 범위는 살충제에 오염된 달걀을 얼마나 오래 먹었는가 하는 문제가 있어 쉽게 결정할 수는 없지만, 문제가 되었을 당시를 기준으로 본다면 피프로닐의 경우 매일 2.6개의 달걀을 먹어야 나타날 수 있다고 했다. 나이가 들어가면서 안전 범위가 달라지는 점을 고려한다면 더 먹어도 될 수 있다.

살충제 달걀 등 유해 사건의 피해를 방지하는 법

아파트처럼 차곡차곡 쌓아놓은 닭장에 숨어 사는 닭진드기 때문에 닭이 스트레스를 받아 달걀을 많이 낳지 못할 수 있다. 따라서 닭진드기를 없애기 위하여 어쩔 수 없이 살충제를 사용해야 하는 것이 현실이다. 살충제가 달걀을 오염시켰을 때 건강을 해칠 수 있기 때문에 닭장을 비우고 살충제를 뿌리도록 해야 할 것이다. 하지만 농가 입장에서는 쉬운 일이 아니라서 닭이 들어 있는 닭장에 살충제를 뿌리고 있는 게 현실이다. 다만 빈대 잡는다고 초가삼간을 태울 수는 없는 노릇이므로 닭에게 직접적으로 피해가 가지 않는 정도로 뿌릴 수밖에 없을 것이며, 이런 정도라면 사람의 건강에도 크게 문제가 되지 않을 수 있다.

살충제 달걀 파동에서는 유사한 사건에서 볼 수 있는 몇 가지 현상이 반복되어 나타났다.

첫째, 관련 규정이나 관리 체계가 온전치 못한 틈새 때문에 생긴다.

둘째, 관계 당국은 상황이 벌어진 다음에서야 전수조사를 시작하고, 이를 토대로 국민 건강에 얼마나 영향을 미치는지 판단한다.

셋째, 국민은 관계 당국의 발표를 믿지 않는다. 발표 내용이 잘못되었다고 지적한다.

넷째, 시간이 지나면, 관계 당국은 문제를 차단하기 위하여 관련 법령을 보완하고 감시 체계를 마련한다. 그리고 국민들은 잊는다.

사실 완전한 식품은 없다고 하는 것이 정답이다. 식품에 들어 있는 좋다고 하는 성분도 지나치면 사람의 건강을 해칠 수 있다. 따라서 관계 당국에서는 국민의 건강을 지키기 위하여 필요한 기준을 미리 정하고 관리해야 한다. 하지만 세상의 모든 물질에 대하여 기준을 정할 수는 없는 노릇이라는 점도 인정할 필요는 있다.

식품을 안전하게 먹을 수 있는 범위를 정하는 '위해도평가'라는 기법에 대해 국민들의 이해가 충분하지 않은 것 같다. 사건이 벌어졌을 때만 위해도평가를 해서 발표하는데, 이미 사건 때문에 흥분한 국민들은 전문용어로 된 위해도평가의 내용을 이해하기 쉽지 않다. 평상시에 위해도평가에 대하여 쉽게 설명할 기회가 자주 있으면 좋겠다.

관계 당국의 신속하고 일관된 대응도 중요하다. 달걀 파동의 경우 여러 차례 문제가 제기되었는데도 당국은 늦장 대응으로 일관했다. 그러다 보니 뒤늦게 조사해서 내놓은 결과에 대해 국민들이 의심하는 결과를 초래했다. 또한, 축산 분야에서 사용하는 살충제의 사용 기준을 마련하고 축산업자들에게 교육하는 체계를 마련하는 것도 시급하다.

국민들 역시 관계 당국의 과학적 조사에 따른 결과 발표를 믿어야 할 것이다. 당국자 역시 사건과 관련된 식품들을 먹고 사는 국민들이기 때문이다.

다행히도 2018년 8월 23일부터 농림축산식품부에서 사육환경표시제를 의무 시행하면서 소비자들의 더 나은 선택이 가능해졌다. 예전에는 달걀 껍데기에 영문과 숫자로 된 5자리 생산자 고유번호(사업장 명칭과 소재지)를 표기했으나, 이제는 사육 환경(1~4번)까지 구분할 수 있도록 법으로 정한 것이다. 1번은 동물보호법에 따라 자유 방목을 한 '방사 사육', 2번은 축산법이 정한 산란계 평사 기준 면적(㎡당 9마리)을 충족한 '축사 내 평사', 3번은 기존보다 넓어진 닭장(마리당 0.075㎡)인 '개선된 케이지', 4번은 기존 닭장(마리당 0.05㎡)을 그대로 유지한 '기존 케이지'를 가리킨다.

또한 신규 농장의 경우에는 케이지 크기를 유럽 수준인 마리당 0.075㎡에 맞춰야 허가가 나며, 기존 농장들도 2025년 8월 31일까지 새 기준에 맞춰 환경을 개선해야 한다.

2019년 2월 23일부터는 달걀에 산란일자도 표시될 예정이다. 앞으로는 달걀 껍데기에 '0000XXXXX1'과 같이 표기될 것인데, 앞의 4자리가 산란일자, 다음 5자리가 생산자 고유번호(사업장 명칭과 소재지), 마지막 1자리가 사육 환경을 나타낸다. 식품안전나라(https://www.foodsafetykorea.go.kr, 위해·예방정보)달걀농장 정보)에 가서 생산자 고유번호를 검색하면 자세한 정보를 얻을 수 있다.

다소 비싸더라도 안전한 제품을 선호하는 경우에는 HACCP(해썹, 식품안전관리인증기준), 무항생제, 동물복지 등의 인증 마크를 확인하는 게 좋겠다.

식품으로 인하여 건강을 해치는 일을 피하기 위하여 비교적 쉬운 방법이 있다. 같은 재료의 음식을 매일 먹지 않는 것이다. 그러면 음식 속에 있을지 모르는 유해물질 섭취량이 기준치를 넘지 않게 된다. 물론 1일섭취허용량은 매일 평생에 걸쳐 먹어도 안전한 양으로 계산되기 때문에 시중에 유통되는 식품들은 자주 먹어도 큰 문제는 없다. 하지만 만에 하나 다른 경로로 몸속에 쌓인 유해물질이 있을 수도 있으니, 가능하면 그 총량을 줄이는 게 좋겠다. 그러기 위해서는 다양한 재료의 음식들을 돌아가며 먹자는 것이다. 대부분의 부모들은 아이들에게 편식하지 말라고 가르친다. 물론 몸에 좋은 음식을 자주 먹이는 편일 것이다. 몸에 좋다고 해서 같은 음식을 하루 세 끼 먹지는 않을 것이다. 맛있는 음식도 매일 먹으면 물린다. 어쩌다 먹어야 맛있는 것이다. 건강도 지키고 맛있는 음식을 맛있게 먹을 수 있으니 일석이조라 할 것이다.

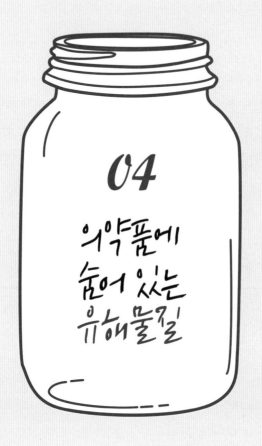

04

의약품에
숨어 있는
유해물질

수면제,
장기 사용을
피해야 하는 이유

인간이 불을 얻기 전까지는 해가 뜨면 일어나고 해가 지면 잠들었을 것이다. 불을 얻은 뒤로 필요에 의해서 불을 밝힐 수 있었으니 깨어 있는 시간이 늘어나게 되었을 것이다. 처음에는 나뭇가지 등을 태우다가 오래 탈 수 있는 것을 찾아 나섰을 것이다. 관솔가지를 태우다가 가지에 배어 있는 기름 때문에 불길이 오래간다는 사실을 알게 되었을 것이다. 식물기름에서 시작해서 동물기름, 광물기름을 이용해서 등잔을 만들고 나아가 가스등을 발명하기에 이르렀다. 하지만 밝기가 충분하지 않거나 비용이 많이 들기 때문에 밤늦게까지 불을 밝힐 수는 없었다.

인간이 삶에서 어둠을 쫓아낼 수 있었던 결정적인 계기는 토머스 에디슨Thomas Edison이 전구를 발명한 것이다. 물론 처음에는 비용이 적지 않게 들었지만, 이내 값싸게 전기를 얻는 방법을 고안해냈다. 에디슨은 한술 더 떠서 "잠은 하루 4시간이면 충분하다. 나머지는 사치다"라는 광고 문구가 나오게 했다. "하루에 4시간만 자면서 연구했다"라고 자신을 홍보했다는 에디슨의 이야기에 착안한 광고였다.

세상을 밝게 한 전기는 인간에게만 영향을 준 것이 아니다. 매미를 예로 들어보자. 한여름 바람 한 점 없는 대낮이라도 어디선가 들려오는 매미의 울음소리에 더위가 절로 가시는 느낌이 든다. 예전에는 밤이 되면 매미도 잠들기 때문에 매미 우는 소리를 들을 수 없었다. 그런데 요즈음에는 밤에도 꺼지지 않는 전등이 많아진 까닭인지 매미들이 밤새워 우는 날이 많아졌다. 그래서인지 매미 우는 소리에 잠을 설쳤다는 사람들도 많아졌다. 물론 밤늦도록 잠들지 못하는 불면증이 매미 소리 때문만은 아닐 것이다.

미국의 경우 성인 5명 중 2명이 수면 장애와 불면증으로 고통을 겪는다고 한다. 국민건강보험공단 자료에 따르면, 우리나라 사람 100명 가운데 1명이 불면증을 앓고 있으며 이 숫자는 꾸준하게 증가하고 있다. 불면증으로 병원을 찾은 사람이 2012년 40만 3,417명에서 2016년 54만 1,958명으로 34.3%가 늘었다. 노인 인구가 많아지면서 나타난 현상으로 보인다. 아무래도 나이가 들면 주위로부터 소외된 느낌, 불안, 걱정 등 정신적 문제가 많아지면서 잠을 설치게 되고, 노화에 따른 신체 변화도 수면을 방해한다.

불면증은 쉽게 잠들지 못하거나 잠이 들더라도 금방 깨는 경우를 말한다. 불면증이 있는 사람은 잠을 자도 만족스럽지 못하고, 피곤하고 활기가 떨어지며, 감정이 고르지 않게 된다. 집중할 수 없으며 수행 능력도 떨어진다. 시험과 같은 긴장되는 상황을 앞두고 있거나 나쁜 소식을 듣게 되면 일시적으로 잠을 이루지 못하는 경우가 있는데, 이런 상황은 치료 없이 해결되기도 한다. 일반적으로 불면증이라고 하는 만성 불면증은 일주일에 3일 이상 발생하며, 적어도 3개월 이상 지속되는 수면 장애를 말한다. 불면증을 일으키는 원인은 다양하다. 환경의 변화, 나쁜 수면 습관, 근무 시간 변화, 만성 질환, 특정 약물치료 등이 수면 장애를 일으킬 수 있다.

필자의 경우는 일시적인 불면증을 겪은 적은 있지만 만성이라고 할 정도로 심각한 상황은 아직 겪어보지 않았다. 선친께서는 말년에 불면증으로 고생을 많이 하셨다. 수면 시간으로 보면 충분히 주무시는 것 같은데 한숨도 못 잤다고 하신 것을 보면 수면의 질이 문제였다. 가끔은 수면제를 처방받아 드시기도 했지만, 수면제에 의존하실 정도는 아니었다.

수면은 각성과 교대로 나타나는 마음과 몸의 상태다. 수면 상태에 들어서면 의식 수준이 떨어지고 운동 및 감각 활동이 억제되어 주위와의 상호작용이 현저하게 떨어진다. 하지만 혼수 상태와는 달리 외부 자극의 강도에 따라서 각성 상태로 전환된다. 수면 상태에서는 렘REM, Rapid Eye Movement 수면과 비렘non-REM 수면이 번갈아가며 나타난다. 렘수면은 신체는 반응을 보이지 않지만 뇌는 깨어 있는 얕은 수면 형태이며, 비렘수면은 신체와 뇌가 같이 잠들어 있는 상태다. 잠이 드는 과정을 보면, 1단계로 졸음이 오는 상태를 거쳐, 2단계로 렘수면이 오고, 3단계로 비렘수면으로 이어진다. 건강한 잠은 90분을 주기로 렘수면과 비렘수면을 반복한다. 렘수면과 비렘수면의 주기는 숙면을 취할 때 보통 4~6회 반복된다.

인체는 수면을 취하는 동안 각성 중에 발생한 노폐물을 제거하고 스스로를 회복시킨다. 성장호르몬도 수면 중에 분비가 많아지기 때문에 성장기에는 충분히 잠을 자야 키가 커질 수 있다. 면역 체계도 수면과 연관이 있어 수면이 부족하게 되면 면역력이 떨어진다.

또한 수면은 기억을 강화시키는 역할을 한다. 서술기억explicit memory은 수면 초기의 서파가 많은 단계에서 일어나고, 절차기억implicit memory은 수면 후반의 렘수면 단계에서 일어난다. 서파란 뇌전도腦電圖, Electroencephalography, EEG에서 볼 수 있는 감마(ϒ), 베타(β), 알파(α), 세타(θ), 델타(δ) 등 5종류의 파형 가운데 주파수 0.2~3.99Hz 범위의 느린 파형을 가지는 델타파로서, 비렘수면처럼 깊이 잠든 상태에서 많이 나타난다. 꿈은 렘수면 단계에서 꾸는 사람들이 많다.

외현기억 혹은 명시적 기억이라고도 하는 서술기억은 당사자의 의지가 작용하는 기억 형태다. 따라서 의식이 있는 상태에서 기억을 되살려 회상할 수 있다. 서술기억은 객관적 지식에 관한 의미기억semantic memory과 각자가 겪은 사건에 대한 일화기억episodic memory이 있다.

암묵적 기억 혹은 무의식적 기억unconscious memory이라고도 하는 절차기억은 개인의 일상적인 행동을 결정하는 기억이다. 4가지 경우가 포함된다. 먼저 자전거 타기, 책 읽기 등과 같이 습득해서 얻는 기술이나 습관 등에 관한 기억이다. 먼저 겪은 경험에 따라 특정 자극에 대하여 민감해지는 예비화도 여기 속한다. 예비화는 무의식적으로 일어나는 기억이다. 그 밖에도 이반 파블로프Ivan Petrovich Pavlov의 조건반사와 같은 고전적 조건화classical conditioning와 비연합적 학습non-associative learning도 있다.

적정 수면 양은 나이와 개인에 따라 다를 수 있다. 미국 수면재단National Sleep Foundation은 2015년 연령에 따른 수면 권고안을 발표했다. 신생아는 14~18시간이며, 나이가 들어가면서 줄어든다. 청소년기(13~17세)에는 8~10시간을, 성인은 7~9시간을 자야 생리적으로 적당하다는 것이다. 사람에 따라서는 실제 수면 시간과 자신이 파악하고 있는 수면 시간에서 차이가 나기도 한다. 8시간을 잤으면서도 4시간만 잤다고 생각할 수도 있는 것이다.

선친께서도 이런 상황이 아니었나 싶다. 선친께서는 수면제 도움을 받으시기도 했는데, 내과와 신경외과를 하는 동생들의 조언으로 적절하게 관리할 수 있었다. 수면제에 부작용이 있기 때문이다.

수면제에 부작용이 있다

불면증 환자는 때로 술에 의지하여 잠을 청하기도 한다. 하지만 알코올은 불면증의 원인이 될 수도 있으니 조심해야 한다. 알코올을 장기간 마시게 되면 3기와 4기의 비렘수면을 감소시키고, 렘수면을 억제하거나 조각내는 작용을 한다. 수면 단계가 자주 바뀌게 되면 두통이 생기고, 소변이 자주 마려우며, 땀을 많이 흘리는 탈수 현상 등이 일어나 잠을 깨운다.

벤조디아제핀Benzodiazepines 유도제는 알코올과 마찬가지로 단기간 불면증 치료에 효과가 있지만 오래 사용하면 수면의 질을 나쁘게 한다. 이 약물은 잠들게 만들지만, 비렘 1기와 2기의 수면을 억제하는 작용 때문에 수면의 구조를 깨뜨린다. 수면 시간이 단축되고, 렘수면 진입이 늦어지며, 서파수면(깊은 수면에 빠지면 뇌파의 주파수가 감소하는데, 이를 가리킴)이 감소된다. 벤조디아제핀 유도제는 잠이 활력과 기분을 회복시키는 데 결정적인 역할을 하는 부분들을 방해하는 것이다.

모르핀과 같은 오피오이드Opioid계 약물(마약성 약물)은 진통 및 최면 효과를 가지고 있어 통증과 관련된 불면증 치료에 사용된다. 하지만 장기간 사용하게 되면 의존성 때문에 오히려 수면 장애를 가져올 수 있다. 불면증으로 고통받는 많은 사람들이 수면제 혹은 진정제와 같은 약물을 사용한다. 하지만 약물은 불면증 치료에서 최선의 방법은 아니다. 그럼에도 불구하고 불면증을 개선하기 위하여 사용하는 여러 가지 약제가 있다.

항히스타민제는 처방전 없이 살 수 있으며 처방전을 받아야 하는 일부 수면제보다 진정 효과가 좋을 수 있다. 하지만 반복해서 사용하면 수면 효과가 떨어질 수 있으며, 항콜린성 작용으로 구강 건조와 같은 부작용이 나타날 수 있다.

멜라토닌이 뛰어난 수면 효과를 가지고 있다고 해서 우리나라에서도 선풍적인 인기를 끌었던 적이 있다. 하지만 불면증 치료에 있어 멜라토닌의 효과는 증거가 충분하지 않다고 판명되었다.

불면증은 우울증 환자에게서 흔히 나타나는 증상이기 때문에 우울증 환자의 수면 장애를 치료하는 데 항우울제를 처방하기도 한다. 특히 아미트립틸린Amitriptyline이나 독세핀Doxepin 같은 항우울제는 부작용이 크지 않아 선호된다.

불면증 치료를 위하여 가장 많이 처방되는 수면제는 벤조디아제핀이다. 발륨Valium은 대표적인 벤조디아제핀계 약물이다. 하지만 벤조디아제핀은 항우울제보다 더 우수하지는 않다. 또한 장기적으로 복용하고 있는 사람에게서는 수면의 질을 떨어뜨린다는 보고도 있다. 벤조디아제핀계든 비벤조디아제핀계의 최면 약물을 사용하든 간에 낮 시간에 피로감이 더하고, 자동차 추돌 사고와 같은 사건의 위험이 크고, 낙상 및 골절, 인지 장애 등의 부작용이 있다. 특히 노인에게서 심하다. 벤조디아제핀은 단기간 수면 유지 효과를 볼 수는 있지만, 장기간 사용하면 내약성耐藥性(효과가 좋은 약물도 자주 사용하면 효과가 떨어지는 것)과 약물 의존성 등이 생기고, 중단하면 금단 증상이 나타날 수 있다. 불면증이 치료되는 게 아니라 오히려 악화될 수도 있다는 것이다.

수면제의 역사와 수면제를 위한 변명

일반적으로 수면제라고 알려진 약물들은 수면을 유도하는 약제로, 불면증을 치료하거나 수술에서 마취 효과를 얻기 위하여 사용된다. 수세기 동안 알코올과 아편은 진정 작용과 최면 효과가 있는 유일한 약물이었다.

『삼국지』에도 마취제를 사용한 예가 등장한다. 관우가 전투를 치르다 팔에 독화살을 맞아 심각한 상황에 놓였다. 이때 신의神醫 화타華陀가 나타나 상처를 살펴보고, 독이 뼈까지 침투했으니 오염된 살을 도려내고 뼈에 침투한 독을 긁어내야 한다고 진단했다. 이때 사용한 마취제는 술이었다. 관우가 술을 마시고 마량과 바둑을 두는 동안, 화타는 뼈에 스며든 독을 긁어냈다. 치료에 임한 화타도 대단하지만 뼈를 깎아내는 고통을 참아낸 관우 역시 영웅의 면모를 보였다고 하겠다.

이 분야의 약물은 19세기 말부터 연구가 활성화되었다. 19세기에는 브롬화염을 녹인 용액이 진정과 최면 효과가 있는 약물로 처음 소개되었다. 1869년에는 에틸알코올의 유도체인 클로랄수화물Chloral Hydrate이 합성 진정제로 개발되었다. 1900년대 초에 바르비투레이트계 Barbiturates 약물이 처음 등장했다. 부작용은 적었지만, 과다 복용 시에는 위험했고, 신체적·정신적 의존을 일으키는 경향이 있다. 1970년대에는 퀴나졸린Quinazoline과 벤조디아제핀Benzodiazepine이 바르비투레이트의 대체약물로 등장했다. 벤조디아제핀도 결점이 없지는 않았다. 의존성이 있을 수 있고, 알코올이나 다른 항우울제와 동시에 과량 복용하는 경우 사망할 수도 있다. 1990년대 들어 비벤조디아제핀계 약물이 등장했다. 이 약물은 바르비투레이트보다 독성이 약하지만 벤조디아제핀보다 효능이 뛰어나다는 증거는 없다.

수면제나 최면제는 인류 역사에서 꽤 오랜 기간 발전해왔다. 또한 단기 효과를 기대할 수도 있다. 그럼에도 불구하고 최면제의 약물 치료와 관련된 상대적 위험을 평가할 때는 주의를 기울여야 한다. 대체로 역학조사의 결과에 바탕을 두고 있기 때문에 데이터가 충분하지 않을뿐더러 때로는 일관성이 없는 경우도 있기 때문이다. 따라서 약물을 처방하는 의사는 약제에서 알려진 부작용 등을 충분히 고려할 필요가 있다.

불면증으로 고통받는 환자 역시 약물 치료보다는 비약물 치료를 우선적으로 고려하는 것이 효과적이라는 점을 잘 알아야 하겠다. 또한 치료가 필요한 경우 전문가의 도움을 받는 것이 좋겠다.

잠을 잘 자는 법

수면 습관 및 생활 습관을 바꾸는 것이 불면증 치료의 기본이다. 다음 사항들을 지키자.

1) 운동을 규칙적으로 하되 하루 중 이른 시간에 하는 것이 좋다.
2) 햇볕을 충분히 받는다.
3) 낮 시간에 충분히 휴식을 취하는 것도 좋다.
4) 잠들기 몇 시간 전에는 격렬한 운동이나 차와 커피같이 카페인이 든 음료와 술을 피한다.
5) 잠자리에 드는 시간을 일정하게 한다.
6) 잠자리를 어둡고 조용하며, 15~20℃ 정도로 서늘하게 한다.
7) 잠자리에 들어서는 긴장을 풀고 편안한 느낌을 가진다.
8) 수면제의 도움을 받을 수도 있지만, 4~5주 이상 계속 사용하는 것은 피한다.

매일 같은 시간에 잠들고 깨어나는 습관을 들이면 불면증을 예방하고 치료하는 데 도움이 된다. 잠을 자는 장소는 어둡고 서늘한 것이 좋으며, 오직 잠을 자거나 성관계를 하는 장소로만 이용해야 한다. 이런 것들을 수면 위생이라고 한다.

의학적 혹은 정신의학적 질환 가운데 불면증이 나타나는 경우가 있다. 이러한 종류의 불면증은 원인 질환을 치료하면 사라진다. 그러므로 불면증이 생길 수 있는 질환이 있나 먼저 검토해볼 필요가 있다. 전문가의 도움 없이 불면증으로 자가진단을 하고 쉽게 구할 수 있는 알코올 혹은 수면유도제로 자가치료를 시도하는 것이 오히려 불면증을 장기화시킬 수도 있다.

비약물적 치료인 인지행동 치료Cognitive Behavioral Therapy, CBT는 단기 치료에서 약물 치료만큼 효과적이라는 것이 밝혀졌다. 인지행동 치료를 통하여 수면이나 불면증에 대한 오해를 풀어내는 것으로 수면 습관을 개선하고 수면에 대한 긍정적 기대를 이끌어낼 수 있다.

진단방사선 피폭,
어디까지
안전한가?

나이가 들어가면서 가지는 건강에 대한 두 가지 큰 걱정은 치매와 암이다. 치매는 선별 검사가 비교적 간단하지만 암은 워낙 종류가 다양해서 문제다. 암종에 따라서는 의심할 만한 증상들이 있다. 예를 들면 위장관 암은 초기에 체중이 빠르게 감소하는 경우가 많다. 따라서 나이가 들면 체중이 줄었다고 좋아할 일이 아니라 몸에 이상이 있는지도 생각해봐야 한다. 내시경검사를 하면 확진을 할 수 있다.

필자도 얼마 전에 드디어 대장 내시경검사를 받았다. 50살을 넘기면서 한번 받아보겠다는 생각을 했지만 실제로 해보기까지 15년이나 걸린 셈이다. 이번에는 주변에서 대장암 진단을 받은 분이 있었던 것이 결정적인 이유가 되었다. 대장 내시경검사를 받으면서 마침 국민건강보험공단에서 지원하는 위 내시경검사를 같이 받았다. 전에 위 검사를 받을 때는 조영제를 마시고 몸을 이리저리 뒤집어가면서 엑스선X-ray을 찍는 위 투시를 선택했다. 내시경은 장비를 삼키는 것이 불편했기 때문이다. 이번에는 위 내시경검사와 대장 내시경검사를 받을 때 수면 내시경검사를 받았는데, 내시경 장비를 삼키는 것을 전혀 기억하지 못할 정도로 불편함을 느끼지 못했다. 검사 결과, 위 내시경검사에서는 역류성 식도염만 있었고 대장 내시경검사에서는 4개의 용종이 발견되어 떼어냈다.

이런 정도의 불편함이라면 투시보다는 내시경검사를 선택하게 될 것 같다. 위 투시를 하는 데는 엑스선을 쪼여야 하기 때문이다. 대장 내시경검사를 하고 한 달쯤 지나서 방사선의 위험에 대하여 다시 생각하는 기회가 있었다. 필자처럼 나이가 들면서 암을 조기에 발견하기 위하여 전신 PET(Positron Emission Tomography, 양전자단층촬영)검사를 해볼 계획이라는 분을 만났던 것이다. 건강검진을 목적으로 높은 선량의 방사선을 쪼이는 것이 옳을까 하는 의문이 들었다.

국가건강검진은 우리나라 국민의 3대 사망 원인 질환인 암과 심장 및 뇌혈관질환을 조기에 발견하기 위한 목적으로 시행되고 있다. 일반 검진의 경우 문진, 측정 및 검사실검사를 중심으로 이루어진다. 암 검진은 위암, 대장암, 간암, 유방암, 자궁경부암 등 5대 암을 대상으로 시행한다. 간암의 경우 초음파검사가, 자궁암의 경우 세포진검사가 중요하며, 위암, 대장암, 유방암 등은 방사선검사와 내시경검사 등을 같이 시행하기도 한다.

전통적인 엑스선 영상검사도 종류가 다양해지고 있다. CT(전산화단층촬영), 핵의학 영상검사 등 방사선영상검사, 외부방사선조사, 방사성 동위원소치료 등 방사선을 이용한 진단과 치료가 많아지고 있다. 그 가운데 CT검사가 주목을 받고 있다. 방사선 위험에 민감한 19세 이하의 소아·청소년에서 CT검사를 받는 경우 백혈병과 뇌종양이 발생할 확률이 증가하는데, 그 원인이 방사선 조사에 의한 것으로 알려졌기 때문이다.

방사선은 얼마나 위해한가?

방사선은 입자선 혹은 전자파 가운데 공기를 전리시킬 수 있는 능력 (방사선이 물질을 통과할 때 물질을 이온화시키는 능력)을 가진 에너지의 흐름으로, 보통 이온화 방사선(전리방사선)을 말한다. 전리방사선에는 알파선, 베타선, 감마선, 중성자선 그리고 엑스선이 있다. 방사선의 단위는 사용 목적에 따라 여러 가지가 있지만 여기서는 선량당량만을 다루기로 한다. 선량당량은 신체의 일부 혹은 장기로 국한하여 해당 부위가 받게 되는 흡수 선량에 방사선의 종류와 에너지를 고려하여 결정한 선질계수를 곱한 양을 말한다. 과거에는 rem(렘)을 단위로 사용했고, 이제는 Sv(시버트)를 사용한다.

방사선이 인체에 미치는 영향은 직접 작용과 간접 작용으로 구분된다. 직접 작용은 방사선이 세포핵에 들어 있는 유전 물질인 DNA를 파괴하여 돌연변이를 일으키는 경우다. 간접 작용은 방사선의 전리 작용에 의한 것인데, 인체 대부분을 구성하는 물분자에 방사선을 투과하면 물분자가 전리를 일으켜 산소 유리기를 만들고 이렇게 만들어진 산소 유리기가 세포 내 물질을 산화시켜 손상을 입히는 것이다.

방사선에 노출되는 것을 피폭이라고 하는데, 피폭 상황에 따라서 오염汚染과 조사照射가 있다. 비의도적으로 방사성이 있는 물질에 접촉한 경우를 오염이라고 하는데, 피부나 옷이 오염된 외부 오염과, 방사성 물질이 섭취·흡입되거나 피부를 통하여 체내로 들어온 내부 오염이 있다. 내부 오염은 제거하기 어렵지만, 외부 오염은 방사성 물질이 체내로 흡수되지 않도록 즉시 제거해야 방사선 피폭으로 인한 손상을 막을 수 있다. 조사는 방사성 물질이 아닌 것에 노출된 경우를 말한다. 방사선의 원천이 없어도 일어날 수 있고, 원천이 사라지면 노출이 끝난다. 방사선에 조사된 사람은 방사선을 방출하지 않으나, 방사성 물질에 오염된 경우는 방사선을 방출할 수 있다.

단기간 내에 과다한 양의 전리방사선에 피폭되면 급성 방사선증후군이라 하는 건강상의 심각한 문제를 일으키게 된다. 방사선은 세포 분열이 활발하게 일어나는 장기에서 뚜렷한 영향을 미친다. 따라서 조사량에 따라 조혈기관, 생식선, 피부, 위장관, 뇌혈관 등의 순서로 증상이 나타날 수 있다. 피폭에 따른 증상은 방사선의 양에 따라 달라진다. 방사선 조사 이후 바로 나타날 수 있는 증상으로는 피부 반점, 탈모, 백혈구 감소 등이 있다. 시간이 경과한 뒤에 나타날 수 있는 증상으로는 백내장, 태아 기형, 백혈병, 암 등이 있으며, 유전적 영향으로는 대사 장애, 연골 이상 등이 있다.

피폭선량에 따른 영향을 보면, 0.2Sv까지는 증상이 나타나지 않지만, 유전자 변이가 생길 수 있다. 0.5Sv까지도 증상이 나타나지 않는데, 일시적으로 적혈구가 감소할 수 있다. 1Sv까지는 두통이 나타날 수 있다. 면역세포가 손상을 입어 감염이 생길 수 있고, 남성 불임 가능성이 있다. 2Sv까지는 가벼운 피폭 증세를 보이는데 메스꺼움과 구토가 생긴다. 식욕 부진과 피로를 느끼고, 감염과 남성 불임의 위험이 높아진다. 4Sv까지는 심각한 피폭 증세를 나타내는데, 탈모와 백혈구 감소가 동반되고, 50%가 사망할 수도 있다. 4Sv 이상은 중대한 피폭 증세를 보여 사망률이 높아지고, 입, 피하, 신장 등의 장기에 출혈이 생긴다. 10Sv에 달하면 피폭 14일 이후에 100% 사망한다. 골수가 완전히 파괴된다. 이런 수준의 방사선 피폭은 원자폭탄 폭발의 영향권에 있거나, 러시아의 체르노빌, 일본의 후쿠시마 등 원자력발전소 폭발 사고 장소에 가까이 있는 경우에 생긴다.

진단용 방사선검사의 위해성에 관한 논문은 적지 않다. 데이비드 브레너David J. Brenner와 칼 엘리스턴Carl D. Elliston에 따르면 45세에 14~21mSv의 유효선량을 나타내는 전신 CT검사를 시행한 사람은 일생을 통하여 암으로 사망할 확률이 0.08%라고 한다. 한편 빙셍 후앙 Bingsheng Huang 등이 조사한 바에 의하면, 평균 유효선량을 각각 13.45, 24.79, 31.91mSv의 프로토콜로 전신 PET CT 촬영을 시행한 20세 미국 여성에게서 일생에 걸쳐 암이 생길 확률은 0.231~0.514%이며, 평균 13.65, 24.80, 32.18mSv의 프로토콜로 전신 PET CT 촬영을 시행한 20세 남자에게서는 암 발생 확률이 0.163~0.323%라고 했다.

방사선 피폭을 위한 변명

유엔방사능영향과학위원회United Nations Scientific Committee on the Effects of Atomic Radiation, UNSCEAR의 발표에 따르면, 세계인의 1인당 연간 피폭선량은 약 3.1mSv다. 이 가운데 80%는 자연방사선에 의한 것이며, 20%는 의료방사선에 의한 것이다. 건강을 이유로 인위적으로 만든 전리방사선을 의료방사선이라고 하는데, 환자가 진단이나 치료 목적으로 사용하거나, 건강한 사람이 건강검진을 목적으로 사용할 수 있다. 진단 목적으로 사용하는 방사선 진단검사에서 받게 되는 피폭선량은 검사 종류에 따라 다양하다. 흉부 엑스선검사는 0.015mSv에 불과한 반면, 흉부 CT의 경우 6.6mSv, 전신 PET CT의 경우 18mSv나 된다.

우리나라는 고가의 의료방사선 장비를 많이 보유하고 있는 편이다.

2016년 기준으로 인구 100만 명당 CT는 37.8대로 OECD 평균 26.2대보다 많고, PET은 4.1대로 OECD 평균 2.1대보다 많다. 장비가 많다는 것은 그만큼 검사를 많이 한다는 것이고, 이에 따라 국민들이 평균적으로 방사선에 노출될 기회가 많다는 것을 의미한다.

실제로 식약처가 2014년에 발표한 보도자료에 따르면 우리나라 국민 1인당 연간 방사선 검사 횟수는 2007년 3.3회에서 2011년 4.6회로 늘었다. 이에 따라 같은 기간 국민 1인당 연간 진단용 방사선 피폭량도 0.93mSv에서 1.4mSv로 50.5%가 늘었다. 특히 CT 촬영에 따른 피폭이 가장 많은 것으로 드러났다. 2011년 시행된 CT 촬영은 전체 검사 건의 2.8%에 불과했지만, 국민 1인당 연간 진단용 방사선 피폭량 1.4mSv의 절반이 넘는 0.79mSv(56.4%)였다. 이런 추이를 반영하여 진단과 치료 과정에 영향을 미치지 않는 범위에서 의료방사선 피폭으로부터 환자의 안전을 지키는 방안을 마련해야 한다는 요구가 커지고 있다.

낮은 선량의 방사선 피폭으로 인하여 체세포에 돌연변이가 발생하여 암이 생기거나, 생식세포에 돌연변이가 생겨 자손에서 유전질환이 발생하는 것을 방사선의 확률론적 영향이라고 한다. 즉 방사선 피폭에 따라 이런 효과가 나타날 수도 있고 나타나지 않을 수도 있다는 의미다. 의료 목적의 방사선 피폭은 정당화와 방어 최적화의 2가지 원칙을 적용한다. 정당화의 원칙은 방사선 피폭으로 인한 총 이득이 피폭으로 인하여 생기는 해로움보다 클 경우에만 일어나야 한다는 것이다. 방어 최적화는 목적을 달성할 수 있는 범위에서 위험을 최소화할 수 있는 '알라라(As Low As Reasonably Achievable, ALARA)'의 원칙

단기간 내에 과다한 양의 전리방사선에 피폭되면 급성 방사선증후군이라 하는 건강상의 심각한 문제를 일으킬 수 있다. 방사선 조사 이후 피부 반점, 탈모, 백혈구 감소 등이 바로 나타날 수 있다. 시간이 경과하면 백내장, 태아 기형, 백혈병, 암 등이 나타나고, 대사 장애, 연골 이상 등이 유전적 영향으로 작용할 수 있다.

낮은 선량의 방사선 피폭으로도 체세포에 돌연변이가 발생하여 암이 생기거나, 생식세포에 돌연변이가 생겨 자손에서 유전질환이 발생할 확률이 있다.

에 따라 행해져야 한다는 것이다.

영상검사 가운데 혈관 조영술은 6.9mSv, CT검사는 6.1mSv 정도의 평균 유효선량을 보이는데, 이는 한국인의 연간 자연방사선 총 피폭선량(3.0mSv)의 2배를 초과하는 수준이며, 일반인의 연간 선량 한도(1.0mSv)의 6배가 넘는다. 이는 환자에서 시행하는 검사를 포함하는 자료다. 그런가 하면 국가건강검진사업에서 시행되고 있는 방사선검사 관련 자료를 분석해보면 2011년 기준 국가건강검진 수검자 1인당 평균 피폭선량은 0.57mSv(최대 11.081mSv, 최소 0.02mSv)로 추정되었다. 이 가운데 위장 조영검사가 전체 피폭선량의 82.67%를 차지한다. 위장 조영검사의 피폭선량은 평균 3.4mSv 정도인데, 검사를 받는 인원이 많기 때문이다. 방사선 피폭을 최소화할 필요가 있다는 점에서 건강검진에서는 위장 조영검사보다는 위 내시경검사를 받는 것이 좋겠다.

방사선 피폭을 피하는 법

2011년 건강보험심사평가원(심평원)이 발표한 자료에 따르면, 우리나라에서는 한 달 이내에 CT검사를 다시 하는 재검사율이 20%에 달하는 것으로 나타났다. 사실 치료 효과를 판정하기 위한 추적검사, 환자가 병원을 옮겼을 때 필요한 경우 시행하는 추가 검사 등 다양한 이유로 영상검사를 다시 시행하게 된다. 불필요한 검사를 줄이기 위하여 대한영상의학회에서는 2013년 'CT검사 및 재검사 가이드라인'을 만들었다. 동일 부위에 대하여 단기간에 CT 촬영을 재실시한 사례들을 이 가이드라인에 따라 분석해보았더니 재검사가 합리적이었던 사례는 85%라는 보고도 있다.

환자의 의료방사선 노출을 줄이기 위하여 다각적인 노력이 필요하다. 우선은 장비 품질을 적절하게 유지할 수 있는 조치가 있어야 하겠다. 방사선 장비를 운용하는 의사 및 장비 조작자 모두 적절한 자격과 교육이 필요하다. 방사선 방어 최적화를 위한 진단참고수준Diagnostic Reference Levels, DRLs을 정립해야 한다. 질병관리본부에서는 2017년 진단 목적으로 사용하는 CT검사에서 방사선 피폭선량을 줄이기 위한 진단참고수준을 마련하여 각급 의료기관에 배포했다.

또한 한국보건의료연구원과 대한민국의학한림원은 2017년 '적정 진료를 위한 추징 와이즐리Choosing Wisely 리스트'를 개발했다. '현명한 선택 목록'이라 번역하면 좋을 듯한 이 목록에 담긴 영상의학과 영역의 적정 진료 행위로는 (1) 복통이 없는 경우 일반 복부 영상검사를 하지 않는다, (2) 소아의 경우 급성 충수돌기염 의심 시 초음파검사 전에 CT를 시행하지 않는다, (3) 같은 부위에 CT검사가 예정된 경우 일반 촬영을 동시에 처방·시행하지 않는다, (4) 단순한 두통이 있을 경우 영상검사를 하지 않는다, (5) 경한 발목염좌에 발목 엑스선검사를 시행하지 않는다 등이 있다.

미국 캘리포니아 주에서는 2017년 7월 1일부터 진단을 위하여 CT 검사를 시행하는 경우 모두 해당 방사선량을 판독보고서에 기재해야 하며, 진료기록부에도 기록해야 한다. 우리나라에서도 CT검사를 받는 환자의 방사선 피폭량을 기록하고 관리하는 사업을 2015년에 추진했지만, 관련 업무가 식약처에서 질병관리본부로 이관되면서 실효적으로 시행되지 못하고 있다.

개인적으로도 언제, 어느 부위에 얼마만큼의 방사선검사를 했는지 기록하는 것이 좋겠다. 물론 병원마다 방사선 촬영장치에 따라 유효선량이 다르기 때문에 정확한 값을 알 수는 없다. 참고로 방사선 진단검사에 따른 평균 유효선량은 옆 페이지의 표를 참고하라.

병원을 옮기면 방사선검사를 다시 시행하는 경우가 많다. 요즈음에는 이전에 진료를 받은 병원에 요청하면 방사선검사 결과를 모두 CD에 담아준다. 이렇게 앞서 한 방사선검사를 가져가면 중복 검사를 피할 수도 있고, 다시 찍은 방사선검사와 비교할 수도 있어 진료에 도움이 된다.

방사선 진단검사의 종류	평균 유효선량(mSv)
흉부 엑스선	0.015
두부 엑스선	0.07
복부 엑스선	0.4
경추 엑스선	0.07
흉추 엑스선	0.7
요추 엑스선	1
유방 엑스선	0.27
심장 조영술	16
두부 CT	1.4
복부 CT	5.6
흉부 CT	6.6
흉부, 복부, 골반 CT	10
두부 PET CT	7
전신 PET CT	18

〈방사선 진단검사에 따른 평균 유효선량 표〉

예방접종, 백신 부작용보다 질병 위험이 더 크다

필자는 4형제 가운데 둘째인데, 유독 형님과 터울이 많이 진다. 필자와 형님 사이에 누나가 있었는데, 태어난 지 얼마 되지 않아 잃었다고 했다. 기침을 심하게 하다가 그리 되었다고 한다. 아마도 백일해 때문이 아니었나 싶다. 요즘 같으면 예방접종을 하거나 항생제로 치료를 할 수 있었을 터이니 안타까운 일이다.

백일해는 전염력이 강한 백일해균*Bordetella pertussis*에 의하여 생기는 급성 전염병이다. 콧물 같은 호흡기 분비물이나 기침을 할 때 튀어나오는 침방울을 통하여 감염이 일어난다. 우리나라에서는 1980년경 정제 백일해 백신이 혼합된 DTaP 백신(디프테리아, 파상풍, 백일해 백신)이 도입되면서 유행이 감소했다. 하지만 세계보건기구 자료에 따르면 2013년 기준으로 전 세계에서 5살 이하의 어린이 6만 3,000명이 이 질환으로 사망했다.

백일해균에 감염되면 3~12일(평균 7일)의 잠복기를 거쳐 증상이 나타난다. 백일해 증상은 6~8주에 걸쳐 3단계로 진행된다. 처음에는 콧물, 결막염, 눈물, 경미한 기침, 미열 등 가벼운 상기도염 증세가 나타나는 카타르기*Catarrhal Stage*가 1~2주 정도 이어진다. 주위 사람들에게 백일해균을 퍼뜨리는 전염력이 강한 시기다. 2주가 넘어가면 짧게 내뱉는 발작적 기침이 이어지다가 끝에 길게 숨을 들이쉬다가 '흡' 하고 끊어지는 특징을 보이는 기침이 생긴다. 기침을 하는 동안 얼굴이 빨개지고 눈이 충혈되며 구역질이 생기기도 한다. 경해기Spasmodic Stage 또는 발작기Paroxysmal Stage라고 하는 이 시기는 2~4주 정도 이어지는데, 심하면 무호흡, 청색증, 비출혈, 아래 눈꺼풀에 부종이 생길 수도 있다. 회복기Convalescent Stage에는 기침이 줄어들면서 1~2주 후 낫는다.

백일해의 예방은 DTaP 혼합백신으로 생후 2개월, 4개월, 6개월, 3회에 걸쳐 기초접종을 하고, 15~18개월에 4차, 만 4~6세에 5차 추가접종을 한다.

초등학교 시절, 반 친구들과 함께 양호실로 끌려가(?) 줄을 서서 예방주사를 맞던 추억이 있다. 콜레라 혹은 장티푸스 예방주사였던 것 같다. 다음 날 주사 맞은 자리가 벌겋게 달아오르고 아프게 된다. 주사 맞은 자리를 툭 치고 달아나는 짓궂은 친구를 뒤쫓아가 복수(?)를 해주곤 했다. 예방주사를 놓으러 온다는 소문을 미리 알기라도 하면 눈치껏 피하기도 했다. 나중에 고생할 심각한 전염병보다는 내일 당장 아플 팔뚝이 걱정되었던 것이다. 철부지 시절 이야기다.

사실 예방접종도 체질에 따라서 과민성반응이나 국소 이상반응을 보일 수 있으며, 경우에 따라서 더 심한 부작용도 나타날 수 있다. 예를 들면 결핵 예방을 위한 BCG(Bacillus Calmette–Guérin) 백신을 맞고 국소 림프절이 커지거나 전신 감염증, 골염, 골수염 등을 보일 수도 있다. DPT는 뇌염이나 뇌증, 상완신경총의 말초신경병증이, MMR은 뇌염이나 뇌증, 만성 관절염, 혈소판 감소성 자반증이 생길 수 있다. 일본 뇌염 백신은 뇌염이나 뇌증이, 인플루엔자 백신은 상완신경총의 말초 신경병증이 생길 수 있다.

그럼에도 불구하고 예방접종을 하는 이유는 예방접종을 통하여 형성되는 집단면역의 수준을 높여 급성 전염병의 확산을 차단시킬 수 있기 때문이다. 그래서 국가에서는 예방접종으로 인한 피해를 배상하고 있다.

예방접종, 어떻게 믿습니까?

질병관리본부의 발표에 따르면 2012년부터 2016년 7월까지 1,268건의 예방접종 후 이상반응이 신고되었다. 이 가운데 26건은 사망 건이다. 대부분 국가 필수예방접종을 받은 경우에 발생한 것인데, 같은 기간 중에 시행된 국가 필수예방접종이 얼마나 이루어졌는가에 대한 자료가 없어 이상반응이 발생한 비율은 알 수 없다. 다만 사망 사건이 예방접종과 직접 관련이 있는지는 분명하지 않다.

미국의 예방접종 이상반응 보고체계Vaccine Adverse Event Reporting System, VAERS는 질병통제예방센터CDC와 식품의약국FDA이 공동으로 주관하는 백신 안전성 감시 체계다. VAERS에는 해마다 3만 건 이상의 백신 부작용 사례가 보고되는데, 85~90%는 열이 나거나 국소 반응을 보이는 정도의 가벼운 증상이지만, 드물게는 입원 치료를 받거나 사망에 이를 정도로 심각한 상태도 있다. 다만 심각한 이상증세가 예방접종과 직접적인 관련이 있는지 여부는 분명하지 않다.

예방접종과 관련이 있다고 하는 부작용 사례가 발표될 때마다 아이를 가진 부모 입장에서는 갈피를 잡지 못할 수밖에 없다. 예방접종의 부작용에 관한 뉴스나 방송, 책자가 나오면 많은 관심을 끌기 마련이고, 예방접종 부작용과 관련된 자료들은 인터넷 공간에 넘쳐난다. 최근까지 문제가 되었던 것은 백신에 보존제로 첨가되는 티메로살Thimerosal이 소아 자폐증의 원인이라는 주장일 듯싶다.

1996년 『피플People』지가 선정한 '세상에서 가장 아름다운 50인'에 뽑힌 영화배우 제니 매카시Jenny McCarthy가 쓴 『예방접종이 자폐를 부른다Mother Warriors : A Nation of Parents Healing Autism against All Odds』가 대표적인 사례다. 그녀의 어린 아들 에번이 자폐로 진단받고 치유된 과정을 이 책에 담았다. '전사엄마'라는 표현을 만들어낼 정도로 적극적인 그녀는 '보는 것만 믿는다'는 신념을 가진 것 같다. 그녀는 에번의 자폐 진단이 예방접종을 받은 것과 연관이 있다고 믿었다. 오프라 윈프리가 "예방접종과 자폐증의 상관관계를 뒷받침할 과학적 증거가 없다"는 질병통제예방센터의 주장을 전했지만, 제니 매카시는 "내 집에서 하루 24시간, 내 눈으로 보고 있는 사실인데 과학적 증거가 왜 필요해?"라는 식의 반응을 보였다.

그녀가 이렇게 생각하게 된 데는 의사들도 한몫을 했을 것이다. 미국의 가정의학과 전문의로 많은 자폐환아를 치료해온 스테파니 케이브Stephanie Cave 역시 『예방접종 어떻게 믿습니까What Your Doctor May Not Tell You about Children's Vaccinations』에서 백신에 들어간 티메로살이 자폐증의 원인이라고 설파했다. 나아가 유아급사증후군이나 자가면역질환도 관련이 있다고 주장한다.

오랫동안 백신 보조제로 사용해온 알루미늄도 문제라는 주장도 있다. 영국 킬 대학교Keele University의 크리스토퍼 엑슬리Christopher Exley 교수는 대부분의 백신에 들어가는 알루미늄 보조제의 부작용을 이렇게 말했다. "대부분의 경우 주사 부위에 가벼운 염증이나 홍반, 부종 정도의 독성을 나타내지만 일부에서는 자가면역질환이나 뇌질환 등 심각한 독성을 나타낼 수 있다."

알루미늄 보조제 가운데 하이드록시포스페이트염Hydroxyphosphate이 옥시하이드록사이드염Oxyhydroxide보다 독성이 더 강하다고 한다. 그는 알루미늄이 알츠하이머병과 관련이 있다는 연구 결과를 발표했다. 12명의 가족성 알츠하이머병 환자의 뇌를 검사했더니 5명의 건조한 뇌에서 g당 10μg 이상의 알루미늄이 검출되었다는 것이다.

우리나라에서도 한때 인터넷 카페를 중심으로 '안아키(약 안 쓰고 아이 키우기)', '안예모(안전한 예방접종을 위한 모임)'가 활성화되기도 했다. 이 단체들은 검증되지 않은 치료법을 주장하고 예방접종을 거부해서 아동 학대 및 의료법 위반이라는 논란에 휩싸였다.

예방접종을 위한 변명

미국의 인구 통계를 보면, 1890년 42.5세였던 기대수명이 100년이 지난 1990년에는 72.7세로, 30년이 늘었다. 재미있는 것은 40세일 때의 기대수명은 67.4에서 75.6세, 60세일 때의 기대수명은 74.7세에서 78.7세로 각각 8.2세, 4세밖에 늘지 않았다. 결국 미국에서 기대수명이 획기적으로 늘어난 것은 영아 사망률, 사고나 질환으로 인한 소아·청소년의 사망률이 감소했기 때문이다. 지난 세기 동안 인간의 기대수명을 획기적으로 끌어올리는 데 예방접종이 크게 기여했다고 보아야 한다.

예방접종은 인도, 아라비아, 중국 등지에서 시행한 인두종법人痘種

法에서 시작되었다. 천연두 환자에게서 얻은 고름을 건강한 사람에게 접종하는 것이 인두종법이다. 예방접종을 체계화한 것은 영국의 시골 의사 에드워드 제너Edward Jenner였다. 1796년 제너는 소젖을 짜는 여인들이 천연두에 걸리지 않는다는 사실에 착안하여 우두법牛痘法을 개발했다. 프랑스 세균학자 루이 파스퇴르Louis Pasteur는 병원균을 의도적으로 약화 혹은 사멸시켜 독성을 줄이는 방법을 개발하여 닭콜레라, 돼지단독, 광견병에 대한 예방접종 기술을 만들었다.

예방접종이 극적인 효과를 보인 대표적 사례로 홍역을 들 수 있다. 홍역은 전염성이 높은 바이러스질환이다. 예방접종이 개발되기 전에는 전 세계적으로 연간 800만 명이 사망하던 것이 예방접종이 보편화되면서 80만 명으로 줄었다. 홍역처럼 전염력이 강한 감염병도 집단면역 수준이 70~80%에 달하면 유행하지 않는다.

우리나라에 예방접종을 처음 소개한 사람은 조선 후기 실학자 정약용이다. 그가 쓴 『마과회통麻科會通』의 부록에는 「신증종두기법상실新證種痘奇法詳悉」이라는 제목의 '우두 지침서'가 있다. 우리나라에서 실제 예방접종을 처음 시작한 사람은 지석영으로, 1876년 일본 사람에게 종두법을 배워 시술했고, 1882년에는 전라도 전주성에 우두국牛痘局을 설립했다.

티메로살Thimerosal은 유기수은 화합물로 살균, 항진균 효과를 가지고 있으며, 다른 보존제와는 달리 백신의 효능에 영향을 미치지 않으므로 다양한 백신의 보존제로 사용된다. 주사 후 해리되어 에칠수은이 분리되는데, 우발적으로 노출되어 급성 수은 중독을 일으킨 사례가 있다. 중추신경계와 신장에 손상을 일으킬 수 있다. 티메로살이 가지고 있는 위해성을 고려하여 선진국에서는 백신에 티메로살을 사용하지 않는 추세이나, 개발도상국에서는 비용 효과성을 고려하여 사용하기도 한다. 우리나라에서도 2007년부터 독감 백신 등 국내에서 사용 중인 모든 예방백신에 들어가는 티메로살의 허용 기준을 100ppm에서 10ppm으로 줄였다.

쌍둥이들을 대상으로 한 연구를 보면 90%의 자폐증이 유전적 영향으로 생기는 것으로 알려졌다. 그럼에도 불구하고 가족력이 두드러지지 않아 산발적으로 발생하고 있어 유전적 요인보다는 환경적 요인이 고려되고 있다.

백신이 자폐증과 관련이 있다는 설은 영국 의사 앤드루 웨이크필드Andrew Wakefield가 1998년 『랜싯Lancet』에 발표한 논문에서 시작되었다. 자폐증 환자가 많아진 것에 주목한 웨이크필드 등은 소아위장관과에서 진료를 받은 3~10세의 아이들 12명(11명은 남아, 1명은 여아)을 분석해 본 뒤, 11명이 대장에 만성 염증이 있었고, 7명은 소장에 반응성 림프 증식이 있었다고 했다. 그뿐 아니라 9명에서 자폐 증상을 보였고, 1명이 신경증을, 2명은 백신 후 뇌염의 가능성을 나타냈다. 이전에 정상이던 아이들에게서 관찰된 이런 변화는 아마도 환경적 요인과 관련이 있을 것이라고 했다.

논문이 발표되자 환자군이 너무 적고 대조군이 없다는 문제가 지적되었고, MMR 백신과 자폐증 사이에 관련이 없다는 논문이 이어지면서, 웨이크필드의 논문은 발표된 지 12년 뒤에 철회되고 말았다. 그뿐 아니라 웨이크필드가 환아들의 병력을 포함한 자료를 조작하여 자신들의 주장을 뒷받침하려 했다는 사실이 밝혀졌다. 웨이크필드는

1994년 DSM-III에서 DSM-IV로 바뀌면서 자폐증의 진단 기준이 크게 완화되었음을 고려하지 않았던 것으로 보인다.

2011년 미국 예일 대학교 의과대학 소아정신과의 김영신 교수가 경기도 고양시 일산의 초등학생 5만 명을 전수조사 했더니 2.64%가 자폐 장애를 가지고 있다고 해서 충격을 주었다. 이는 미국 등지의 자폐 장애 유병률 1%의 2배 이상이었기 때문이다. 이렇듯 최근 자폐 환아가 급증하고 있는 것은 진단 기준의 변화 때문이다. 정신질환의 진단 기준이 되고 있는 DSM(Diagnostic and Statistical Manual of Mental Disorders)은 정기적으로 보완되고 있다. 1994년 DSM-IV가 나오기 전에는 자폐증으로 진단받는 경우가 드물어서 2,000명의 소아 가운데 1명꼴이던 것이 DSM-IV가 나온 뒤로 80명 중 1명꼴로 늘었다. 한국에서는 38명의 소아 가운데 1명꼴이라고 한다. 불과 20년 사이에 환자 발생이 20배 이상으로 급증한 것은 진단 기준이 바뀐 탓이지 다른 요인은 없다고 할 것이다.

웨이크필드의 논문이 나온 뒤 영국의 많은 부모들이 백신접종을 거부하는 현상이 일었다. 1996년 영국의 MMR 백신접종률은 92%였는데, 논문이 발표된 이후 2003년에는 61%로 급락한 것이다. 결국 영국에서는 3차례에 걸친 홍역의 대유행이 있었다. 그에 앞서 1970년대 중반 백일해 백신 등에 대한 부작용 논쟁이 확산되면서 영국에서는 백신접종률이 80%에서 30%대로 떨어졌고, 이어서 유행한 백일해로 1978년에만 38명의 아기들이 목숨을 잃는 비극이 발생하기도 했다. 접종률이 높을 때는 발병도 적고 입원이나 사망 사례가 드물었던 것과 비교된다.

우리나라에서도 연간 발생 건수가 100건 미만이던 홍역이 백신 부작용을 우려한 부모의 기피 현상으로 백신접종이 저조했던 2000년에 32,647건, 2001년에 20,060건이 발생하여 사회적으로 큰 파장을 불러일으킨 바 있다.

미국 질병통제예방센터는 유아급사증후군Sudden Infant Death Syndrome, SIDS이 백신접종과 관련이 없다고 결론지었다. 미국의 예방접종 이상반응 보고체계VAERS에 보고된 건들을 검토한 결과 유아급사증후군과 백신접종 간의 연관성을 발견하지 못했다. 미국 의학연구소에서 2003년 발표한 「예방접종 안전성 검토: 유아기 백신접종과 유아급사증후군」에서도 유아급사증후군의 사례에서 사망과 관련된 과학적 증거들을 검토한 결과, 백신이 유아급사증후군을 유발하지 않는다고 결론지었다. 유아급사증후군이 백신접종과 관련이 있을 것이라는 의심은 백신접종이 많은 생후 2~4개월 사이에 사인을 설명할 수 없는 유아 사망이 가장 많은 데서 기인했을 것이다.

요람사망cot death, crib death이라고도 하는 유아급사증후군은 1세 미만의 어린이가 설명할 수 없는 이유로 갑자기 사망하는 경우를 말한다. 면밀한 부검과 사망 현장의 조사에도 불구하고 사망 원인을 설명할 수 없을 때 진단이 결정된다. 자정에서 아침 9시 사이에 잘 발생한다. 아이가 잠든 사이에 일어나는데 몸부림을 치거나 소란을 피우지도 않는다. 그리스의 시골에서는 이런 경우 '라미아가 목을 졸랐다'라고 한다. 그리스 설화에 나오는 라미아는 아름다운 바다요정으로 젊은 선원이나 외로운 목동을 바다로 꼬여내 파멸시킨다고 믿어진다.

환경적 스트레스가 원인일 것으로 추측되며, 흡연, 특히 모친이 임신 중 흡연한 경우 더 위험할 수 있고, 부모의 음주와도 연관이 있다. 엎드리거나 옆으로 뉘어 재우는 경우에도 위험하다. 소아정형외과 이승구 박사가 쓴 『내 아이 잘 크고 있나요?』에서 보면, 태어날 때부터 머리가 납작한 아이더라도 재우는 방향에 따라 교정이 가능하다고 한다. 하지만 적어도 아이가 목을 가눌 수 있고, 머리뼈의 두께나 단단함이 어느 정도 성숙되는 6개월 무렵에 교정을 시작하는 것이 좋다고 한다.

유아급사증후군을 예방하기 위하여 1살보다 어린 아이는 반듯하게 눕혀 재우는 것이 좋다. 모유를 먹는 아이에게서는 위험도가 떨어진다. DPT 예방접종이 유아급사증후군의 위험을 낮춘다는 연구 보고도 있다.

백신은 항원 자체나, 보조제 혹은 부형제 등 성분에 의하여 독성을 나타낼 수 있다. 백신의 보조제는 약한 항원의 면역 반응을 일으켜 백신의 효능을 높이는 효과가 있다. 1926년부터 사용되어온 알루미늄도 그러한 보조제 가운데 하나다. 처음에는 알루미늄칼륨황산염을 사용하다가 재현성(여러 번 실험했을 때 똑같은 결과가 나오는 것)이 낮아 폐기되었고, 지금은 수산화알루미늄과 인산알루미늄을 주로 사용한다. 최근에는 나노 크기의 알루미늄 하이드록시포스페이트Hydroxyphosphate 황산염이 도입되었다.

알루미늄 보조제가 이상반응을 일으킨다는 증거는 아직까지 발견되지 않았다. 다만 자궁경부암을 일으키는 인간유두종 바이러스Human papilloma virus에 대한 예방백신인 가다실Gardasil에 들어가는 알루미늄 보조제를 생쥐에게 투여했더니 신경계에 염증을 일으켰다는 실험이 나

예방백신의 위해성

예방백신을 접종한 뒤, 적지 않은 부작용 사례가 보고되는데, 85~90%는 열이 나거나 국소 반응을 보이는 정도의 가벼운 증상이지만, 드물게는 입원 치료를 받거나 사망에 이를 정도로 심각한 상태도 있다. 다만 심각한 이상 증세가 예방접종과 직접적인 관련이 있는지 여부는 분명하지 않다.

최근까지 쟁점이 된 백신 보존제 티메로살이 자폐증의 원인이 된다는 주장은 근거가 없다고 판명되었다. 역시 백신 보존제로 사용하는 알루미늄이 알츠하이머병을 비롯한 급성 독성의 원인이 된다는 주장 역시 과학적 근거가 없다. 또한 백신이 유아급사증후군의 원인이라는 주장 역시 근거가 없다고 판명되었다.

백신을 맞아도 전염병을 예방하는 효과가 없다는 주장은 일부 사실이다. 백신을 맞고 시간이 많이 경과하면 면역력이 떨어지게 되는데, 이 시점에 병원체에 노출되면 감염이 될 수도 있다. 다만 질병의 경과는 백신을 맞지 않은 경우보다 가볍게 지나간다.

왔다. 하지만 이 또한 아직까지는 입증되지 않고 있다.

영국 킬 대학교의 크리스토퍼 엑슬리 교수가 주장하는 알루미늄과 알츠하이머병 사이의 연관에 관해서는 가족성 알츠하이머병 환자의 뇌에서 많은 양의 알루미늄이 검출되었다는 사실만 확인되었을 뿐, 어떤 관련이 있는지에 대하여는 밝혀진 바 없다.

심지어는 백신을 맞아도 질병 예방 효과가 없다는 주장도 있다. 실제로 백일해 예방접종을 제대로 받은 아이들 사이에서 백일해가 발병했다는 보고도 있다. 2~3, 5~6세인 어린이 46명이 다니는 유아원에서 백일해를 앓는 어린이가 출석한 다음에 이 어린이들을 조사한 바, 백일해 예방백신을 정해진 바에 따라 접종한 아이들의 일부가 백일해균을 보유하고 있었고, 비특이적인 백일해 증상을 나타내기도 했다. 이는 예방접종의 효과가 약해지는 까닭으로 생각되며 추가접종이 필요할 수도 있겠다.

2018년 7월 중국에서는 효과가 전혀 없는 DPT 백신과 광견병 백신이 무려 36만 명이나 되는 젖먹이와 어린이들에게 접종되었다는 소식이 전해져 충격을 주었다. 문제는 그 백신을 만든 회사가 중국 2위의 백신 제조회사였다는 것이다. 이 회사는 국립생물제제연구소를 기반으로 설립되었던 국유기업이 민영화된 것이라고 한다. 관련 자료를 조작하여 의약품제조품질관리기준GMP을 인정받은 사실도 확인되었다.

중국 정부가 주도한 백신국 신화 정책의 일환으로 백신 자급률을 높이는 데는 성공했지만, 국민들을 불안 속에 몰아넣은 셈이다. 사태가 확산되면서 제대로 된 백신을 외국에서 수입하여 맞을 수 있도록 해달라는 청원이 빗발치듯 한다고 전한다. 심지어 홍콩 등 인접한 나라로 백신접종 여행을 떠나려는 움직임까지 있다고 한다.

예방접종은 정해진 일정에 따라 반드시 맞는다

우리나라에서는 1954년 「전염병예방법」을 제정하여 1957년부터 시행했고, 2009년 12월 29일 「감염병의 예방 및 관리에 관한 법률」로 개정해 지금에 이르고 있다. 이 법에 따르면 필수예방접종은 병에 걸릴 가능성이 높거나 걸리면 위험한 질병에 대해 모든 아이가 꼭 맞도록 지정한 접종을 말한다. 다음 페이지의 표에 있는 필수예방접종은 출생부터 만 12세 어린이를 대상으로 하며 비용은 전액 국가가 부담한다.

백신이 위험하고, 백신을 맞아도 효과가 없다고 믿고 아이에게 백신을 맞히지 않겠다는 사람이 있다. 요즈음 치료 기술이 발달했으니 전염병에 걸려도 치료받으면 강한 면역을 얻을 수 있다는 계산이다. 하

예방접종명	접종 시기	예방접종명	접종 시기
결핵 (경피)	생후 4주 이내	일본뇌염 (생백신)	생후 12~13개월
B형간염	0~6개월		1차 접종 후 12개월
DTaP (디프테리아, 파상풍, 백일해)	2, 4, 6개월	수두	12~15개월
	15~18개월		
	만 4~6세		
소아마비	2, 4, 6개월	Td (Tdap)	만 11~12세
	만 4~6세		
뇌수막염 (Hib)	2, 4, 6개월	폐렴구균	2, 4, 6개월
	12~15개월		12~15개월
MMR (홍역, 유행성 이하선염, 풍진)	12~15개월	A형간염	생후 12~23개월
	만 4~6세		1차 접종 후 6~12개월
일본뇌염 (시백신)	12~24개월 (7일~30일 간격, 2회)	인간유두종 바이러스 (HPV)	6개월~만 12세
	2차 접종 12개월 후		
	만 6세, 만 12세	인플루엔자	6개월~만 12세

〈만 12세 이하 어린이 대상 국가 필수예방접종 표〉

지만 소아마비와 같은 바이러스에 감염되면 운동신경세포가 파괴되어 다리를 저는 장애가 남을 수 있으며, 파상풍과 같은 치명적인 전염병은 증상이 나타나면 이내 죽음에 이를 수도 있다. 즉 백신으로 인한 위험보다는 질병으로 인한 위험이 훨씬 크다는 것이다.

물론 백신을 맞지 않는다고 해도 주변에 있는 아이들의 70% 이상이 백신을 맞으면 집단면역의 효과를 덤으로 누릴 수는 있다. 하지만 같은 생각을 하는 사람이 많아지면 그만큼 위험은 커지는 셈이다.

소아기에 감염이 되면 가려움을 동반하는 발진이 생기지만 1~2주 후 완쾌되며 심각한 상태로 발전하는 경우가 거의 없는 대표적인 감염병으로 수두Chicken Pox가 있다. 따라서 일부 부모 가운데는 백신 부작용을 피하고, 자연면역도 얻기 위하여 자녀를 수두에 걸린 아동 환자와 접촉하여 일부러 수두에 걸리게 하는 '수두 파티'를 열기도 한다. 하지만 수두 증상이 사라진 다음에 살아남은 수두 바이러스가 척추뼈 좌우에 있는 배근신경절dorsal root ganglion이라는 신경조직에 숨어 휴면하는 경우가 있다. 휴면 상태에 있던 수두 바이러스는 수년 때로는 수십 년이 지난 다음에 면역력이 떨어지면 다시 활동을 시작하게 되는데, 이때 나타나는 증상이 바로 대상포진이다.

대상포진의 증상으로는 주로 붉은 반점, 수포, 농포, 딱지, 감각 이상, 심한 통증 등이 있다. 처음에는 피부에 붉은 반점이 나타나고 이어서 수포가 생기는데 신경줄기를 따라서 확산된다. 통증이 생기지 않는 경우도 있지만, 일단 시작하면 일반 진통제로 다스려지지 않을 정도로 참을 수 없는 지경에 이르게 된다.

수두에 걸리지 않은 사람도 대상포진 백신을 접종하는 경우 대상포진이 생길 수 있다고 한다. 그럼에도 불구하고 대상포진 백신을 접종하게 되면 대상포진에 걸릴 가능성이 절반으로, 통증을 일으키는 경우는 3분의 1로 줄어들어 대상포진의 예방 효과가 있다.

대상포진의 증상이 나타나는 경우 초기에 아시클로버Acyclovir, 발라시클로버Valacyclovir, 팜시클로버Famciclovir 등과 같은 항바이러스제를 사용하면 증상을 일찍 가라앉힐 수 있고 재발 가능성을 줄일 수 있다. 대상포진은 피로와 스트레스 등으로 면역력이 떨어진 경우에 발병하므로 나이가 들면 평소 과로를 피하는 것이 좋다.

'사전 예방의 원칙'을 적용하여 부작용이 없는 완벽한 백신을 만들면 되지 않겠느냐고 물을 수도 있겠다. 하지만 그런 백신을 만드는 동안에 발생할 전염병을 손 놓고 기다려야 하는 것이 문제다.

예방접종 전후로 주의해야 할 사항은 다음과 같다.

1) 접종 전날 목욕을 시킨다.
2) 아이가 아프거나 열이 나면 접종을 다른 날로 미룬다.
3) 접종 후 30분 정도는 병원에 머물면서 아이 상태를 관찰한다. 귀가 후에도 며칠은 아이 상태를 확인하고, 고열이나 경련 등 특이점이 발견되면 바로 병원으로 향한다.
4) 접종 당일은 목욕을 피하고, 무리하지 않도록 한다.

항생제 내성균,
남용이 불러온
위기

정부는 2016년 국가정책조정회의에서 「국가 항생제 내성 관리대책 (2016~2020)」을 내놓았다. '슈퍼박테리아'라고 하는 항생제 내성균이 전 지구적으로 보건 안보를 위협하기에 이르고 있기 때문이다. 미국 질병통제예방센터CDC에서 발표한 자료에 따르면, 미국에서는 연간 200만 명이 항생제 내성균에 감염되고 그 가운데 2만 3,000명이 사망한다. 2016년 영국 정부가 발표한 보고서에서는 2050년에는 세계적으로 연간 1,000만 명이 항생제 내성균에 감염되어 사망할 것으로 예측했다.

세균으로 인한 전염성질환은 국경을 넘어 확산될 가능성이 높으므로 항생제 내성균 역시 국제적 수준의 협력이 필요하다. 정부도 2003년부터 2012년까지 국무조정실이 총괄하는 「국가 항생제 내성 안전관리사업」을 시행한 바 있다. 그 이후에는 관련된 여러 부처에서 개별적으로 대처하다 보니 손발이 맞지 않은 부분이 있었던 것 같다. 개인적으로도 아쉬움이 남는 상황이 있었다.

당시 식약청 국립독성연구원(식품의약품안전평가원의 전신)에 근무하던 필자는 「독성물질국가관리사업(K-NTP)」을 주관하고 있었다. 이

사업에서 1억 원의 연구비를 지원하여 '전국 병원별 항생제 내성균 감시 네트워크'를 구축하고자 했다. 그런데 1년 만에 국무조정실의 「국가 항생제 내성 안전관리사업」을 주관하는 부서가 바뀌면서 필자가 기획했던 사업도 넘겨주고 말았는데, 그 뒤로 예산 지원을 받지 못하고 말았다. 하지만 첫해 지원했던 연구비가 씨앗이 되어 생긴 '전국 병원별 항생제 내성균 감시 네트워크'가 지금까지도 유지되고 있어서 참 다행이다.

생각해보면 항생제 내성균과 필자의 인연은 학위 논문에서부터라고 해야겠다. 병원에서 발견된 다약제 내성 녹농균의 족보를 찾는 연구였다. 녹농균의 세포질에 들어 있는 플라스미드의 DNA를 효소 처리하여 DNA 지문을 만들면 특징적인 소견을 볼 수 있었다. 이렇게 시작한 항생제 내성균과의 인연이 식약청에서 근무할 때는 '항생제 내성균 감시 네트워크' 구축으로 이어졌다. 그리고 현재 근무하고 있는 심평원에서는 항생제 내성균 발생을 줄이기 위하여 병의원에서의 항생제 사용에 관한 평가를 하고 있으니 말이다.

항생제 내성균이 늘어나고 있는 것은 병원에서 항생제를 무분별하게 사용하고 있기 때문이라고 누구나 믿었던 시절이 있었다. 필자가 국립독성연구원에서 근무할 때만 해도 역시 같은 생각을 가지고 있었다. 이런 생각이 바뀐 것은 '내성균에서 안전하게 아이와 밥상 지키기'라는 부제를 달고 있는 『항생제 중독』이라는 책을 읽고서부터다. 일본의 대표적인 소비자 NGO인 '식품과 생활의 안전기금' 소속인 저자들은 항생제 내성균이 병원 밖 세상에 등장하게 된 배경을 뒤쫓고 있다. 이 책의 1부는 '항생제로 차리는 밥상'이라는 충격적인 제목을 달고 있다. 저자들은 일본에서 육류, 어류, 농작물 등을 생산하는 데 들어가는 항생제의 총량이 2002년 기준으로 무려 1,200톤에 달한다고 했다. 같은 시기에 우리나라의 경우 축산과 수산업 부문에서만 1,541톤에 달한다고 했다. 이런 자료들을 바탕으로 저자들은 일본에서는 채소와 과일, 벼농사, 쇠고기, 우유, 돼지고기, 닭고기, 달걀을 비롯한 농축산물에 더하여 양식으로 생산하는 모든 생선류에도 항생제가 들어간다고 했다. '항생제로 차리는 밥상'이란 제목이 아주 그럴듯하다.

농산물을 재배하는 데 항생제를 사용하는 이유는 병원균 감염으로 인한 피해를 줄이기 위해서다. 특히 미생물로부터 얻은 물질이기 때문에 환경에 오래 남아 있지 않고 분해된다는 장점이 있다. 그럼에도 불구하고 논밭에 항생제를 반복해서 뿌리게 되면 내성균이 생기게 된다. 이렇게 논밭에서 생긴 항생제 내성균은 다양한 유통 경로를 통하여 사람들에게 전해진다. 한편 논밭에서 내성균이 생기더라도 바로 항생제 사용을 중단하면 1~2년 뒤에는 내성균이 사라진다고 한다. 항생제 내성균이 항생제에 민감한 세균들과의 경쟁에서 밀려나기 때문이다. 하지만 항생제를 지속적으로 사용하게 되면 2~3년 정도 항생제 사용을 중단해도 내성균이 사라지지 않는다.

소에게 곡물사료 나아가 육골분을 먹이게 되면 사료가 위에서 제대로 발효되지 않는다. 따라서 소화기관의 기능을 도와주기 위하여 항생제를 먹인다. 또한 성장을 저해하는 유해세균을 제거하여 성장을 촉진시키기 위한 목적으로도 항생제를 사용한다. 젖소의 경우 우유를 짜는 과정에서 생긴 유방염을 치료하기 위하여 항생제를 사용한다. 돼지와 닭의 경우 단위 면적당 많은 개체를 수용하는 밀집 사육으로 인하여 생기는 질병을 예방하고 치료하기 위한 목적으로 항생제를 사용한다. 그리고 근거가 희박하지만 성장을 촉진할 목적으로도 항생제를 사용한다. 알을 낳는 닭에는 항생제를 사용할 수 없도록 규제하고 있지만 지켜지지 않는 경우도 있다고 한다.

물고기 양식장에서도 항생제를 사용하는 이유는 역시 과밀 사육과 사료를 많이 주는 데서 오는 감염병을 예방하기 위해서다. 항생제로 키운 어류가 식중독을 유발하기도 한다는데, 필자는 의심스러운 정황을 직접 경험하기도 했다. 오래전에 같이 일하는 직원들과 서해안으로 주말여행을 다녀온 적이 있다. 마침 바다낚시를 즐기는 한 직원의 솜씨가 좋아 꽤 많은 생선을 낚았다. 잡은 물고기를 즉석에서 회를 떠서 맛있게 먹었는데, 그날 저녁에 탈이 났다. 일행 중 몇 사람이 식중독에 걸려 밤새도록 화장실을 드나들었던 것인데, 필자도 그중 하나였다. 밤이 깊어도 사태가 수습되지 않는 듯하여 병원에 연락하여 구급차를 부를 것까지 심각하게 고민했다. 다음 날 확인해보았더니 일행이 놀던 바닷가에서 멀지 않은 곳에 양식장이 있었다고 한다. 양식장에서 흘러나온 폐수에 들어 있던 오염물질, 혹은 장염 비브리오균에 감염된 생선을 먹었던 모양이다.

항생제 남용이 불러온 위기, 내성균과 부작용

20세기 들어 인류의 평균 수명을 획기적으로 늘리는 데는 항생제가 중요한 역할을 했다. 1928년 영국 의학자 알렉산더 플레밍Alexander Fleming이 페니실린Penicillin을 발견하고, 제2차 세계대전 중에 페니실린의 상용화에 성공하면서 인류는 미생물과의 싸움에서 승기를 잡게 된다.

17세기 후반 안톤 판 레이우엔훅Antonie van Leeuwenhoek이 현미경으로 미생물을 발견했고, 19세기 프랑스의 루이 파스퇴르는 발효와 부패에 특정 세균이 작용함을 발견하고 살균법과 무균배양법 등을 개발하여 세균학의 초석을 놓았다. 1876년 독일의 로베르트 코흐Robert Koch가 탄저균이 병을 일으킨다는 사실을 발견한 데서 세균학이 시작된 것이다.

각종 전염병을 일으키는 세균의 정체가 발견되었고, 이를 막기 위한 백신을 제조하거나, 치료하는 방법을 개발했다. 페니실린의 개발이 중요한 역할을 했다. 페니실린 이후에도 다양한 원리를 통하여 세균을 죽이는 항생제가 개발되었다. 오랫동안 인류를 괴롭혀 왔던 감염병이 정복될 날이 얼마 남지 않은 것으로 믿어졌다. 그렇기에 항생제를 마법의 탄환이라고 부르던 시절도 있었다. 신은 선물을 주는 경우에도 조건 없이 주지 않는 모양이다. 페니실린으로 감염병을 정복할 꿈에 부풀어 있던 1940년에 이미 페니실린에 내성을 가진 포도상구균이 등장한 것이다. 페니실린에 이어 과학자들이 수많은 항생제를 개발했지만, 미생물들도 재빨리 반응하여 항생물질에도 버틸 수 있는 힘을 길러냈던 것이다. 지구상의 모든 생물이 진화를 통하여 오늘날에 이른 것처럼, 미생물 역시 살아남기 위하여 끊임없이 스스로를 바꾸어왔던 것이다. 어쩌면 인간보다 더 적응 능력이 뛰어나다고 하겠다. 이러한 세균들의 특성 때문인지 새로운 항생물질을 찾아내는 속도마저도 예전 같지가 않다.

항생물질에 노출된 미생물은 대부분 죽게 된다. 하지만 일부 항생물질에 내성을 가진 형질을 얻게 된 미생물은 살아남는다. 미생물은 인간과는 비교가 되지 않을 정도로 빠르게 스스로를 복제하여 증식

한다. 복제 과정에서 돌연변이를 만들어낸 미생물도 주변 환경에 적응할 수 없으면 사멸하고 마는 것인데, 항생물질도 그와 같은 주변 환경 가운데 하나인 것이다. 변이로 얻은 항생제 내성형질은 작용하는 방식이 비슷한 항생물질에도 마찬가지로 저항할 수 있다. 그뿐 아니라 미생물들은 자신이 얻은 형질을 동료와 나누는 미덕(?)도 가졌다.

미생물이 항생제 내성을 얻어 확산되는 주요 경로는 다음과 같다.

1) 가장 중요한 원인은 적절하지 않은 항생제의 사용이다. 여기에 해당하는 대표적인 사례는 바이러스 감염에 세균성 치료에 사용하는 항생제를 쓰는 경우다. 세균질환에 감염되어 항생제를 처방받았지만, 세균을 죽일 수 있는 충분한 양을 사용하지 않는 경우도 있다. 마지막으로 세균질환에 감염되어 항생제를 사용하다가 완치되기 전에 항생제 사용을 중단하는 경우도 있다.

2) 농·축·수산 분야에서 대량으로 사용하고 있는 항생제로 인하여 환경에서 살고 있는 미생물이 항생제 내성을 얻고, 이런 세균으로 오염된 식품을 사람이 먹는 경우다. 항생제 내성 문제를 병원 담 안에 한정 짓지 말고 환경까지 확대시켜 대책을 마련해야 하는 이유다.

3) 항생제 내성 세균에 감염된 환자로부터 전염되는 경우, 혹은 항생제 내성 세균으로 오염된 환경으로부터 감염되는 경우로, 병원 감염이 대표적이다. 병원에서 근무하는 사람들 혹은 병원 환경 곳곳에는 항생제 내성균이 숨어 있을 가능성이 높다. 병원이란 곳이 항생제를 많이 사용하는 장소이기 때문이다. 이런 환경에서 살아남은 항생제 내성균이 면역력이 떨어진 사람에게 감염되면 감염병을

일으키게 되고, 치료가 어려워진다. 그러므로 병문안을 하는 것도 신경을 써야 한다. 특히 면역이 떨어진 상태인 사람들, 예를 들면 어린이, 병약한 사람, 과로 상태인 사람들은 치료 목적이 아닌 병원 방문을 삼가야 한다.

항생제 내성균 가운데 우리나라에서 심각한 것은 결핵균이다. 특히 여러 종류의 결핵약에 내성을 보이는 다제 내성 결핵균에 감염된 환자가 2016년에 952명으로, OECD 국가 중에 가장 많았다. 이들 가운데 57.1%는 이전에 결핵 치료를 받은 적이 없다. 즉 처음에 감염될 때 다제 내성 결핵균에 감염된 것이다. 결핵은 몇 가지 치료제를 함께 사용하여 오랫동안 투약을 받아야 하기 때문에 약을 자주 빼먹거나 완치 판정 이전에 투약을 중단하면 내성 결핵균이 생기는 것이다. 다제 내성 결핵은 세계적으로도 2013년 48만 명에게 발생하여 새롭게 발생하는 결핵 환자의 3.5%를 차지한다.

병원 감염의 주요 원인균이었던 메티실린 내성 황색포도상구균 MRSA은 이제 지역 사회 감염 비율이 늘고 있다. 그만큼 지역 사회에서 쉽게 만날 수 있는 상황이 만들어진 것이다. 요로 감염을 일으키는 대장균 가운데 플루오로퀴놀론Fluoroquinolones계 치료제에 내성을 보이는 균이 전 세계에 퍼져 있다. 성 매개 감염균인 임질균 가운데 마지막 단계의 치료제인 3세대 세팔로스포린Cephalosporin에 내성을 보이는 사례가 10개국에서 보고된 바 있다. 이런 사례들은 현재 개발 중인 백신이나 치료제가 없기 때문에 불치병이 될 수도 있다. 이런 경우 불임이나 임신을 하더라도 태아를 잃을 수 있고, 아기가 태어나더라도 아이의 시력을 잃을 수 있다.

동남아 지역에서는 다약제에 내성을 보이는 말라리아가 등장하여 범지구적 말라리아 퇴치 노력에 찬물을 끼얹고 있다. 겨우 치료제가 개발된 에이즈의 경우도 항레트로바이러스제에 대하여 내성을 보이는 바이러스가 출현하여 치료 효과를 떨어뜨리고 있다.

국제적으로 주목을 받고 있는 항생제 내성균으로는 앰피실린 Ampicillin 등 5종 항생제에 동시 내성을 나타내는 장티푸스균Salmonella Typhimurium DT104, 반코마이신에 내성을 가진 황색포도상구균Vancomycin-Resistant Staphylococcus aureus, VRSA, 반코마이신에 내성을 가진 장내구균 Vancomycin-Resistant Enterococci, VRE 등의 '슈퍼박테리아'들이다. 이들 내성균에 감염된 환자는 치료 방법이 마땅하지 않기 때문이다.

항생제에 대한 내성이 항생제 치료에서 가장 큰 문제이지만, 그 밖에도 항생제를 주의하여 사용할 이유가 더 있다. 바로 항생제의 부작용이다. 한국의약품안전관리원이 발표한 「2017년 의약품 등 안전성 정보 보고 동향」에 의하면, 2017년 1년 동안 의사, 약사, 소비자 등 다양한 경로를 통하여 보고된 항생제 부작용 건은 19,594건으로 전체 의약품 부작용 신고 건의 7.8%였다. 주요 증상은 발진, 가려움증, 오심, 두드러기, 설사, 구토, 소화 불량, 간효소 증가, 어지러움, 국소 피부 반응 등의 순서였다.

항생제의 부작용은 개별 약제에 따라 다른 특성을 나타내는 경향이 있다. 이미페넴Imipenem이나 시프로플록사신Ciprofloxacin을 복용하고 발작을 일으킨 사례가 있다. 약물을 중단하면 발작은 일어나지 않는다. 시프로플록사신의 경우 건염이나 건 파열을 일으키기도 한다. 테트라사이클린Tetracycline은 광과민 반응을 일으킨다. 페니실린이나 세팔로스포린Cephalosporin 등은 과민성 쇼크를 일으킬 수 있기 때문에 투여하기 전에 피하 검사를 통하여 과민성 여부를 확인해야 한다. 아미노글리코사이드Aminoglycoside는 드물기는 하지만, 고음을 듣지 못하는 청력 손상을 일으킬 수 있다.

최근에 유소아기에 항생제를 자주 사용하면 커서도 알레르기질환의 위험이 높다는 주장이 있다. 아직은 검증이 필요한 단계이지만, 항생제를 복용함에 따라 아이들의 장에서는 비피더스균이나 유산균과 같이 이로운 세균이 적어지게 되고 그 결과 알레르기를 일으키게 된다는 주장이다.

항생제 내성균 문제에 대한 변명

항생제 내성균의 빠른 확산으로 인류는 항생제 개발 이전에 병원균들에게 당했던 끔찍한 공격에 다시 맞서야 한다는 비관론이 나오고 있다. 반면 조심스럽기는 하지만, 그렇게까지 비관적인 것은 아니라는 설명도 있다. 항생제에 대한 내성을 획득한 세균은 또 다른 면에서 약점이 생긴다는 것이다. 바로 증식 과정에서 약점이 생기는 듯하다. 세균이 증식하려면 DNA를 복제해야 하는데, 내성균은 약제 내성에 간여하는 DNA를 복제하는 데 시간이 더 걸릴 수밖에 없다. 결국 같은 숫자의 세균이 증식을 시작하게 되더라도 항생제 내성 세균의 증식 속도가 떨어질 수밖에 없는데, 그렇게 되면 항생제 내성 세균이 수적으로 열세에 빠질 수밖에 없다. 제한된 자원을 두고 비내성균과 내성균이 경쟁을 한다면 수적으로 우세인 비내성균이 살아남을 가능성이 높아진다.

이런 현상을 이용하려면 인류가 항생제 사용을 자제하여 환경을 원상으로 돌려놓으려는 노력을 먼저 해야 한다. 병원에서는 항생제 내성균이 발생하여 확산되지 않도록 감염병 예방 관리를 철저하게 한다. 또한 의사들은 감기에 항생제 처방을 자제하는 등 꼭 필요한 상황에서만 항생제를 처방하고, 질병 치료에 적합한 항생제를 처방하도록 해야 한다. 농·축·수산 등 항생제 사용이 일상화된 분야에서도 사태가 심각하다는 것을 깨닫고 항생제를 적정하게 사용하고, 내성균이 발생하더라도 확산되지 않도록 하는 감시 체계를 구축하고 잘 운영해야 한다. 식약처, 농림축산식품부와 농림축산검역본부가 협력하여 매년 「국가 항생제 사용 및 내성 모니터링-가축, 축산물」이라는 보고서를 내고 있다. 이 보고서에는 축산과 수산용 항생제 판매량과 가축 및 도축장 도체의 항생제 내성, 국내산 축산물 및 수입 축산물의 항생제 내성 현황을 담고 있다.

축산 분야에서 항생제 내성균의 현황은 꾸준하게 조사되고 있다. 조금 오래된 일이기는 하지만, 2003년에서 2007년 사이에 전국 도축장 및 농장에서 대장균E. coli, E. faecalis/faecium을 지표 세균으로, 장티푸스균Salmonella spp.을 병원성 세균의 대상으로 항생제 내성균 분포를 조사한 결과가 있다. 우리나라 가축에서는 테트라사이클린Tetracycline, 스트렙토마이신Streptomycin 등의 항생제에 내성률이 높은 것으로 나타났다. 우리나라에서 주로 사용하는 항생제이기 때문일 것이다. 가축들 가운데는 항생제를 주로 사용하는 돼지와 닭에서는 내성률이 높았고 소에서는 낮았다. 다행스러운 것은 주목해야 할 장티푸스균(Salmonella typhimurium DT104, ACSSuT 내성), 황색포도상구균, 장내구균 등은 검출되지 않았거나 검출된 경우에도 빈도가 매우 낮았다.

항생제의 적절한 사용과 관련된 대표적 활동으로 심평원이 2002년부터 꾸준하게 해오고 있는 〈약제평가〉 항목에는 급성 상기도염 항생제 처방률이 들어 있다. 대부분 바이러스가 원인으로, 우리가 감기라고 알고 있는 급성 상기도염을 치료하는 데 있어 항생제가 반드시 필요한 경우는 그리 많지 않다. 그럼에도 불구하고 감기에 항생제를 사용해야 부작용을 예방하고 치료 기간을 단축시킬 것이라는 근거 없는 믿음이 국민은 물론 의사들에게도 있었다. 2000년 심평원이 평가를 처음 시작하던 해만 해도 급성 상기도염 환자에게 항생제를 처방하는 비율은 의원에서 상급 종합병원에 이르기까지 전체 73.33%였다. 평가를 시작하고, 평가 결과를 공개하고, 평가 결과가 우수한 기관에 대하여 포상하는 제도를 도입하는 등의 경과를 거쳐 2017년에는 마의 40% 벽을 깨고 39.68%로 떨어졌다.

많은 병원과 의원에서 감기에 항생제 처방을 줄이고 있음에도 불구하고 전체 감기 환자의 70% 이상에서 항생제를 처방하는 의사가 있는 것도 현실이다. 2017년 기준으로 진료받은 감기 환자의 70% 이상에서 항생제를 처방하는 병원이나 의원이 4,000여 개로 전체의 15%를 차지하고 있다. 이런 병원이나 의원에서는 진료를 받지 않는 것이 좋겠다. 병원이나 의원의 감기 항생제 처방률의 결과는 심평원 홈페이지(http://www.hira.or.kr)에서 볼 수 있다. 심평원의 홈페이지에 접속하면 가운데 뜨는 배너에 있는 〈병원평가〉 항목을 클릭한다. 〈병원평가정보〉 화면이 뜨면 펼쳐지는 〈평가수행항목〉 가운데 〈항생제 처방률〉

을 클릭한다. 지역을 설정하고 병원이나 의원 이름을 입력하면 병원의 명단과 평가항목(항생제 처방률), 평가등급이 나타난다. 하단에서는 동일한 규모의 병원들의 평균 처방률과 해당 병원의 처방률을 같이 볼 수 있다.

항생제를 효율적으로 사용하는지 살펴보는 또 다른 사례는 〈수술의 예방적 항생제〉 사용 평가다. 대부분의 수술은 일단 수술칼로 피부를 가르는 것에서 시작한다. 피부는 주변 환경에 숨어 있는 세균들이 사람의 몸 안으로 들어오지 못하도록 방어하는 울타리 역할을 한다. 피부를 갈라 배 속이나 가슴 속과 같은 몸 내부가 드러나면 공기 중에 떠 있는 먼지나 물방울에 붙어 있던 세균이 수술 부위에 떨어진다. 수술이 끝나 수술 상처를 봉합하게 되면 수술 부위에서 빠르게 불어나게 된다. 세균이 불어나 염증이 시작되면 나중에는 혈관으로 들어가 패혈증을 일으키고 목숨을 잃는 수도 있다.

따라서 외과 의사들은 수술 환자의 상처에 염증이 생기는 것을 막기 위하여 항생제를 처방한다. 지금까지는 수술을 마치고 항생제를 쓰기 시작하여 상처가 잘 아물면 항생제를 더 이상 쓰지 않았다. 그런데 최근에는 수술을 하기 위하여 피부를 가르기 1시간 전에 적절한 항생제를 주사로 투여하는 것으로 수술 부위의 감염을 충분히 막을 수 있다는 사실이 알려졌다. 수술 시간이 길어지면 수술 중에 추가로 항생제를 주사한다. 이렇게 하면 수술 후에 항생제를 전혀 사용하지 않아도 문제가 없다.

심평원에서는 수술을 받은 환자에게 오랫동안 항생제를 사용해오던 관행을 개선하기 위하여 〈수술의 예방적 항생제〉 사용 평가를 하고 있다. 2007년 8~11월 진료분부터 시작한 1차 평가에서는 위 수술, 대장 수술, 담낭 수술, 고관절 치환술, 슬관절 치환술, 자궁 적출술, 제왕 절개술, 심장 수술 등 4개 진료과 8개 수술을 받은 22,430건에 대하여 평가가 이루어졌다. 그 결과, 앞서 말한 '피부 절개 1시간이내 최초 예방적 항생제'를 투여한 비율은 68.4%에 머물렀다. 지난해에 끝난 2015년 9~11월 진료분에 대한 평가는 7개 진료과 15개 수술로 확대하여 시행했고, '피부 절개 1시간 이내 최초 예방적 항생제'를투여한 비율은 총 94,551건의 수술 가운데 88.2%로 높아졌다. 현재 2017년 10~12월 진료분에 대하여 8개 진료과 19개 수술로 확대하여 평가가 진행 중이다. 이 평가를 일찍 시작한 미국의 경우 2009년에 '피부 절개 1시간 이내 최초 예방적 항생제'를 투여한 비율이 이미 95%에 이르렀던 것을 감안하여 우리나라도 더 분발해야 하겠다.

　〈수술의 예방적 항생제〉 사용 평가의 결과를 확인하는 방법도 〈항생제 처방률〉 평가를 확인하는 방법과 같다. 다만 항목을 〈수술의 예방적 항생제〉 사용 평가로 하여 찾아보면 된다.

항생제 내성균 문제 해결에 동참하자

항생제 내성균 문제는 벌써 시위를 떠난 화살일 수도 있다. 당장 나의 건강이 걸린 문제가 아니라는 이유로 외면해서는 안 될 절박한 상황에 와 있다고 보아야 한다. 항생제 내성이 더 이상 확산되지 않도록 일반 국민, 의료인, 보건의료 관련 분야는 물론 범 부처의 공직자들이 모두 관심을 가지고 대책을 마련하고 실행에 옮길 수 있도록 최선을 다해야 할 것이다. 일반 국민들이 해야 할 몫은 다음과 같다.

1) 항생제 내성균에 감염되지 않도록 철저한 개인위생을 습관화한다. 하루 5번 이상 손을 꼼꼼하게 씻는다. 전염병에 걸린 환자와의 접촉을 피한다. 성 매개 감염을 예방하기 위하여 콘돔을 사용한다.

2) 전염병 예방접종을 적기에 받는다.

3) 항생제의 사용이 필요한 감염질환을 앓게 되면 의사로부터 효과적인 항생제를 처방받아 적절한 기간 동안 복용한다. 복용하지 않은 항생제는 타인에게 나누어주지 않으며 유효 기간이 지난 항생제는 약국 등을 통해 폐기한다. 특히 감기와 같이 바이러스가 원인인 질환에서는 항생제를 사용하지 않도록 한다.

4) 항생제 치료에도 효과가 분명하지 않은 경우 항생제 내성 여부를 검사한다.

5) 임신 중이거나 아이에게 젖을 먹이는 엄마는 클로람페니콜 Chloramphenicol, 에리스로마이신Erythromycin, 테트라사이클린 계열의 항생제, 설파제Sulfa Drug, 퀴놀론Quinolone 계열의 항생제를 복용하지 않도록 한다. 엄마가 복용한 항생제가 태아 혹은 젖먹이에게 영향

을 미칠 수도 있다.

6) 농산물, 축산물, 수산물 등은 출하 전에 휴약기를 지켜 식품에 항생제가 잔류하지 않도록 한다.

7) 가급적이면 밀집 사육한 가축이나 양식한 생선을 먹지 않는다.

8) 발효식품에는 내성균이 끼어들 여지가 적다. 특히 살아 있는 균이 풍부한 발효식품은 병원균에 오염될 가능성이 적다. 김치, 치즈, 요거트, 장류 등을 자주 섭취한다.

의약품에
숨어 있는
유해물질

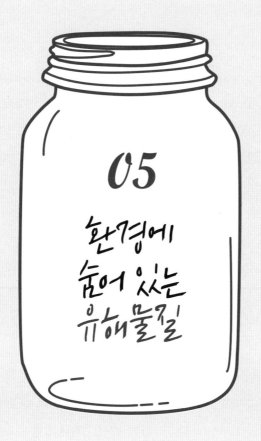

05

환경에
숨어 있는
유해물질

미세먼지,
대기를 습격하는
불청객

2018년 초에 서울시는 출퇴근 시간대의 대중교통을 무료로 운행하기로 결정한 적이 있다. 이 조치를 이틀에 걸쳐 적용했다가 그만둔 것은 자가용 운행을 줄인 효과가 분명하지 않았던 데다 하루 150억 원이나 되는 지하철 수입의 감소를 감당할 수 없었기 때문일 것이다. 사안에 대해 충분한 검토 없이 즉흥적으로 내놓은 정책이 아니었나 싶다.

사실 이때는 미세먼지 경보가 발령되기는 했지만 시야가 약간 흐려지는 정도였다. 예전에는 황사 경보라는 게 있었는데 필자의 기억으로 최악의 황사는 1999년 봄 어느 날이었다. 그날은 강원도의 모 대학에 면접을 보러 갔는데 햇빛을 가릴 정도로 뿌연 먼지가 대기를 가득 채워서 운전이 어려울 정도였다.

봄이 되면 중국발 황사가 온통 세상을 뒤덮는 날이 적지 않았다. 그래서 황사가 발생하는 중국의 사막지대 변두리에 나무를 심는 등 황사를 막아보려는 노력을 우리나라에서도 적극 펼친 것으로 알고 있다. 물론 중국에서 발생하는 황사의 최대 피해국은 중국이지만 우리나라의 피해 역시 만만치 않았기 때문이다. 목마른 자가 샘을 파는 법이다. 중국발 황사는 제트 기류를 타고 멀리 북미 대륙까지 날아간다고 한다.

최근에는 중국의 제조업이 빠르게 성장하면서 공장에서 배출하는 배기가스에 섞인 미세먼지가 폭발적으로 늘고 있다. 당연히 중국발 미세먼지는 편서풍을 타고 우리나라의 대기환경에 큰 영향을 미친다. 국내의 대기를 오염시키는 미세먼지 가운데 중국에서 오는 것은 연평균 30~50%이며, 겨울철에는 80%까지 치솟는 경우도 있다고 한다. 그럼에도 불구하고 관련 부처에서는 국내 대기의 미세먼지 오염을 중국과 연결시키는 것을 부담스러워하는 듯하다. 중국 정부에서도 중국의 대기 오염이 한국 등에 영향을 미치는 것은 인정하나 그리 크지 않다는 입장이다. 한중일 등 동북아 국가를 넘나드는 대기 오염의 공동연구에 관심을 표명하지만, 구체적으로 성과물을 내는 것에는 소극적인 자세를 보인다.

미세먼지라는 생소한 용어가 갑자기 등장한 것은 1990년대 후반에 미국이 마련한 대기환경 기준에 미세먼지(PM10)가 포함되면서부터다. 이제 관심은 초미세먼지(PM2.5)에 맞추어지는 형편이다. 2013년 세계보건기구WHO가 "대기 오염이 폐암을 유발할 수 있다"라고 경고했기 때문이다.

대기환경 분야에서 사용하는 미세먼지 혹은 초미세먼지를 나타내는 전문용어로 '대기 중에 떠도는 고체나 액체의 작은 입자상의 물질'을 의미하는 PM은 Particulate(미립자 상태)와 Material(물질)의 머리글자를 딴 것이다. 미세물질과 초미세물질의 차이는 입자 크기다. 미세물질은 10㎛보다 작은 크기의 입자를 말하며 초미세물질은 2.5㎛보다 작은 입자를 말한다. 바닷가의 고운 모래의 크기가 보통 90㎛ 정도 되니까 미세먼지나 초미세먼지의 크기가 얼마나 작은지 쉽게 상상할 수 있겠다.

우리나라는 1995년에 처음으로 미세먼지에 대한 환경 기준을 설정했다. 2000년에는 초미세먼지에 대한 기준도 설정했으며, 2014년부터는 미세먼지 예보를 시행했다. 우리나라의 대기환경 기준에 따르면 미세먼지(PM10)는 24시간당 100μm/m³, 연간 50μm/m³이고, 초미세먼지(PM2.5)는 24시간당 50μm/m³, 연간 25μm/m³다. 이는 미세먼지가 24시간당 50μm/m³, 연간 20μm/m³, 초미세먼지가 24시간당 25μm/m³, 연간 10μm/m³인 세계보건기구의 권고 기준보다 느슨하나, 세계보건기구의 잠정 목표 2 수준에 맞추고 있다. 대기환경 기준은 국가별로 환경적 여건에 따라서 각기 다르게 적용하고 있는 형편이다.

우리나라는 서울 등 대도시에서 미세먼지 농도를 측정한 2002년에는 52~76μm/m³로 나와 우리나라 대기환경 기준에 미달했으나, 미세먼지를 줄이기 위한 다양한 정책을 적용한 뒤인 2012년에는 모두 기준을 충족하게 되었다.

하루 혹은 이틀 전에 대기 중의 미세먼지 농도를 예측하여 발표하는 미세먼지 예보제와 함께, 2015년 1월부터는 현재 시점에서 측정 장소에서의 미세먼지 농도가 사람에게 위해를 끼칠 수 있는 수준에 이르게 되면 '미세먼지 주의보' 혹은 '미세먼지 경보'를 발령하는 경보 제도를 운용하고 있다. 경보가 발령되면 해당 지역의 주민들은 미세먼지의 위해를 차단하기 위한 행동에 들어가고, 미세먼지 배출 사업장 등은 미세먼지 농도를 줄이기 위한 조치를 취해야 한다.

우리나라에서는 300여 개의 측정소에서 대기 중의 미세먼지(PM10)

농도를, 164개의 측정소에서 초미세먼지(PM2.5) 농도를 실시간으로 측정하여 주민들에게 관련 정보를 제공한다. 필자가 주말에 즐겨 산책하는 양재천 산책로에도 미세먼지 농도를 실시간으로 알려주는 표지판이 설치되어 있어 참고하고 있다.

미세먼지, 왜 문제인가?

세계보건기구는 2014년에 미세먼지로 인하여 전 세계적으로 약 700만 명이 사망했다고 발표했다. 미세먼지가 주목을 받게 된 것은 대기 오염의 주범으로, 특히 호흡기질환을 일으키는 범인으로 지목되었기 때문이다. 대기 오염이 공중보건에서 중요하게 대두된 두 가지 결정적 사건이 있다.

첫 번째는 1952년 12월 5일부터 9일 사이에 발생한 런던형 스모그 smog(황화 스모그라고도 함)다. 이는 화석연료를 태워서 생긴 이산화황과 일산화탄소 때문에 생긴다. 당시 런던에는 안개가 짙게 끼어 있었는데, 바람이 없는 상태에서 아황산가스의 농도가 급상승했다. 아황산가스는 발전소, 제철소 등 공장은 물론 가정에서 난방용으로 태운 석탄에서 만들어진 것이다. 스모그가 심해지는 가운데 런던에서는 호흡기질환과 심장질환을 앓는 환자가 급증했고 무려 4,000명이 사망했다. 45세 이상의 장년과 노년층 그리고 유아들이 많은 피해를 입었다. 아황산가스가 안개 입자에 녹아들어 황산을 만든 것이 치명적이었다.

두 번째는 1940년대 미국의 로스앤젤레스에서 발생한 로스앤젤레스형 스모그(광화학 스모그라고도 함)다. 이는 자동차 배기가스에 들어 있는 질소산화물로 인해 생긴다. 주로 자동차의 배기가스 속에 함유된 올레핀Olefin계 탄화수소가 질소산화물의 혼합물과 혼합된 상태에서 태양 광선을 받아 일어나는 광화학 반응으로 만들어진 오염물질이 피해를 일으켰다. 처음에는 식물에 피해를 주기 시작하여 1950년경에는 사람에게도 영향을 미쳤다. 주로 눈, 코, 기도, 폐 등의 점막이 반복적으로 자극을 받는 불쾌한 느낌이 들었다. 점차 두통과 인후의 염증이 생겼다.

런던이나 로스앤젤레스의 대기 오염 사건은 사람이 만들어낸 인공물질에 의하여 발생한 대표적 사례다. 대기환경에 대한 연구가 발전해가면서 대기 중에 떠도는 미세먼지는 인공물질 외에 자연적으로 발생하는 것들도 포함하게 됐다.

자연적으로 발생하는 미세먼지로는 봄철에 우리나라를 덮치는 황사가 대표적이다. 존 스타인벡의 1939년 소설 『분노의 포도』에 등장하는 마른 농지나, 영화 〈미이라〉에서처럼 사막에서 부는 모래폭풍도 있다. 화산에서 쏟아져 나오는 화산재도 있고, 산불이 났을 때 나무나 초목이 타는 과정에서 나오는 그을음도 미세먼지의 일종이다. 심지어는 계절에 따라 날리는 꽃가루나 곰팡이 포자도 여기 속한다.

인공적으로 발생하는 미세먼지로는 자동차의 배기가스, 공장 굴뚝이나 소각장에서 나오는 매연, 도로를 달리는 차가 멈출 때 타이어가 도로와 마찰해서 만드는 고무가루도 있다. 애연가들이 태우는 담배 연기에도 미세먼지가 포함되어 있다.

통계청이 매년 발표하는 사망 원인별 통계 자료를 보면 기관지천식, 만성 폐쇄성 폐질환, 폐암 등 폐질환에 의한 사망률이 꾸준하게 증가하고 있음을 알 수 있다. 우리나라의 기대수명이 빠르게 늘고 있음을 감안하더라도 폐 건강에 영향을 미치는 대기 환경이 악화되고 있음을 짐작할 수 있다. 물론 통계 자료나 역학조사 자료만으로는 환경적 요인이 이들 질환의 원인이라고 단정할 수는 없는 노릇이다.

미세물질이 폐 건강을 위협하는 이유는 호흡기계의 해부학적 구조와 생리학적 기능과도 관련이 있다. 우리가 코를 통해서 들이마시는 공기는 비강(콧속) 점막을 지나면서 습기와 온도를 얻는다. 그리하여 기관지나 허파꽈리에 대한 자극을 최소화한다. 호흡기의 점막을 덮고 있는 점막세포의 표면에는 솜털같이 섬세한 섬모가 나 있어 들숨에 포함된 입자물질을 걸러낸다. 점막세포의 표면을 섬모가 덮고 있는 해부학적 구조는 기관과 기관지 전체에서 볼 수 있지만 기관지 끝에 해당하는 허파꽈리에서는 볼 수 없다. 비강을 통과해서 기관지를 지나는 입자물질이 PM10 이상의 크기라면 기관지 점막에 나 있는 섬모에 걸리게 된다. 기관지의 섬모는 허파꽈리에서 비강의 방향으로 물결치면서 입자물질을 몸 밖으로 밀어낸다. 기관지를 덮고 있는 점액 막에 섞여서 기관지 쪽으로 밀려난 입자물질을 가래로 뱉어낼 수 있다.

크기가 작은 미세물질은 들숨을 따라 기관지 점막의 섬모에 걸리지 않고 허파꽈리에 도달할 수는 있으나 날숨을 따라 다시 공기 중으로 내보내진다. 하지만 허파꽈리의 벽에 붙거나 허파꽈리에 있는 대식세포에게 잡아먹히는 미세먼지도 있다. 이렇게 우리 몸에 남게 된 미세먼지는 림프계를 통해서 이동할 수도 있다. 광부처럼 먼지가 많은 환경에서 일하는 사람의 폐를 보면 기관지 주변에 있는 림프절 안에 대식세포가 잡아들인 미세물질이 시커멓게 모여 있는 것을 볼 수 있다. 물론 담배를 오래 피운 사람도 마찬가지다.

미세물질은 기관지나 허파 등 호흡기계에 다양한 형태의 손상을 입힌다. 화학적 독성이 없는 미세먼지라고 해도 조직에 쌓이게 되면 세포나 조직의 탄력성이 사라지는 물리적 손상을 입는다. 구체적으로 설명해보면 공기가 우리 몸에 들어갈 수 있는 가장 깊은 곳인 허파꽈리는 지름이 100~200μm 크기로 둥글고 세 기관지와 연결되는 구멍을 하나 가지고 있어 정말 꽈리처럼 생겼다. 허파꽈리의 벽에는 모세혈관이 풍부하게 분포되어 있다. 그러므로 온몸을 돌면서 이산화탄소를 거둬온 혈액이 허파꽈리 안으로 이산화탄소를 내보내고 대신 산소를 받아들인다. 허파꽈리를 돌아 나온 피는 심장을 거쳐 온몸으로 산소를 배달한다. 즉 허파꽈리는, 온몸을 돌면서 이산화탄소를 수거해온 혈액에 산소를 공급해주고 이산화탄소를 빼내는 역할을 한다.

이때 산소와 이산화탄소를 잘 교환하려면 허파꽈리가 탱탱하게 부풀어 있어야 한다. 폐가 들어 있는 흉강이 대기보다 낮은 압력으로 유지되는 해부학적 구조에, 허파꽈리 안에 존재하는 계면활성제의 생리학적 작용이 더해져서 허파꽈리가 탱탱하게 유지될 수 있다. 그런데 미세먼지가 허파꽈리 안에 들어와 들러붙으면 허파꽈리 내부의 표면 장력에 변화가 생겨 기능이 떨어지는 것이다. 앞서도 말한 것처럼 허파꽈리 내부에 있는 대식세포가 미세먼지를 제거해서 떨어진 기능을 회복시켜줄 수 있다. 하지만 미세먼지를 오랫동안 흡입하다보면 허파꽈리에 들어와 쌓이는 미세먼지의 양이 많아지면서 손상이 누적될 수 있다. 그 결과로 허파꽈리가 파괴되어 폐기종이 생기거나 만성 폐쇄성 폐질환이 생긴다. 사람은 물론 반려동물로부터 떨어지는 각종 먼지가 기관지천식을 일으키거나 이미 앓고 있는 기관지천식을 악화시킬 수도 있다.

화학적으로 독성을 띠는 미세먼지도 있다. 자동차의 배기가스, 공장에서 내뿜는 매연, 화산에서 나오는 연기에는 질소산화물(NO_x)이나 황산화물(SO_x)이 들어 있다. 기체 상태인 이 물질들이 공기 중에 떠 있는 물 입자를 만나면 화학 반응을 일으켜 질산, 아질산, 황산, 아황산과 같은 인체에 유독한 강산을 만든다. 우리 몸을 구성하는 세포나 조직은 단백질을 가지고 있는데, 단백질이 강산과 만나면 응고되어 제대로 기능을 할 수 없다.

미세먼지에 노출되면 급성 폐질환을 일으킬 가능성이 커진다. 하지만 이런 변화가 갑자기 나타나지는 않는다. 다만 어린이, 노인, 혹은 호흡기질환을 앓는 환자처럼 미세먼지에 민감한 사람들은 일반인보다는 건강을 해칠 가능성이 높다.

황사에 포함된 초미세먼지가 건성안을 유발한다는 주장도 있다. 고체 입자가 수면에 떨어지면 표면 장력이 작용하기 때문에 안구 표면을 골고루 덮고 있던 눈물 막이 얇아진다는 설명이다. 그뿐 아니라 눈물샘이나 부눈물샘을 막아 눈물이 적게 나올 수 있다고 한다. 나아가 초미세먼지가 안구 표면 세포막에 물리적 손상을 준다고 한다. 실제로 베이징 시의 대기 중 미세농도 수준의 환경에 쥐를 넣었더니 눈물이 나오지 않고 출혈을 일으켰다고 했다.

미세먼지를 위한 변명

미세먼지가 폐 기능을 떨어뜨리고 기관지천식 등 관련 질환을 악화시킬 수 있다는 점은 여러 연구를 통해서 밝혀지고 있다. 하지만 황사

미세먼지의 위해성
미세물질이 폐기종, 만성 폐쇄성 폐질환을 일으킬 수 있고 기관지천식을 악화시킬 수 있겠다. 다만 건성안을 유발한다거나 위장 출혈을 일으킨다거나 혹은 폐암의 원인이라는 등의 주장은 가능성이 높지 않다.

가 건성안을 일으킨다는 설명은 무리한 가정이다. 일단 쥐 실험 결과가 사람에게 동일하게 일어나지 않을 수 있다. 해부생리학적으로 차이가 있을 수 있기 때문이다. 눈에 들어간 미세먼지가 눈물샘을 막는다는 설명은 사실과 다를 수 있다. 눈물샘은 눈구멍 위쪽의 귀 방향으로 위치한다. 눈물샘에서 나온 눈물은 안구를 감싸면서 흘러 눈구멍 아래쪽의 코끝으로 흘러내린다. 자체적으로 추진력이 없는 초미세먼지가 눈물의 흐름을 역주행해서 눈물샘을 막는다는 설명은 논리적이지 못하다. 그뿐 아니라 눈에 들어간 이물질이 눈알을 자극하면 눈물이 더 만들어져서 이물질을 씻어내리려는 보호 작용이 일어난다.

세계보건기구가 2013년 초에 미세먼지가 폐암 발생을 높일 수 있다고 발표한 것은 미세먼지 가운데 특히 디젤에서 배출하는 검은 탄소 Carbon black를 1급 발암물질로 지정했기 때문이다. 황사 등 자연에서 발생하는 미세먼지 자체로는 독성이 크지 않다고 할 것이다. 문제는 미세먼지 속에 포함된 인공 유해물질이다.

최근 우리나라의 암 관련 통계를 보면 폐암 가운데 흡연과는 관련이 없다고 하는 선암 환자가 과거보다 많아지고 있다. 이런 추세가 우리 생활 주변에 미세먼지가 늘고 있는 것과 관련이 있는지도 모르겠다. 대표적인 미세먼지 종류인 석면을 흡입하면 악성 중피종이 생긴다. 따라서 과거에 중요한 단열제로 썼던 석면을 건축자재로 사용하는 걸 금하고 예전에 지은 건물을 해체할 때는 석면 가루가 날리지 않도록 완벽하게 차단할 일이다.

미세먼지의 위해를 차단하는 법

요즈음에는 희고 매끄러운 칠판에 수성펜으로 적는 학교가 많아졌다. 옛날 흑판에 분필로 적던 시절에 학교 선생님들은 일과가 끝난 다음에 삼겹살을 구워 소주와 먹으면 분필 독을 제거할 수 있다고들 했다. 과학적 근거가 있었던 것은 아니며 일과에서 오는 피로를 풀기 위해 술을 마시려는 변명거리가 아니었나 싶다.

만성 신부전으로 투석을 받는 환자에게 투석 전에 투여하는 크레메진Kremezin은 활성탄을 주성분으로 하는데, 체내에 들어온 미세먼지를 배출한다는 주장도 있다. 하지만 현재로서는 미세먼지가 일단 체내에 들어온 다음에는 위해 작용을 예방하거나 줄인다고 검증된 방법은 없다.

결국 미세물질이 체내로 들어오기까지 다양한 단계에서 차단하는 것이 최선이다. 먼저 미세물질의 발생을 원천적으로 차단하는 것이다. 자동차 배기가스의 경우는 유황 성분을 최소화한 연료를 사용하거나 촉매제를 사용하여 위해가스의 배출을 줄이는 적극적인 방법이 있다. 대중교통을 이용하는 등 차량 운행을 줄이는 것도 좋은 방법이다. 공장에서 나오는 매연과 같은 미세먼지의 경우는 분진 회수시설의 설치를 의무화하는 등 적극적인 정책을 시행하고 있다. 분진이 많이 발생하는 공사장에서도 물을 뿌려 미세먼지 발생을 최소화하고 있다.

대규모 황사처럼 자연적으로 발생하는 미세먼지는 원천을 차단하는 것이 최선이겠으나, 여건이 되지 않는 경우에는 외출을 삼가는 등 미세먼지에 노출되지 않도록 한다. 특히 호흡기나 순환기질환을 가지고 있는 환자는 절대적으로 피해야 한다. 미세먼지의 예측 농도가 '약간 나쁨' 이상의 등급으로 예보되는 경우에는 어린이, 노약자, 호흡기 질환자 등 민감한 사람들은 주의를 해야 하며, '나쁨' 등급 이상으로 예보되는 경우에는 건강한 사람도 주의를 해야 한다. 관련 정보는 '에어코리아' 홈페이지(http://www.airkorea.or.kr)에서 실시간으로 전하는 미세먼지 농도를 확인하면 된다. 모바일 앱 '우리동네대기정보'를 다운받을 수도 있다.

미세먼지 농도가 높은 날에는 다음과 같은 수칙을 지킨다.

1) 장시간 실외활동을 자제한다.

2) 부득이하게 외출할 때는 황사마스크를 착용한다. 황사마스크는 식약처에서 허가받은 제품이 황사를 98% 이상 차단하는 등 효과가 가장 좋으므로 허가 사실을 제품 포장지에서 확인한다. 마스크를 세탁할 경우 차단력이 떨어지므로 1회만 사용하도록 한다.

3) 수분을 충분하게 섭취한다.

4) 외출에서 돌아오면 손과 얼굴을 깨끗하게 씻는다.

5) 과일과 채소는 충분히 씻어서 먹는다.

〈미세먼지 농도별 행동 지침〉

구간		좋음	보통	약간 나쁨	나쁨	매우 나쁨	
예측 농도 (μm/㎥·일)		0~30	31~80	81~120	121~200	201~300	301~
행동 요령	어린이, 노인 등	-	-	장시간 실외활동 가급적 자제	무리한 실외활동 자제 (특히 호흡기, 심질환자, 노약자)	실외활동 제한	실내생활
	일반인	-	-	-	무리한 실외활동 자제	실외활동 자제	실외활동 자제

※ 미세먼지(PM10) 환경 기준 : 24시간 100μm/㎥, 연간 50μm/㎥

전자파,
가전제품에서
송전탑까지

2017년 개정한 치매 관련 책을 세상에 처음 내놓았던 것은 20년 전이었다. 책을 낸 것이 인연이 되어 KBS2 TV의 특집 프로그램 〈치매〉의 제작에 참여하게 되었다. 취재 여행은 국내에서 미국까지 이어져 노스캐롤라이나 주 더럼에 있는 듀크 대학, 미시간 주 디트로이트에 있는 파크-데이비스 사, 미네소타 주 미니애폴리스에 있는 미네소타 대학병원, 그리고 캘리포니아 주 어바인에 있는 캘리포니아 대학, 로스앤젤레스에 있는 서던캘리포니아 대학usc 등을 돌아보았다. 그 가운데 USC에 가게 된 것은 바로 전자파로 인하여 알츠하이머병이 생길 수 있다는 연구 내용을 확인하기 위해서였다.

오래되어 그 논문을 다시 찾아보기는 어렵지만, 기억하기로는 청소기나 다리미 등의 가전제품에서 방출하는 전자기파로 인하여 알츠하이머병이 늘어났을 수도 있다는 내용이었다. 최근에도 극저주파 extremely low frequency electromagnetic wave, ELF / ELFMW가 알츠하이머병, 파킨슨병과 같은 퇴행성 신경계질환과 관련이 있을 수도 있다는 마르셀라 레알레Marcella Reale 등의 논문이 발표되었다.

원래 극저주파는 주파수 3~30Hz(헤르츠) 범위이며 파장이 10만에서 1만km인 전자파로서 번개와 지구 자기장의 자연적 교란에 의하여 생성된다. 이처럼 긴 파장의 전자파를 방출할 수 있는 안테나는 만들기가 매우 어렵다. 초저주파는 수중에서도 전달이 잘되기 때문에 잠수함과 통신하기 위한 목적 등 아주 제한적으로 사용되고 있다.

의학 분야에서 말하는 초저주파는 주파수가 0~300Hz의 범위인 비이온화 방사선을 말한다. 이 범주에는 고전압 전력 송전선 및 가정에 전기를 공급하는 2차 배전선에서 발생하는 60Hz의 전자장이 포함된다.

전자파가 사람의 건강에 문제를 일으킬 수도 있다는 생각을 하게 된 것은 1979년 미국의 낸시 워트하이머Nancy Wertheimer와 에드 리퍼Ed Leeper가 송변전소 주변에 거주하는 어린이들 사이에서 소아백혈병이 2.7배, 뇌종양이 2.4배 많다는 주장을 내놓으면서부터다. 특히 고압송전선 근처에 사는 어린이들은 백혈병에 걸릴 위험이 크다는 주장이 환경보호론자들에 의하여 확산되면서 고압송전선 설치에 반대하는 운동이 점점 심각해지고 있다. 밀양 송전탑 사건(2007~2014년)이 대표적이다. 울산 신고리 원자력발전소 3호기에서 생산한 전력을 창녕군에 있는 북경남 변전소까지 수송하기 위하여 총 연장 90.5km의 고압송전선을 건설하게 되었다. 그런데 2구간이 지나는 밀양시 주민들이 반대에 나서면서 분쟁이 생겼다. 그 과정에서 두 명의 주민이 분신과 음독으로 죽음에 이르는 불행한 일이 발생했다.

송전탑 건설 반대에 나선 밀양 주민 일부와 환경단체들은 송전탑에 흐르는 고압전류의 전자파의 영향으로 소아백혈병, 암 또는 백내장이 발병할 위험이 높아질 수 있다고 주장한다. 한편 한국전력은 고압송전선의 전자파가 인체에 유해하다는 주장은 의학적으로 증명된 바 없는 근거 없는 주장이라는 입장이다.

전자파는 위험하다

밀양 송전탑 건설을 반대하는 분들이 극단적인 선택을 할 정도가 된 것은 고압송전선에서 나오는 전자파가 사람들의 건강을 위협할 수 있다는 주장 때문이었다. 1979년 워트하이머와 리퍼의 연구에서 고압송전선 인근에 살던 어린이들에게서 백혈병의 위험이 크다는 문제 제기가 있은 뒤에 유사한 논문이 이어졌다.

미국의 존 풀턴John Fulton, 1980, 스웨덴의 레나르트 토메니우스Lennart Tomenius, 1986, 미국의 데이비드 사비츠David Savitz, 1988, 영국의 미셸 콜만Michel Coleman, 1989 등이 극저주파와 소아백혈병의 관계에 관한 논문을 소개했다. 1993년에는 마리아 페이칭Maria Feychting과 안데르스 알봄Anders Alhbom이 고압선에서 300m 이내에 사는 스웨덴 어린이에서도 백혈병과 뇌암의 위험이 높아진다는 논문을 발표했다. 유사한 역학조사가 이어지면서 2001년에는 세계보건기구 산하 국제암연구소에서는 '4mG(0.4uT)의 송전선 전자기파'를 2B군의 발암물질로 규정했다.

그뿐 아니라 2011년 5월 세계보건기구와 국제암연구소는 휴대전화 사용과 관련하여 악성 뇌종양의 일종인 신경교종이 발생할 위험이 높아진다고 하여 무선주파수 전자기장을 역시 2B군의 발암물질로 분류했다.

아나 가르시아Ana Garcia 등은 발표된 논문들을 메타 분석하여 직업적으로 극저주파에 노출된 사람은 알츠하이머병에 걸릴 위험이 높다고 했다. 그런가 하면 마이크로파microwave가 중추신경계에 생물학적으로 다양한 영향을 미칠 수 있다는 증거가 있다며, 이러한 증거로부터 마이크로파가 알츠하이머병을 포함하는 중추신경계의 퇴행성질환을 발생시킬 수 있는 가능성을 점치고 있다. 특히 쥐를 이용한 동물실험 때 전기장에 노출된 쥐의 해마에서 신경세포가 죽고 스트레스 호르몬이 증가하는 등 공간 학습과 기억에 영향을 미치는 것으로 나타났다. 해마는 기억을 형성하는 데 중요한 역할을 하며, 알츠하이머병의 진행에 따라 변화가 심한 부위다.

휴대전화 사용이 남성의 정자 감소와 관련이 있다는 주장도 있다. 그 작용 방식은 분명하지 않으나 전자기파가 정자를 만드는 세포에 영향을 미칠 수도 있으며, 사타구니의 온도를 끌어올려 2차적으로 영향을 미칠 수도 있다고 설명한다. 하루 4시간 이상 휴대전화를 사용하는 남성의 경우 심하면 30% 가까이 정자 수가 줄어들 수도 있다고 한다.

레나르트 하르델Lennart Hardell 등의 연구에서는 휴대전화를 장시간 사용하게 되면 편두통과 현기증이 생길 가능성이 높으며, 휴대전화를 10년 이상 사용하게 되면 교세포종이나 청신경종양이 생길 수도 있다고 했다.

전자파를 위한 변명

햇빛이 무슨 색일까? 우리가 햇빛을 볼 수 없으니 무색이라고 하는 게 맞을 것이다. 하지만 햇빛을 프리즘에 통과시키면 빨강, 주황, 노랑, 초록, 파랑, 남색, 보라색 등 일곱 가지 무지개색으로 나뉜다. 이런 색깔들은 우리가 볼 수 있으니 가시광선이라고 한다. 그리고 가시광선들이 모두 하나로 뭉치면 무채색이 되기 때문에 햇빛은 색깔이 없는 것이다. 물론 햇빛에는 가시광선 말고도 가시광선의 범위를 벗어나는 적외선과 자외선도 포함된다.

실험을 통하여 빛의 성질을 연구한 결과, 빛이 입자처럼 행동하기도 하고 파동처럼 행동하기도 하는 것을 발견했다. 즉 빛은 입자성과 파동성을 같이 가지고 있다. 빛의 파동성을 설명하는 것이 전자기파電磁氣波다. 전자기파는 전자파電磁波, 혹은 전파電波라고도 한다. 인간이 볼 수 있는 가시광선도 전자기파의 한 종류다. 전자기파의 종류를 파장이 짧은 것부터 살펴보면, 감마선, 엑스선x-ray, 자외선, 가시광선, 적외선, 전파의 순서다. 이 가운데 감마선과 엑스선은 전리방사선이라고 해서 적정량 이상 쬐일 때는 건강에 나쁜 영향을 미친다. 적외선보다 파장이 긴 전자기파는 비전리방사선이라고 한다. 비전리방사선은 다행히도 함유한 에너지가 크지 않기 때문에 인체에 해롭지 않다.

전자파는 전선은 물론 가정에서 사용하는 가전제품에서도 나오고 있기 때문에 우리는 일상적으로 전자파에 노출되고 있는 셈이다. 나아가 와이파이와 같은 통신 체계, 라디오, TV, DMB와 같은 방송, 전자레인지와 인덕션 히터와 같은 가전제품, 내비게이션과 같은 교통 안내 장치, MRI, 엑스선, 적외선치료기와 같은 의료 분야 등 다양한 영역에서 우리 삶을 풍요롭게 해주고 있다. 문제는 이렇듯 유용하다고 생각해온 전자파가 인체에 위해할 수도 있다는 주장이 나온 것이다. 마치 인도 신화에 등장하는 선악의 두 얼굴을 가진 아수라 신처럼 말이다.

그 시작은 앞서 말한 것처럼 1979년 미국의 워트하이머와 리퍼의 연구였다. 1976년에서 1977년 사이에 미국 콜로라도에 있는 송변전소 부근에 사는 어린이들이 다른 곳에 사는 어린이들과 비교했을 때, 소아백혈병이 2.7배, 뇌종양이 2.4배 많더라는 결과였다. 이 연구 이후에도 유사한 결론을 내린 연구들이 이어졌다. 결국 2001년에 국제 암연구소에서는 '4mG(0.4uT)의 송전선 전자기파'를 2B군의 발암물질로 규정했다. 2B군(인체발암가능물질)은 인체 발암성 증거가 제한적이고 동물실험에서 발암성에 대한 증거가 불충분할 때 적용한다. EU의 SCENIHR(새롭게 부상하는 건강 위험에 관한 과학위원회Scientific Committee on Emerging and Newly Identified Health Risks)에서도 2009년 보고서를 통하여 몇 개의 새로운 역학조사와 동물실험의 결과가 나왔지만, "극저주파와 소아백혈병에 관한 기존의 결정(인체발암가능물질 2B군)을 번복하기에 충분하지 않다"라고 했다. 하루 평균 노출량이 0.3~0.4μT(마이크로테슬라) 이상인 소아에서 백혈병 위험이 인정된다고 보았기 때문이다.

하지만 2014년 노르베르트 라이트게브Norbert Leitgeb는 메타 분석 연구에서 극저주파에 노출된 것과 소아백혈병이 서로 연관이 있다는 가정이 더 이상 그럴듯해 보이지 않는다고 했다. 따라서 극저주파가 발암물질이라는 분류는 철회되어야 한다는 결론을 내리고 있다. 그런가 하면 1998년 송전선 주변 지역 전자기장이 인간에게 암을 일으킬 수 있는 요인으로 간주해야 한다고 판단했던 미국 국립암연구소National Cancer Institute 역시 비이온화 전자파와 암이 연관되어 있다는 일관된 증거는 아직 나오지 않고 있다는 입장이다. 최근에 나오고 있는 연구논문들은 대부분 둘 사이에 연관성을 찾지 못하고 있다.

다만 0.4μT 이상 노출되는 어린이에서 소아백혈병의 위험이 2배

높지만, 연구 대상 어린이의 1%만이 이 같은 노출 수준에 이른다. 0.3μT 이상 노출되는 어린이의 경우 소아백혈병의 위험이 1.7배 높은데, 연구 대상 어린이의 3%만이 이 같은 수준에 노출되었다.

그런가 하면 2018년에 네덜란드에서 나온 자료에서는 고압선에서 나오는 50~60Hz의 극저주파가 소아백혈병 발병에 모종의 역할을 할 수도 있겠지만, 그 기전을 과학적으로 설명하는 데 실패하고 있으며, 동물실험에서도 극저주파가 백혈병의 위험을 높인다는 증거가 나오지 않고 있다고 지적했다. 다만 고압선에 대한 정책들은 사전 예방 주의에 입각하여 결정되고 있을 뿐이라고 했다. 국제암연구소는 2015년에 다시 시행한 위해성평가에서 사람에서 발암에 대한 증거가 제한적이고, 실험동물에서 암을 유발하는 것도 증거가 불충분하며, 기전과 관련된 자료도 취약한 점 등을 종합적으로 고려하여 인체발암가능물질(2B군) 등급을 유지하기로 했다.

이처럼 둘 사이의 관계를 밝히는 것이 쉽지 않은 이유는 소아백혈병이 인구 10만 명당 5명 정도로 드물고, 문제가 되는 0.3μT보다 큰 극저주파에 노출되는 아이가 0.5%도 되지 않기 때문이다. 사실 소아백혈병은 아주 다양한 위험 요소들이 서로 다른 시점에 작용을 하고 있는 것으로 파악되고 있다. 따라서 극저주파와 소아백혈병이 연관이 있다고 단정 짓기 어려운 면이 있다.

역학조사를 통하여 얻는 자료를 바탕으로 환경 요인이 특정 질병을 일으킨다고 확정하기 위해서는 거쳐야 할 단계가 있다. 첫 번째 단계는 역학연구에서 문제가 되는 환경에 노출된 사람들 사이에서 특정 질병이 의미 있는 수준으로 생겨야 한다. 두 번째 단계는 동물실험인데, 문제가 되는 환경에 노출된 동물에서 특정 질병이 생겨야 하고, 그 결과가 병리학적으로 설명되어야 한다. 세 번째 단계에서는 문제가 되는 환경 요인이 사라지면 특정 질병의 발병률이 통상적인 수준으로 내려와야 한다.

특히 전자파와 사람 건강 사이의 관계를 밝히는 역학조사가 어려운 것은 (1) 전자파의 노출을 감지하기가 어렵고, 어디에나 존재할 수 있으며, 출처가 다양하고, 시간과 거리에 따라서 크게 다를 수 있으며, (2) 관련된 노출 시간이 현실적으로 측정 가능한 시점 이전이며, 노출이나 유도 기간이 분명하지 않으며, (3) 적절한 노출 측정 기준이 정해지지 않았고, 이를 대체할 생물학적 자료가 없기 때문이다.

비이온화 전자파와 성인의 암 사이에는 어떤 연관성이 있을까? 욜란타 클리유킨Jolanta Kliukiene 등은 50Hz의 자기장에 노출된 여성에게서 유방암 위험이 통계적으로 의미 있는 수준에서 존재한다고 했다. 하지만 많은 연구에서는 비이온화 전자파에 노출되는 환경과 성인의 암 발생과는 연관이 없다는 상반된 결과를 내놓고 있다.

한편 국제암연구소는 2011년 5월 휴대전화 사용과 관련하여 신경교종이나 청신경종양이 발생할 위험이 커질 수 있다고 하여, 휴대전화가 사용하는 무선주파수 전자기장을 인체발암가능물질(2B군)로 결정했다. 하지만 휴대전화 사용이 청신경 계통에 특별한 영향을 미치지 않는다는 논문들이 발표되고 있다. 이에 국제암연구소는 2014년 보고서에서 "휴대전화 사용과 뇌종양 사이에는 일관적인 관계가 관찰된 바 없다. 치료용 전리방사선만이 입증된 유일한 뇌종양의 원인이며, 휴대전화 사용은 조사 중"이라는 입장을 내놓았다.

역학조사 결과 혹은 동물실험 등을 통하여 전자파가 알츠하이머병을 비롯한 퇴행성 신경계질환의 발생과 연관이 있을 것이라고 추정하는 주장도 있다. 하지만 대부분의 퇴행성 신경계질환은 병이 생기는 원인이 밝혀져 있지 않다. 역학조사를 했더니 알츠하이머병의 위험이 높은 것으로 나타났다고는 하지만, 분석하지 않은 다른 요인이 작용했을 수도 있고, 아직 밝혀지지 않은 요인이 숨어 있을 수도 있다. 동물실험에서 전자파가 기억, 학습과 관련된 신경전달물질 혹은 신경세포 내의 미세 구조에 영향을 미치므로 알츠하이머병과 연관이 있을 수도 있다고 추정하기도 한다. 하지만 다른 연구에서는 전자파가 오히려 이런 기능을 증강시킨다는 결과도 나타내고 있어 여전히 일관성이 없다고 하겠다. 국제비전리방사선보호위원회International Commission on Non-Ionizing Radiation Protection, ICNIRP에서도 실험적 증거가 없고, 역학조사에서도 방법론이 분명치 않으므로 전자파와 관련이 있다고 할 만성 질환은 현재로서는 없다고 했다. 다만 루게릭병이라고 알려진 근위축성 측삭경화증만이 직업적으로 전자파에 노출되는 사람들과 관련이 있을 수도 있다.

사실 전자파가 인체에 위험하다는 점이 강조되다보니 전자파를 이용하여 건강을 증진시키는 치료기기가 진료 현장에서 사용되고 있다는 사실을 잊고 있다. 전자파를 인체에 쬐면 열이 발생하게 된다. 이런 현상을 이용하여 근육을 이완시키고, 통증을 감소시키며, 염증을 줄이는 효과를 보고 있다. 휴대전화나 가전제품 등 문제가 되고 있는 전자파는 대부분 가지고 있는 에너지의 양이 많지 않기 때문에 전자파가 사람의 건강에 위해 요소가 된다는 주장은 아직은 확신할 수 없다.

현재로서는 극저주파의 전자파가 사람의 건강을 위협할 것이라는 의혹은 대부분 확정적 근거가 부족하다고 결론 내려졌다. 0.3μT 이상의 전자파와 소아백혈병이 연관 있다는 주장만이 남아 있지만, 이조차 문제가 없다는 주장도 있다.

전자파의 위해를 차단하는 법

전자파가 사람들의 건강에 위해를 가할 수 있다는 논란이 여전히 남아 있기 때문에 대부분의 국가에서는 연관성을 규명하기 위한 연구를 실시하는 한편, 사전 예방의 원칙을 적용하여 정책적으로 전자파를 관리하고 있다.

국제비전리방사선보호위원회는 1998년 전자파 노출 기준 권고안을 발표했다. 우리나라 역시 대부분의 유럽 국가들처럼 이 권고안을 따르고 있다. 국제비전리방사선보호위원회는 저강도($0.3\sim0.4\mu$T) 극저주파의 장기 노출이 소아백혈병과 연관이 있다는 가설과 관련하여, 둘 사이의 인과 관계가 밝혀지지 않았기 때문에 기초 제한치 대상이 아니라고 했다. 그럼에도 불구하고 예방적precautionary 차원에서 위해 관리

Risk management의 대상으로 보는 것이다.

우리나라의 경우, 2000년에 개정된 「전파법」의 전자파 인체 보호 기준에 따라 전자파를 관리하고 있다. 이 법에 따라 전자파 인체 보호 기준, 전자파 강도 측정 기준, 전자파 흡수율 측정 기준 및 측정 대상기기 측정 방법 등을 정했다.

아무래도 영유아나 어린이는 전자파에 취약한 계층이라고 할 수 있겠다. 이런 아이를 가진 부모들로서는 신경이 많이 쓰이는 대목인데, 어린이 시설에서도 무선공유기와 같이 전자파를 발생시키는 장비는 어린이들에게 영향을 미치지 않을 장소에 설치하도록 규정하고 있다.

각 가정에서도 무선공유기, 정수기, 전자레인지 등은 어린이들이 접근할 수 없는 장소에 설치하고, 휴대전화나 태블릿 PC 등은 아이들이 사용하지 않도록 하는 것이 좋겠다.

다이옥신,
치명적인
독성물질

필자가 식약청(현 식약처) 산하 연구소에서 일하던 2003년 즈음, 일본 후생성 산하 기관인 생물안전성센터를 방문할 기회가 있었다. 그전에 우리가 일본 센터에서 근무하는 연구원들을 초청해서 세미나를 가진 것에 대한 후속 조치였다. 10여 명에 이르는 방문단의 인솔 책임을 필자가 맡게 되었다. 벚꽃이 이미 흐드러지게 피었어야 할 무렵이었는데도 날씨가 풀리지 않은 탓인지 필 둥 말 둥 하고 있었다.

일정은 시작부터 긴장의 연속이었다. 일본 가는 비행기 안에서 개회식 인사말을 일본어로 하자고 결정한 것이 시작이었다. 오래전에 일본어를 조금 배우기는 했지만 대화를 나눌 정도의 실력은 아니었다. 어떻든 준비된 원고를 보고 읽는 것이라도 제대로 해보고 싶었다. 인사말을 제대로 말하고 외우기 위하여 전날 저녁 몇 시간을 연습했다. 긴장을 많이 한 탓에 숨이 차고 조금은 떨리는 듯했지만, 큰 실수 없이 준비한 인사말을 해냈다.

사실 개회식보다 더 당황했던 일은 몇 차례 있었던 환영만찬이었다. 사전 귀띔도 없이 인사말을 요청받았던 것이다. 특히 작은 정원이 예쁜 요릿집에서 고베정식으로 열린 환영만찬 자리가 그랬다. 일본 특유의 회식 문화를 경험한 기회였다. ㄷ자로 배치된 좌석의 상석에는 필자와 전 센터장이 자리했고, 현 센터장은 전 센터장보다 아래쪽에 자리했다. 만찬은 전 센터장의 인사말로 시작되었다. 그런데 인사말이 끝나고 나서 필자에게 마무리 인사말을 해달라고 했다. 그때부터 일본 쪽 연구원들이 건네는 술잔을 받고, 잔을 돌려주면서도 마무리 인사말을 생각하느라 정신이 없었다.

일본에서는 잔을 돌려 술을 권하는 법이 없다고 알고 있다. 각자 알아서 마시면 잔이 비기 전에 누군가 그 잔을 채워주는 것이 주도酒道라고 말이다. 그런데 그날 저녁만은 달랐다. 우리 일행은 물론 일본 센터의 연구원들까지도 모두 한국식으로 잔을 주고받는 등 화기애애한 분위기를 만들었다. 필자 역시 술잔이 오가는 사이 취기가 꽤 오르고 말았다. 그래도 술기운을 빌린 탓인지 두 기관의 교류가 서로에게 큰 도움이 되기 바란다는 뜻의 마무리 인사말을 영어로 그럭저럭 해낼 수 있었다.

잘난 척이 너무 길었다. 다이옥신에 대한 글에서 일본 생물안전성센터에 갔던 이야기를 꺼내는 이유가 있다. 생물안전성센터의 다이옥신 실험실을 설명하기 위해서다. 첫날 두 기관의 연구원들이 준비한 연구 성과를 발표하는 세미나를 마치고 센터의 연구시설을 돌아보게 되었다. 그 가운데 다이옥신에 관한 연구를 하는 실험실이 필자에게 가장 인상 깊었다. BL3 수준이라는 밀실 실험실에 들어가려면 방호복을 입고 에어 샤워까지 해야 했다.

미생물을 연구하는 실험실에서 생물 오염의 주의 수준을 나누는 생물안전도Biosafety Level, BL는 모두 4등급이 있는데, 3등급은 완전 봉쇄에 복도 출입이 제한되며 고성능 필터가 필요하다. 우리나라는 현재도 이 정도 수준의 시설이 5개밖에 없으며, 2003년 당시에는 한 곳도 없던 것으로 알고 있다. 보건복지부 질병관리본부에서 생물안전 연구시설의 설치와 검증 기준을 정한 「생물안전 3등급 연구시설 검증기술서」는 2007년에서야 발간되었다.

실험실에서 나오는 폐기물도 특별 처리를 해서 환경으로 들어가지 않도록 차단한다. 일본 사람들다운 철저함이 엿보였다. 그만큼 다이옥신은 위험한 물질로 인식되었던 것이다. 그 무렵 우리나라에서도 다이옥신을 가지고 하는 실험들이 있었던 것으로 아는데, 보안을 얼마나 철저하게 했는지 궁금하다.

다이옥신은 제초제나 살균제와 같은 것을 생산하는 과정에서 덤으로 생기는 화합물이다. 그런데 부산물로 생기는 다이옥신은 인간이 만들어낸 화합물 가운데 가장 치명적인 부작용을 낳는다는 것이 문제다. 다이옥신은 암을 비롯한 각종 질병을 일으키는 것으로 알려져 왔다. 특히 쓰레기 소각 과정에서도 발생한다고 하여 사회적으로 문제가 되고 있는 것이다. 언젠가부터 가을에 떨어진 낙엽을 태우는 냄새가 사라진 것도 다이옥신 때문이 아닌가 하는 의심이 든다. 볶아낸 커피 냄새 혹은 잘 익은 개암 냄새를 닮은 낙엽 태우는 냄새를 맡으면서 복잡다단한 생활의 상념에 잠기고, 나아가 맹렬한 생활의 의욕을 느낀다던 가산可山 이효석의 수필 「낙엽을 태우면서」도 다이옥신과 함께 잊힌 듯하여 아쉽다.

그러면 치명적이라고 알려진 다이옥신의 문제는 무엇인지 알아보자.

환경에
숨어 있는
유해물질

다이옥신의 치명적 위해성

다이옥신은 상온(25℃)에서는 무색 결정으로 존재한다. 열이나 화학적으로 매우 안정적인 물질이기 때문에 한 번 만들어지면 잘 분해되지 않는다. 물에 잘 녹지 않지만 지방에는 잘 녹는다. 따라서 몸 안으로 들어오면 쉽게 배설되지 않고 지방 조직에 쌓인다.

다이옥신은 제초제, 살충제 등 염화페놀과 관련된 물질을 만드는 과정에서 나온다. 종이를 만들 때 표백 처리하는 과정에서도 만들어지고, 자동차 휘발유에 첨가한 4에틸납이 연소되는 과정에서도 생긴다. 그리고 쓰레기를 비롯한 도시폐기물, 산업폐기물을 태울 때 만들어진다. 당연히 건물이나 창고와 같은 건조물에 불이 났을 때도 나온다. 사체를 태울 때나 플라스틱, 비닐류를 태울 때도 생긴다. 담배 연기에도 포함되어 있다. 재미있는 것은 인간이 만들어낸 화합물 가운데 가장 치명적인 물질이라는 다이옥신은 화산 폭발이나 번개가 칠 때, 산불이 났을 때도 만들어진다. 그러니까 지구의 대기 중에는 태곳적부터 다이옥신이 쌓여왔다고 보면 된다.

흔히 다이옥신이라고 뭉뚱그려 부르고 있는 화합물은 6개의 탄소가 서로 연결된 고리 모양의 벤젠 분자에서 2개의 탄소가 산소로 바뀌어 있는 1,4-다이옥신1,4-Dioxin이 기본 화합물이다. 그리고 폴리염화디벤조파라다이옥신Polychlorinated dibenzo-p-dioxins, PCDDs, 폴리염화디벤조퓨란Polychlorinated dibenzofurans, PCDFs, 폴리염화비페닐Polychlorinated/polybrominated biphenyls, PCBs/PBBs 등 다이옥신 유사 화합물이 있다.

흔히 다이옥신이라고 하는 PCDDs는 염소 원자의 수와 위치가 다른 75개의 동소체가 있지만, 7개가 특히 유독하다. 흔히 퓨란이라고

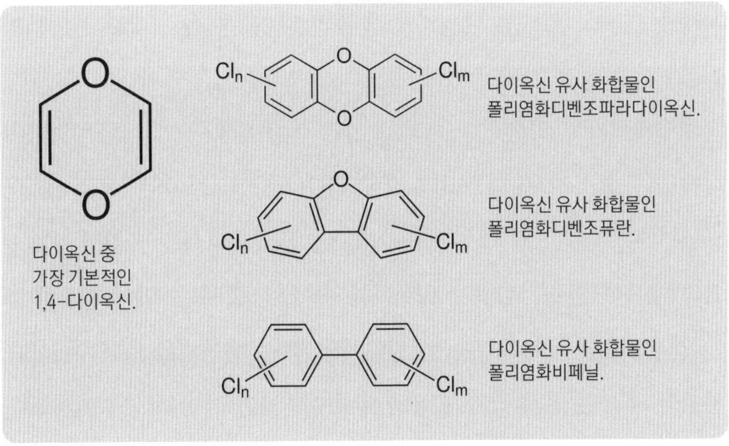

〈다이옥신과 다이옥신 유사 화합물의 분자 구조〉

하는 PCDFs는 135개의 이성질체가 있고, 10개의 다이옥신류의 독성을 가지고 있다. 비페닐biphenyl에서 유래된 PCBs/PBBs 가운데 12개가 다이옥신 유사 화합물에 속하는데, 이들은 특정 조건에서 산화되면 디벤조퓨란 혹은 디벤조다이옥신을 만들 수 있다. 그러니까 모두 210종류의 다이옥신 유사 화합물 가운데 17종류, 즉 8%만이 독성이 있다. 그렇기 때문에 다이옥신은 가장 치명적인 물질일 수도 있으며, 무해할 수도 있다.

다이옥신 유사 화합물 가운데 2,3,7,8-사염화이벤조다이옥신2,3,7,8-Tetrachlorodibenzodioxin, TCDD과 2,3,7,8-사염화이벤조퓨란2,3,7,8-Tetrachlorodibenzofuran, TCDF이 가장 위험하다. 1,2,3,7,8-오염화이벤조다이옥신1,2,3,7,8-Pentachlorodibenzodioxin, PCDD과 2,3,4,7,8-오염화이벤조퓨란2,3,4,7,8-Pentachlorodibenzofuran, PCDF 등이 그다음으로 위험하다. 이 둘은 TCDD의 절반 정도의

독성을 가지고 있으며 나머지 13종류의 다이옥신은 TCDD의 10분의 1 정도의 독성을 가지고 있다.

치명적이라고 하는 TCDD의 독성은 동물에 따라 차이가 있다. 어린이들이 좋아하는 햄스터의 경우 반수치사량(LD50)은 체중 1kg당 5mg인데 기니피그의 경우는 0.001mg이다. 사람에서는 윤리적 문제가 있기 때문에 반수치사량을 내기 위한 실험을 할 수는 없어 정확한 값은 알 수 없다. 사람과 유사한 원숭이의 경우 체중 1kg당 0.07mg이다. 하지만 여러 실험의 결과를 통하여 추정해보면 사람의 반수치사량이 원숭이의 그것보다 훨씬 높을 것이라고 한다. 반수치사량이 체중 1kg 당 1μg인 기니피그를 기준으로 한 급성 독성이라면 청산가리의 1만 배에 해당한다.

이처럼 TCDD는 동물의 흉선, 비장 및 고환에 손상을 주고 간에 지방을 쌓이게 하는 등, 여러 장기에 손상을 입힐 수 있고 심하면 죽일 수도 있다. 선천성 기형을 일으키기도 한다. TCDD의 독성 가운데 사람들이 특히 무서워하는 것은 발암성이다. 동물실험을 통하여 확인한 바로는 TCDD는 지금까지 알려진 화합물질 가운데 가장 강력한 발암물질이다. 사람에서는 동물에서보다 발병 수치가 떨어지기는 한다. 유럽과 미국에서 일어난 몇 차례의 사고 과정에서 TCDD에 노출되었던 사람에서 보면 희귀암의 발생이 아주 조금 많다고 알려져 있다.

국제암연구소는 동물실험에서 확인된 발암성과 제한된 것이기는 하지만 인간에서의 암 발병 자료에 근거하여 TCDD를 인체발암물질(1군)로 분류했다. 하지만 다른 다이옥신 유사 화합물은 발암물질 분류에 포함되지 않았다. 다이옥신이 직접 암을 생기게 하는 것이 아니라 다른 원인에 의하여 암이 생기는 시간을 단축시키고 암 성장을 억제하는 작용이 제대로 이루어지지 못하게 만드는 것으로 생각된다.

다이옥신을 과량 섭취하게 되면 염소성 여드름을 비롯한 다양한 피부질환을 일으킬 수 있다. 2013년 우리나라 대법원은 고엽제로 인하여 건강을 해친 월남전 참전 군인들이 제기한 피해보상 소송에서, "염소성 여드름은 고엽제에 함유된 다이옥신 성분에 노출될 경우 발병하는 특이성 질환으로서 다른 원인에 의해서는 발병되지 않는다"라고 하여 염소성 여드름이 고엽제로 인하여 발생했음을 법적으로 인정하는 세계 최초의 판례를 남겼다.

한편 2012년 1월 17일 개정된 「고엽제 후유의증 등 환자 지원 및 단체 설립에 관한 법률」 제5조 고엽제 후유증 환자 등의 결정 기준에 따르면, 비호지킨 임파선암을 비롯한 10종의 악성 종양과 염소성 여드름 등 8종의 질환을 고엽제 후유증의 범위로, 일광과민성피부염 등 19종의 질환을 고엽제 후유의증 질환으로, 척추이분증, 말초신경병, 하지마비척추병변 등을 고엽제 후유증 환자의 2세에서 나타날 수 있는 질병으로 지정한 바 있다.

독성 염소toxic chlorine에 노출된 사람에게 생긴 여드름과 닮은 병변을 처음 기술한 것은 지그프리트 베트만Siegfried Bettman, 1897과 카를 헤르크스하이머Karl Herxheimer, 1899였다. 염소성 여드름은 독성이 강한 염소 성분에 접촉하거나 그것을 섭취한 사람의 피부에 생긴다. 다양한 크기의 폐쇄면포와 낭종의 형태로 나타난다. 얼굴, 특히 볼이나 귓바퀴에 잘 생기지만, 목, 몸통, 둔부, 심지어 음낭과 성기에도 생길 수 있다.

다이옥신을 위한 변명

다이옥신이 치명적인 물질이라는 점을 과학자들이 알게 된 것은 다이옥신의 검출 방법을 개선시킨 덕분이다. 1950년대의 다이옥신 검출 기술은 ㎎ 단위, 즉 1g의 1/1000 수준이었기 때문에 다이옥신이 무서운 물질이라는 것을 몰랐다. 이후 다이옥신 검출 기술은 10년마다 1/1000 단위로 정밀해지면서, 1980년대 중반에는 pg(피코그램) 단위까지 검출해낼 수 있게 되었다. 1pg은 1g의 1/1조에 해당하는 미세한 양이다. 당연히 다이옥신이 일으키는 독성이 피코그램 단위에서도 일어난다는 사실을 알게 된 것이다.

다이옥신으로 인하여 생길 수 있는 병의 종류가 점점 늘어나기 시작했다. 염소성 여드름과 암이 다이옥신과 연관 있다는 것은 분명하다. 하지만 나머지 질병들에서는 밝혀야 할 점들이 아직도 많이 남아있다. 불행 중 다행인 것은 다이옥신과 관련된 사건 사고들을 통하여 다이옥신이 사람에 미치는 영향이 동물과는 다른 점이 있다는 사실이 알려지게 된 것이다.

염소성 여드름으로 고생한 대표적 인사로는 우크라이나의 빅토르 유시첸코 대통령이 있다. 2004년 대통령선거에 출마한 유시첸코는 대선 3개월 전에 우크라이나 보안국 고위당국자들과 저녁식사를 했다. 그러고는 복통과 함께 피부가 망가지기 시작하여, 종국에는 피부가 귤껍질처럼 변하고 말았다. 이런 과정을 두고 사람들은 우크라이나 보안국이 유력한 후보인 그를 독살하기 위하여 다이옥신을 먹였을 것이라고 했다. 다이옥신 중에서도 독성이 가장 강한 TCDD를 음식 어딘가에 섞었을 것이다. 사고 4개월 후 그의 진료를 담당했던 스위스 의료진이 측정한 다이옥신 검사에서 지방 성분 1g당 10만 8,000pg이 검출되었다.

다이옥신의 1일섭취허용량Acceptable Daily Intake, ADI(평생 동안 매일 흡입해도 해당 유해물질이 사람의 건강을 해치지 않는 범위의 양)은 국가별로 차이가 있어 덴마크의 1pg/kg/day에서 미국의 13pg/kg/day까지 다양하지만, 세계보건기구는 1~4pg/kg/day를 권장하고 있다. 우리나라의 경우 세계보건기구의 권고에 따라 1~4pg/kg/day로 정했다. 70살을 기준으로 평생 섭취하는 경우 100만 명 가운데 1명이 암에 걸릴 수 있는 확률의 농도다.

한편 유시첸코 대통령이 사고 당시 섭취한 다이옥신의 양을 계산해본 바, 2.4mg으로 추정된다고 했다. 50㎍/kg/day인 원숭이의 반수치사량의 60퍼센트 수준이었다. 이 정도의 양은 우리나라 기준으로 다이옥신 1일섭취허용량의 무려 750만 배에 달하는 셈이다. 이 사건을 보더라도 다이옥신이 사람에 미치는 영향이 동물에서보다는 크지 않을 수도 있겠다.

다이옥신의 생산시설과 관련된 대형 사고가 몇 건 있었다. 1949년 미국 웨스트버지니아 주 니트로Nitro 시에 있는 몬산토 공장 사고가 처음이다. 당시 120명이 넘는 근로자들이 다이옥신에 노출되어 생긴 염소성 여드름으로 고생했다. 이들에 대하여 30년이 넘도록 정기적으로 검진을 해온 결과 다른 사람들보다 평균적으로 오래 살았고 암 발생률이 높지 않았으며 만성 질환도 적게 생겼다.

두 번째는 1953년 독일의 루트비히스하펜Ludwigshafen 시에 있는 바스프BASF 공장에서 발생한 폭발 사고다. 250명의 근로자들이 다이옥신에 노출되었는데 그중 절반에서 염소성 여드름이 생겼다. 37년 뒤인 1990년에 의무기록을 조사했더니 78명이 사망했고, 그중 23명이 각종 암으로 죽었다. 이는 독일 사람의 평균치를 웃도는 숫자다.

1963년 네덜란드의 듀파르Duphar에 있는 필립스 공장의 사고가 세 번째다. 사고 장소를 청소한 50명 중 16명이 염소성 여드름으로 고생했고, 얼마 지나지 않아 4명이 사망했다. 다이옥신의 급성 독성으로 사망한 사고로 기록된다. 1968년에는 영국 코알라이트 케미컬 사Coalite Chemical Company의 연구실에서 폭발 사고가 발생했다. 그런데 회사가 건물을 폐쇄하지 않고 계속 사용하는 바람에 80명 정도에서 염소성 여드름이 생기는 등 피해가 발생했다.

1976년 이탈리아 밀라노 북쪽에 있는 인구 1만 7,000명의 세베소Seveso에서 발생한 사고는 다이옥신 관련 사고 가운데 기록적이기도 하다. 이 도시에 있는 익메사Icmesa의 화학공장에서 약 3kg으로 추정되는 TCDD가 가스구름과 미세먼지로 뿜어져 나와 도시 교외에 내려앉는 사고였다. 사고가 토요일 아침에 발생한 탓에 공무원들은 대부분 자리에 없었다. 문제는 주말이 지난 다음에도 공무원들이 사태의 심각성을 파악하지 못했다는 것이다. 결국 일주일이 지난 다음에서야 250명의 주민을 대피시켰다. 하지만 180명에게서 이미 심한 염소성 여드름이 생긴 상태였다. 당시 임산부 150명이 다이옥신에 노출되었다고 한다. 이들 중 30명이 기형아 출산을 피하려고 중절수술을 받았는데, 다운증후군을 가진 태아 1명을 제외하고는 모두 정상이었다. 사건 당시 다이옥신에 심하게 노출된 사람 가운데 사망한 사례는 없었다. 사건 이후 세베소에서 출생한 아이들 가운데 결함을 가진 아이들의 빈도는 통상적인 범위를 벗어나지 않았다. 사건 이후 10년간의 의무기록을 조사했더니 암 발생에서 크게 차이를 보이지 않았다.

다이옥신으로 인한 환경 오염의 대표적 사례는 베트남 전쟁 기간 중 미군이 정글에 고엽제인 에이전트 오렌지를 살포한 것이다. 미군은 7년이 넘도록 5만 톤의 에이전트 오렌지를 뿌렸는데, 이 중에 약 100kg의 다이옥신이 불순물로 포함되어 있었다. 사람 몸에 들어온 TCDD가 절반으로 줄어들기 위해서는 7년 정도가 지나야 한다. 에이전트 오렌지 관련 작전에 참여한 공군병사와 지상군 퇴역군인들에 대하여 수년 뒤에 다이옥신 검사를 시행했는데, 혈중에 5pg 정도의 다이옥신이 들어 있었다. 에이전트 오렌지를 실은 항공기에 탔던 병사들은 그보다 훨씬 높은 수치를 보였다. 1993년에 나온 연구보고서에 따르면 연조직의 육종, 비호지킨 림프종, 호지킨병, 염소성 여드름, 포르피린성 만성 피부염 등 5가지 질병이 에이전트 오렌지와 통계적으로 의미 있는 수준으로 연관되어 있다고 한다.

사건 사고를 제외하고 환경을 오염시키는 다이옥신이 만들어지는 곳 가운데 가장 중요한 곳은 쓰레기 소각장이다. 가까운 일본의 사례를 보면, 연간 배출되는 다이옥신 2,921g-TEQ 가운데 90.3%가 도시 쓰레기, 유해쓰레기, 의료쓰레기를 소각하는 데서 발생한다. 제지, 철강, 화력발전에서 나오는 9.0%가 뒤를 잇는다. 따라서 쓰레기 소각장에서 발생하는 다이옥신을 관리하는 것이 중요하다. 우리나라 환경부에서는 하루 50톤 이상의 생활폐기물을 소각하는 시설의 경우, 배출가스에 들어 있는 다이옥신을 제대로 관리하도록 1997년 「폐기물관리법 시행규칙」을 개정했다. 또한 2003년 7월에는 소각시설의 배출가스 중 다이옥신의 배출 허용 기준을 0.5ng/Nm³에서 0.1ng/Nm³로 강화했다. 정부는 소각시설은 물론 비소각시설에서의 다이옥신 배출을 줄이기 위하여 다각적인 노력을 기울여왔다. 우리나라의 연간 다이옥신 배출 현황을 보면, 2001년 소각시설 880.2, 비소각시설 123.8, 합계 1004.0 I-TEQ였던 것이 2014년에는 소각시설 70.0, 비소각시설 30.4, 합계 100.4 I-TEQ로 14년 동안 1/10 수준으로 줄어들었다. I-TEQ는 국제적으로 표준화된 다이옥신류(210여 종의 이성질체)의 농도를 표시하는 독성등가환산농도로서 각 이성질체의 실측농도에 독성등가 환산계수(TEF)를 곱한 후 더한 값이다. 물론 소각시설로 폐기물을 옮기는 과정이 소각시설 주변의 주민들에게는 불편 사항이 될 수도 있겠으나 적어도 소각시설에서 발생하는 다이옥신으로 인하여 건강이 위협받는 일은 없을 것으로 생각된다.

하루 평균 100~200pg의 다이옥신이 몸 안으로 들어오는데, 97~99%는 음식을 통하여, 나머지 1~3%는 호흡을 통하여 몸 안으로 들어온다. 식품 가운데 주로 소고기, 돼지고기, 닭고기 등 육류와 우유를 비롯한 유제품에 주로 다이옥신이 들어 있다. 담배를 피우는 경우도 만만치 않다. 일본 자료에 따르면 담배 한 갑에서 배출되는 다이옥신의 양은 1.81pg-TEQ/l이다. 그럼에도 불구하고 흡연자와 비흡연자에서의 체내 다이옥신 농도에 대한 연구들은 다양한 결과를 나타낸다. 벨기에 루뱅Louvain의 가톨릭대학교 공공보건대학의 세바스티앙 피렌스Sébastien Fierrens 교수 팀은 현재 흡연하는 남자에서만 금연자 혹은 흡연한 적이 없는 남자보다 혈중 다이옥신 농도가 40% 높았고, 현재 흡연하는 여성은 오히려 금연자 혹은 흡연한 적이 없는 여성보다 낮았다고 했다. 그런가 하면 연세대 보건대학원 지선하 교수 팀은 여성 가운데 현재 및 과거 흡연자가 비흡연자보다 2.7배 높은 다이옥신 유사 물질을 가지고 있으며, 남자에서는 유의미한 차이가 없다고 했다. 다양한 요인을 고려한 해석이 필요하겠다.

보통 사람들의 몸속 다이옥신의 농도는 지방 1g당 5~20pg이다. 이렇게 범위가 큰 것은 지역과 직업에 따라서 다이옥신 섭취 정도가 크게 다르기 때문이다. 체내에 들어온 다이옥신은 물에 녹지 않으므로 몸 밖으로 잘 배설되지 않는다. 몸 안에 들어온 다이옥신이 절반으로 줄어드는 데 5~10년이 걸린다. 하지만 음식을 먹거나 호흡을 통하여 다이옥신이 지속적으로 몸 안에 들어오기 때문에 몸 안의 다이옥신의 전체 양은 계속 늘어날 수밖에 없다.

미시간 대학의 크리스틴 넛슨Kristine Knutson 등은 미시간 지역의 여성 532명을 대상으로 출산 및 모유 수유가 여성의 혈중 다이옥신 수준에 미치는 영향을 조사했다. 그 결과 모유 수유를 한 여성의 혈중 다이옥신 수준은 출산 경험이 없거나 출산 경험이 있더라도 모유 수유를 하지 않은 여성보다 낮았다. 수유 기간이 길수록 다이옥신 수준은 낮아진다. 첫아이의 출산과 이에 따른 모유 수유가 둘째 아이의 출산과 모유 수유보다 여성의 혈중 다이옥신 수준을 더 많이 떨어뜨린다.

'내 딸과 딸의 딸들을 위한'이라는 부제가 달린 『가슴이야기』로 우리나라에 소개된 책을 쓴 플로렌스 윌리엄스Florence Williams는 아이에게 모유를 한 달 먹이면 모체의 다이옥신이 14%가 빠져나가고, 내분비 교란물질인 폴리염화비페닐PCB이 8% 줄어든다고 했다. 그래서 저자가 딸들에게 "얘들아, 미안해!"라고 사과한 이유다. 사실 아이를 낳고 젖이 모자라 먹이지 못하는 것을 안타까워하는 산모가 있는가 하면, 젖 먹이는 것을 피하는 산모도 있다. 예쁜 가슴이 망가지는 것이 싫어서 라고도 한다. 이제는 다이옥신이 좋은 핑곗거리가 될 수도 있겠다. 소아과 의사들은 그럼에도 불구하고 엄마 젖을 먹이는 것이 아이나 엄마 모두에게 이익이 더 많다고 한다. 다이옥신 때문에 아이에게 젖 먹이는 것을 피할 이유가 없다는 것이다.

다이옥신의 위해를 줄이는 법

다이옥신은 치명적인 위험을 안고 있는 독성물질이다. 물론 자연적으로도 발생하지만, 도시쓰레기를 비롯한 산업폐기물들을 소각하는 과정에서 배출되는 양이 가장 많다. 물론 소각장에서 쓰레기를 태울 때 다이옥신을 줄이기 위한 설비를 하도록 법으로 정하고 있다. 하지만 다이옥신을 조금이라도 줄이기 위해서는 소각 처리해야 하는 생활쓰레기와 일회용품 사용을 줄여야 하겠다.

우리가 실천할 수 있는 사항들을 정리해보면 다음과 같다.

1) 생활쓰레기와 일회용품을 줄이자.
2) 고무나 비닐 등을 함부로 태우지 말자.
3) 제초제나 농약을 필요한 만큼만 사용하자.
4) 담배를 피우지 말자.
5) 다이옥신은 지방질에 많이 축적되므로 지방질이 많은 육류보다는 곡류, 채소, 과일 중심으로 식사를 하자.

다이옥신의 위해성

다이옥신 가운데 TCDD와 TCDF는 치명적인 독성을 가지고 있으며, 다량에 노출되면 염소성 여드름이 생기며, 피부염을 비롯하여 각종 암이 발생할 위험이 높아진다.

다이옥신은 물에 녹지 않기 때문에 몸 안에 들어오면 잘 배출되지 않아 절반으로 줄어드는 데 5~15년이 걸린다. 물론 그 사이에도 계속 들어와 쌓이기 때문에 점점 많아진다.

소각장은 다이옥신의 배출을 최소화하기 위한 기준을 적용하여 운영되고 있다. 우리나라의 경우 대부분의 소각장들이 다이옥신 배출을 최소화할 수 있는 기술을 적용하고 있다. 다이옥신의 맹독성은 동물실험의 결과를 토대로 한 것으로 사람에게는 그리 치명적이지 않을 수도 있다. 그럼에도 현재 기준을 더욱 강화하기 위해 천문학적인 규모의 예산을 투입하고 있는 것은 아닌가 짚어볼 일이다. 다이옥신보다 더 시급하게 국민의 건강을 위협하고 있는 문제는 없을까?

나오며:
문제의 크기를 제대로 가늠하자

2018년 6월 새로 시작하는 사업의 내용을 설명하기 위하여 지방의 큰 도시 몇 곳을 찾았다. 광주에서 시작해서 대전으로, 주말을 쉬고는 다시 부산에서 대구를 거쳐 서울로 올라오는 일정이었다. 부산에서 대구로 이동하는 날 문제가 생겼다. 대구에서 수돗물 파동이 다시 일어 생수를 확보하기 위한 전쟁이 벌어지고 있다는 것이다. 설명회에 참석하는 사람들을 위해 마실 것을 준비해야 하는데 완전 비상이 걸렸다.

파동은 구미공단에서 배출되는 환경호르몬과 발암물질이 대구 수돗물에서 다량으로 검출됐다는 보도에서 시작되었다고 한다. 문제가 된 것은 반도체 세정제와 계면활성제로 사용되는 3종의 과불화화합물이었다. 그중에서도 과불화옥탄산 하나만 국제암연구소가 2B군 발암물질로 지정하고 있다. 그 밖에 과불화옥탄산은 간 독성을 나타내며 혈중 에스트로겐의 농도를 증가시키는 등 내분비 교란 작용을 하고, 고환에서 정자 생산을 저해하는 것으로 알려졌다.

과불화옥탄산의 인체노출안전기준(TDI)은 $1.0\mu g/kg$ bw/day이다. 당시 대구의 매곡정수장 및 문산정수장의 수돗물에서 검출된 과불화옥탄산은 $0.004\mu g/l$였는데, 이는 캐나다($0.6\mu g/l$), 독일($0.3\mu g/l$), 호주($0.56\mu g/l$) 등의 권고 기준에 비해 훨씬 낮았다.

"먹는 물의 수질 기준은 하루 2L씩 평생 마셔도 문제없는 수준의 농도로 설정된다"라는 환경부의 발표와 대구 지역의 수돗물 정수장에서 검출된 과불화옥탄산의 농도는 크게 문제될 것이 없다고 보아야 한다. 그럼에도 불구하고 대구 시민들이 불안해한 것은 1991년 3월 구미에 있는 두산전자에서 누출된 페놀 30톤이 낙동강을 거쳐 대구의 상수원을 오염시킨 사건을 겪으면서 생긴 공포심 때문일 것 같다.

'쓸데없는 걱정'을 의미하는 '기우杞憂'라는 말이 있다. '기인지우杞人之憂'라는 사자성어를 줄인 말이다. 이는 『열자列子』의 「천서편天瑞篇」에 나오는 "杞國有人 憂天地崩墜 身亡無所倚 廢寢食者(기 나라의 어떤 사람이 하늘이 무너지고 땅이 꺼지면 몸 둘 곳이 없을까 봐 걱정한 나머지 먹고 자는 것을 멈추었다)"라는 고사에서 유래한 말이다.

검사 결과를 보면 걱정할 일이 없음에도 불구하고 정부의 발표를 믿을 수 없다 하여 생수를 찾는 소동을 벌이는 일은 기우에 불과하다. 정부가 위해 소통을 제대로 하지 못한다고 비난하는 경우가 흔하지만, 사실은 애초에 정부의 발표를 믿지 못하는 데서 시작된 일일지도 모른다. 물론 정부도 과학적 근거를 바탕으로 가급적 빠른 시간에 분명한 정보를 제공함으로써 국민의 불안을 해소해주어야 할 것이다.

이 책에서 다룬 다양한 사건들을 보면 크게 문제가 되지 않을 사건을 지나치게 확대 해석하여 걱정을 키우는 경우도 있었고, 실제로 심각한 문제를 안고 있음에도 불구하고 적절한 시간에 위해 정보가 충분히 제공되지 않은 그런 사건도 있었다. 어쩌면 국민들의 불안이 여기서 비롯되었는지도 모르겠다.

국민들과 정부는 모두 문제의 크기, 즉 위험의 정도를 분명하게 파악할 필요가 있다. 그로써 피할 것은 피하지만 문제가 안 될 것까지 사서 고민할 필요는 없다. 현명한 판단은 그만큼 앎을 필요로 한다. 이 책이 독자들의 현명한 삶에 기여할 수 있기를 기대한다.

부록

부록1: 해외 기관의 발암물질 분류 기준표

기관명	등급	내용	물질 수(개)
국제암연구소 (IARC)	1군	인체발암물질 (Carcinogenic to humans)	111
	2A군	인체발암추정물질 (Probably carcinogenic to humans)	66
	2B군	인체발암가능물질 (Possibly carcinogenic to humans)	285
	3군	인체발암물질로 분류할 수 없음 (Not classifiable as to its carcinogenicity to humans)	505
	4군	인체비발암성추정물질 (Probably not carcinogenic to humans)	1
미국 국가독성 프로그램(NTP)	K	인체발암물질 (Known To Be Human Carcinogens)	53
	R	인체발암물질로 충분히 예측됨 (Reasonably Anticipated To Be Human Carcinogens)	152
미국 환경보호청(EPA)	Cancer	인체발암물질 (Carcinogenic to humans)	545
미국 정부산업위생 전문가협의회 (ACGIH)	A1	인체발암물질 (Confirmed human carcinogen)	24
	A2	인체발암의심물질 (Suspected human carcinogen)	28
	A3	사람과의 상관성은 알 수 없으나 동물에서는 확실한 발암물질 (Confirmed animal carcinogen with unknown relevance to humans)	108
	A4	인체발암물질로 분류할 수 없음 (Not classifiable as a human carcinogen)	0
	A5	인체발암물질로 의심되지 않음 (Not suspected as a human carcinogen)	0
미국 직업안전위생국 (OSHA)	YES	인체발암물질 (Carcinogen)	27
총합			1,905

* 국제암연구소(IARC, International Agency for Research on Cancer)
* 미국 국가독성프로그램(NTP, National Toxicology Program)
* 미국 환경보호청(EPA, Environmental Protection Agency)
* 미국 정부산업위생전문가협의회(ACGIH, American Conference of Governmental Industrial Hygienists)
* 미국 직업안전위생국(OSHA, Occupational Safety & Health Administration)

부록2: 임산부와 노약자를 위한 유해물질 대처법

◆ 라돈 대처법

라돈은 지구상의 모든 토양에 존재하는 무색, 무미, 무취의 자연방사성 물질이다. 따라서 완전히 제거하는 것은 불가능하며, 인체에 무해한 수준으로 라돈 농도를 낮추는 게 중요하다. 한국환경공단(http://www.keco.or.kr)에서 라돈 무료 측정과 저감 컨설팅을 해주고 있다.

_ 실내의 라돈 농도를 주기적으로 측정하며, 환기 등을 통해 라돈 농도를 낮춘다. 외부의 라돈 수치가 높을 경우에는 반대로 환기를 자제한다.

_ 집을 지을 때는 집터나 건축자재가 라듐, 우라늄 등과 같은 방사성 물질에 오염되지 않았는지 알아본다.

_ 지하수를 사용하는 경우에는 수질 검사를 통해 라돈 농도를 확인한다.

◆ 치약 사용법

치약은 치아 건강을 위해 만들어진 제품이지만, 잘못 사용할 경우에는 오히려 치아 건강을 해칠 수 있다. 연마제나 발포제가 들어 있는 치약은 치아를 마모시킬 수 있으니 가급적 피한다.

_ 치아 건강은 플라크 제거에 달려 있다. 플라크는 탄수화물이 많은 음식을 먹고 나서 24시간 뒤부터 만들어지며 특히 잘 때 많이 생긴다. 따라서 잠자기 전과 후에 하루 2회 이상 칫솔질을 한다.

_ 치실을 사용해서 치아 사이에 낀 플라크를 빼낸 뒤에 칫솔질을 3분간 한다.

_ 식사 후 칫솔질을 할 때는 치아 사이에 낀 음식물을 제거하는 정도가 좋다.

_ 잇몸병을 예방하기 위해서는 치석 제거가 필수이므로, 6개월~1년 단위로 치과에 가서 스케일링을 받는다.

_ 마모력이 낮은 치약을 사용하고, 칫솔 회전법, 치간 자극법 등으로 치아를 보호한다.

_ 충치를 예방하기 위해서는 불소 치약을 쓰는 것도 좋지만, 아이들의 경우에는 삼킬 수 있으므로 무불소나 저불소 치약을 선택한다.

_ 치약 대신 천일염, 베이킹소다, 코코넛 오일, 에센셜 오일 등과 같은 대용품을 사용할

수도 있다. 엑스트라 버진급의 오일을 입에 머금고 15~20분간 헹구는 오일풀링, 수압을 이용하는 워터픽도 가능하다.

◆ 나노물질 대처법
나노물질은 100만분의 1m 크기인 1μm(마이크로미터)의 물질로, 현재 전자제품, 화장품, 섬유, 세라믹, 페인트, 생활용기, 심지어 유아용품과 젖병 등 많은 제품들에 활용되고 있다. 인체 유해성이 아직 확인되지는 않았지만 노약자들은 사용에 주의하는 게 좋겠다.
_ 젖병, 장난감, 물티슈, 기저귀, 의복 등 유아용품들에 나노물질이 사용되었을 수 있다. 나노물질이 들었는지 성분과 함량을 확인하고, 사용 여부를 결정한다.

◆ 생리대와 기저귀 사용법
2017년 생리대와 기저귀에서 검출된 휘발성 유기화합물VOC 중 일부는 발암성물질로 알려져 있다. 하지만 식약처의 위해성평가 결과 그 용량이 인체에 유해하지 않는 수준으로 밝혀졌다. 그럼에도 불구하고 민감한 체질인 경우 VOC에 노출될 기회를 줄이는 게 좋겠다.
_ VOC(에틸벤젠, 스티렌, 클로로포름, 트리클로로에틸렌, 메틸렌클로라이드, 벤젠, 톨루엔, 자일렌 3종, 헥산, 테트라클로로에틸렌 등)가 포함된 생리대와 기저귀 제품은 피하고, 환경친화적인 천연제품을 고른다. 면생리대나 면기저귀가 좋은 대안이 될 수 있다.
_ 부득이하게 합성화합물로 된 제품을 사용할 경우에 향이 없고, 표백을 하지 않거나, 적어도 염소가 없는 표백제를 사용한 제품을 고른다.
_ 사용 중에 알레르기를 비롯한 불편한 증상을 보이는 제품은 사용하지 않는다.
_ VOC는 위생용품뿐 아니라 건축자재, 생활용품 등에도 포함되어 있을 수 있다. VOC는 반감기가 짧기 때문에 새 제품은 창고 등에 두어 VOC를 배출한 뒤에 집 안으로 들인다. 중고품을 사용하는 것도 좋다.

◆ 환경호르몬 대처법
환경호르몬은 사람의 몸 안에서 만들어지는 호르몬과 비슷한 작용을 하여 실제 호르몬의 생리 작용을 교란시키는 화합물을 말한다. 태아나 젖먹이처럼 생애 초기에 환경호르몬에 노출되는 경우 그 양이 많지 않아도 영향이 커질 수 있다. 그 영향이 성인이 되어서 나타나거나 심지어는 대를 이어 자식 혹은 손자에게까지 미칠 수도 있으니 주의하자.

_ 먹이사슬의 위쪽에 위치하는 동물의 지방 성분은 가급적 먹지 않는다. 소, 돼지, 닭 등의 지방이나 유제품을 적게 먹는다.

_ 몸 안의 환경호르몬을 내보내기 위해 식이섬유가 많이 들어 있는 식품, 예를 들면 현미, 채소, 과일을 많이 먹는다. 정수기나 생수 등 좋은 물을 하루 5~8잔 마신다. 녹색, 황색, 붉은색 야채나 견과류, 생선 등 항산화제가 풍부한 음식을 먹는다.

_ 몸 안의 환경호르몬을 내보내기 위해 땀을 흘릴 정도로 매일 운동을 한다.

_ 임산부나 수유 여성은 식물 에스트로겐이 많이 들어 있는 콩을 원료로 하는 식품을 먹을 때 의사와 의논한다. 일부 치아 충전물질 등 비스페놀 A가 들어 있는 물질을 피한다.

_ 살충제, 방향제, 헤어스프레이와 같은 화학물질을 가급적 뿌리지 않는다.

_ 드라이클리닝 세탁소에 직접 가지 않는다. 드라이클리닝한 옷도 그대로 옷장에 넣지 말고 비닐 포장을 벗긴 다음 베란다 등에 걸어 거풍시킨다.

_ 인조손톱, 매니큐어를 사용하지 않는다.

_ 플라스틱 용기에 음식물을 담아 전자레인지에서 덥히지 않는다.

_ 음식을 보관할 때는 비닐이나 알루미늄 호일을 피하고 유리 그릇에 담는다.

_ 담배를 피우지 않는다.

_ 아기들의 경우 프탈레이트 성분이 들어간 말랑말랑한 젖꼭지나 노리개를 가지고 놀지 않도록 한다.

_ 아기들이 사용하는 병이나 컵은 투명하고 반짝이는 플라스틱제품을 사용하지 말고 유리나 폴리에틸렌 등 반투명 플라스틱으로 만든 것을 사용한다.

◆ 화장품 사용법

화장품 원료물질은 관련 법에 의해 허용 한계치가 정해져 있으며, 유통 중인 화장품은 관계 기관에서 수시로 수거하여 검사를 하고 있다. 그럼에도 피부가 민감한 아이들에게는 문제가 될 수 있으니 꼼꼼하게 확인하는 게 좋다.

_ 포장지에 표시된 사용 기간, 주의사항 등을 확인하고 기간이 지난 제품은 폐기한다.

_ 건성, 지성, 민감성 등 개인의 피부 상태를 고려해서 그에 맞는 화장품을 선택한다.

_ 어린이용 화장놀이 제품 가운데에는 화장품이 아닌 공산품인 경우가 있으니, 공인된 화장품인지를 꼭 확인한다. 특히 색조 제품은 피부가 민감한 아이들에게 알레르기를 일으킬 수 있다.

_ 식약처의 '온라인의약도서관(http://drug.mfds.go.kr, 주제별>화장품정보)'에서 화장품 배합 금지, 또는 한도 성분의 목록을 확인한다. 알레르기를 일으킬 수 있는 물질은 나무이끼추출물, 리날룰, 리모넨, 메칠2-옥티노에이트, 벤질벤조에이트, 벤질살리실레이트, 벤질신나메이트, 벤질알코올, 부틸페닐메칠프로피오날, 시트랄, 시트로넬롤, 신나밀알코올, 신남알, 아밀신나밀알코올, 아밀신남알, 알파-이소메칠이오논, 유제놀, 이소유제놀, 제라니올, 참나무이끼추출물, 쿠마린, 파네솔, 하이드록시시트로넬알, 하이드록시이소헥실3-사이클로헥센카복스알데하이드, 하이드록시이소헥실3-사이클로헥센카복스알데하이드, 헥실신남알 등이다. 내분비 교란 작용 등 부작용을 나타낼 수 있는 물질은 디엠디엠하이단토인, 미네랄 오일, 벤조페논-3(옥시벤존), 부틸하이드록시아나솔BHA, 인공향료, 트리에탄올아민, 트리이소프로판올아민, 트리클로산, 파라벤, 페녹시에탄올 등이다.

◆ **자외선차단제 사용법**

자외선차단제에 들어 있는 성분 중 일부가 동물실험에서 유전독성과 내분비 독성을 나타냈다. 이러한 독성이 인체에서도 나타난다는 증거는 아직 없으나, 민감한 피부를 가진 아이들에게 알레르기 피부염을 일으킬 가능성이 있다. 특히, 장기간 사용할 경우 독성 피해가 나타날 수 있으며, 비타민D 결핍이 올 수도 있다.

_ 햇볕 차단 효과는 둥근 테가 있는 모자, 선글라스, 촘촘한 의복 등이 자외선차단제보다 더 좋다.

_ 야외활동 종류에 따라 자외선차단제의 SPF, PA 등급을 선택하고(일상생활은 SPF 10~30, PA++), 민감성 피부일 경우에는 등급을 낮춘다.

_ 생후 6개월 미만 아이에게는 사용하지 말고, 6개월 이후 아이들에게는 외출 시 아이용 자외선차단제를 꼼꼼하게 발라준다.

_ 햇볕에 노출되기 15분 전에 발라주며, 2시간 간격으로 덧발라준다.

_ 피부에 상처가 있으면 사용하지 않으며, 알레르기 등 피부 반응이 있으면 사용을 중지한다.

_ 입이나 눈, 호흡 등을 통해 흡입되지 않도록 주의한다.

_ 외출에서 돌아오면 자외선차단제가 피부에 남아 있지 않도록 깨끗하게 씻어준다.

_ 일주일에 한두 번은 자외선차단제 없이 30분 정도 햇볕을 쬐어 비타민D 생성을 돕는다.

◆ GMO 제품 사용법

모든 GMO(유전자변형농산물)가 안전한 것은 아니지만, 최소한 상업적으로 유통되는 것들은 엄격한 기준에 따라 안전성과 유효성을 입증받은 것들이다. 그럼에도 노약자의 섭취를 최소화하고 싶다면 GMO 표시를 확인해서 제품을 선택한다.

_ 현재 GMO 표시 대상은 대두, 옥수수, 면화, 카놀라, 사탕무, 알파파, 감자 등 총 7종이다. 포장에서 GMO 사용 여부를 확인한다. GMO를 사용하지 않은 제품은 '비유전자변형식품', '무유전자변형식품', 'Non-GMO', 'GMO free' 등으로 표시되어 있다.

_ 현행법으로는 GMO 재료를 사용하더라도 가공 과정에서 DNA나 단백질 구조가 파괴되어 GMO 사용 여부 확인이 불가능한 제품들, 즉 식용유, 간장 등은 GMO 표시 대상이 아니다. 최근에 시민단체를 중심으로 GMO 완전표시제 요구 움직임이 확산되고 있다.

◆ 설탕 사용법

설탕이 건강에 해롭다는 주장과 그렇지 않다는 주장은 팽팽하게 맞서고 있다. 결국 선택은 소비자 몫이니 스스로 조심하는 게 좋겠다.

_ 평소에 먹는 음식의 설탕 양을 확인하고 조절한다. 특히 아이들이 좋아하는 과자, 사탕, 초콜릿, 음료수 등 가공식품에 설탕이 많이 들어 있다.

_ 아이들의 간식으로 단 음식 대신 과일을 제공한다. 생과일을 깎아주거나 갈아서 마실 수 있게 해준다.

◆ 소금 사용법

소금은 생명체가 생활하는 데 꼭 필요한 요소이지만, 섭취량이 지나칠 경우 여러 질병의 원인이 된다. 특히 우리나라는 된장, 고추장, 간장, 김치, 라면 등으로 인한 나트륨 섭취량이 많은 편이므로 조절하는 게 좋겠다.

_ 국물 음식은 건더기 중심으로 먹고, 대부분의 소금이 녹아 있는 국물은 버린다.

_ 칼륨이 많이 든 음식을 먹는다. 칼륨이 나트륨을 몸 밖으로 배출시키기 때문이다. 칼

류이 많이 든 음식으로는 연어·대구·정어리·가자미 등의 해산물, 닭고기·소고기·돼지고기 등의 육류, 계란, 유제품, 바나나·키위 등의 과일, 아몬드·땅콩·호두·피스타치오 등의 견과류, 감자, 콩과 두부, 토마토·당근·시금치 등이 있다.

_ 멸치와 새우, 다시마 등 천연조미료를 사용한다.

_ 음식을 할 때 레몬, 오렌지즙, 겨자, 고추냉이, 후춧가루, 고추, 마늘, 생강, 양파, 카레가루 등 향신료를 많이 넣는다. 이렇게 하면 소금을 적게 넣어도 싱겁다는 느낌이 들지 않는다.

_ 염장 생선을 많이 먹지 않는다.

_ 김치를 짜지 않게 담근다.

_ 음식의 간은 먹기 전에 한다. 뜨거울 때 간을 보면 싱겁게 느껴진다.

◆ 생선 속 수은 대처법

참치, 황새치, 고등어, 상어 등 대형 어류는 소형 어류를 잡아먹는 포식자로, 소형 어류 속에 있던 메틸수은을 몸 안에 많이 축적하고 있다. 하지만 동시에 임산부나 아이에게 필요한 영양소를 듬뿍 가지고 있기도 하다. 따라서 수은이 인체에 해를 미치지 않을 정도의 양을 섭취하는 게 좋겠다.

_ 상어, 황새치, 왕고등어, 대서양 옥돔 등은 메틸수은의 함량이 높으므로 먹지 않는다.

_ 수은이 많이 들어 있지 않은 생선, 예를 들면 새우, 참치(캔), 연어, 다랑어, 명태, 메기 등을 일주일에 2번 정도, 총량은 340g 이하로 먹는다. 임산부, 가임 여성, 수유모의 경우에는 일주일에 1번, 총량은 100g 이하로 먹는다.

◆ 식품첨가물 대처법

화학물질로 만들어진 식품첨가물은 다양한 독성을 나타낼 수 있다는 주장들이 있다. 하지만 법으로 사용 안전 범위를 정해놓고 관리하고 있기 때문에 크게 걱정하지 않아도 된다. 그럼에도 노인이나 어린이, 간이나 콩팥의 만성 질환자, 알레르기 질환자의 경우에는 많이 섭취하지 않는 편이 좋겠다.

_ 자연에서 얻은 식재료를 이용해 조리한 음식을 먹는다. 청량음료보다는 물을, 가공 우유보다는 흰 우유를, 가공육보다는 신선한 고기를, 과자보다는 원료가 되는 감자·옥수수·밤을 먹는다.

_ 가공식품을 먹은 뒤에 불편한 증상이 나타나는 경우, 포장에 적혀 있는 식품첨가물

의 종류를 확인하여 원인 물질을 파악할 필요가 있다. 다음부터는 문제의 성분이 들어간 가공식품을 피한다.

_ 가공식품을 먹을 때도 식품첨가물을 줄이는 방법을 쓴다. 예를 들면 라면을 먹을 때는 한 번 끓인 다음에 면을 건져내 따로 끓인 물에 넣어 조리한다. 스프는 양을 줄여서 넣고 야채를 추가하여 조리한다. 먹을 때 국물은 남긴다. 게맛살이나 어묵에도 보존료와 색소 등 식품첨가물이 다량 들어 있으니, 조리하기 전에 미지근한 물에 담가두어 첨가물을 뺀다. 햄과 소시지에 사용되는 식품첨가물 역시 섭씨 80도 정도의 물에 담가두면 빠져나간다. 염분도 같이 빠져나가니 일거양득이다. 단무지에 들어 있는 방부제와 사카린, 빙초산 등도 찬물에 5분 정도 담가두어 제거한다.

◆ 아크릴아마이드 대처법

아크릴아마이드는 원두, 감자 등 전분과 탄수화물이 많은 식재료를 120℃ 이상의 고온에서 튀길 때 생긴다. 담배 연기에도 포함되어 있다.

_ 감자튀김이나 감자칩을 만들 때는 먼저 감자껍질을 깨끗하게 씻은 다음 얇게 자른다. 감자는 냉장고에 보관하지 말고 8℃ 이상의 음지에 보관한다. 튀기기 전에 물과 식초를 1:1로 섞은 물에 감자를 15분 정도 담가두면 좋다. 아크릴아마이드는 120℃ 이상의 고온에서 잘 만들어지며 160℃ 이상에서는 급격하게 늘어난다. 따라서 기름 온도는 가급적 160℃를 넘지 않도록 한다. 가급적이면 조리시간을 짧게 한다. 굽거나 튀기는 대신 찌거나 삶으면 아크릴아마이드가 만들어지지 않는다.

_ 밀이나 옥수수 등의 곡물을 원료로 하는 빵, 시리얼의 경우에 효모, 이스트, 소금을 적게 넣고, 설탕 대신 비환원당을 넣는다.

_ 감자나 빵을 조리할 때 갈색으로 변하지 않도록 한다. 갈색으로 변한 부분에는 아크릴아마이드가 들어 있을 수 있으므로 먹지 않는다.

_ 고기를 구우면서 후추를 뿌리면 굽는 동안 아크릴아마이드가 만들어지므로 구운 후에 뿌린다.

_ 아크릴아마이드가 많이 든 로부스타 원두, 196~205℃에서 연하게 볶은 커피를 피한다. 상대적으로 아크릴아마이드가 적게 든 아라비카 원두, 225~245℃에서 진하게 볶은 커피를 마신다.

_ 흡연하지 않는다.

◆ 식품 속 살충제 대처법

2017년에 큰 파동을 일으킨 달걀뿐 아니라 닭고기, 곡류 등 여러 식품들에는 살충제가 잔류해 있을 수 있다. 관계 당국에서는 잔류허용기준치를 정하여 관리하고 있으나, 여전히 안심할 수 없다면 제품 선택에 신중을 기하는 게 좋겠다.

_ 2018년 8월 23일부터 사육환경표시제가 의무 시행되면서 소비자들의 더 나은 선택이 가능해졌다. 달걀 껍데기에 찍혀 있는 영문과 숫자로 된 6자리 중 마지막 자리가 사육 환경을 표시한 것이다. 1번이 방사 사육, 2번이 축사 내 평사, 3번이 개선된 케이지, 4번이 기존 케이지로, 앞 번호일수록 좋은 환경을 뜻한다.

_ HACCP(해썹, 식품안전관리인증기준), 무항생제, 동물복지 등의 인증마크가 있는 식품을 고른다.

◆ 수면제 사용법

수면제는 장기간 복용할 경우에 오히려 불면증을 초래할 수 있다. 비약물 치료인 인지행동 치료를 먼저 시행해 보고, 투약은 의사와 충분히 상의해서 결정한다.

_ 수면제 복용 전에 먼저 수면 습관과 생활 습관을 바꿔본다. 운동을 이른 시간에 규칙적으로 하고, 잠드는 시간을 일정하게 한다. 잠들기 몇 시간 전에는 격렬한 운동이나 카페인 음료, 술 등을 피한다.

_ 수면제를 복용하더라도 4~5주를 넘기지 않는다.

◆ 진단방사선 피폭 대처법

많은 사람들이 휴대전화 전자파는 걱정하면서 병원의 방사선검사에서 입는 피폭 피해에는 무관심하다. 불필요한 방사선검사는 피폭선량을 늘리게 되니 주의하자.

_ 병원을 옮길 경우 기존 병원에서 촬영한 CT를 지참한다.

_ 개인적으로 언제, 어느 부위에 얼마만큼의 방사선검사를 했는지 기록해둔다. 방사선 진단검사 종류에 따른 평균 유효선량은 213쪽에 있는 표를 참조한다.

◆ 예방접종 사용법

혹시 모르는 백신 부작용 때문에 예방접종을 기피하는 부모님들이 있는데, 이는 더 나쁜 결과를 초래할 수 있다. 미리 주의사항을 숙지하면 부작용을 최소화할 수 있다.

_ 접종 전날 목욕을 시킨다.

_ 아이가 아프거나 열이 나면 접종을 다른 날로 미룬다.

_ 접종 후 30분 정도는 병원에 머물면서 아이 상태를 관찰한다. 귀가 후에도 며칠은 아이 상태를 확인하고, 고열이나 경련 등 특이점이 발견되면 바로 병원으로 향한다.

_ 접종 당일은 목욕을 피하고, 무리하지 않도록 한다.

◆ 항생제 내성균 대처법

항생제의 무분별한 사용은 병원에 한정되지 않는다. 다량의 항생제가 육류, 어류, 농작물 등의 생산 과정에서 살포되면서 우리 밥상 재료들 속에 잔류해 있는 것이다. 문제는 항생제에 노출된 미생물들 중 일부가 죽지 않고 돌연변이를 만들어내어 더 강력한 세균으로 변한다는 점이다. 불필요한 항생제 사용을 줄이는 것은 전문가 집단뿐 아니라 국민 모두의 손에 달려 있다.

_ 항생제 내성균에 감염되지 않도록 하루 5번 이상 손을 꼼꼼하게 씻는다.

_ 감염질환 때문에 항생제 처방을 받을 경우 일정 기간 내에 복용하고, 남은 항생제는 폐기한다.

_ 감기 같은 바이러스질환일 경우 항생제를 사용하지 않는다.

_ 임신 중이거나 아이에게 젖을 먹이는 엄마는 클로람페니콜, 에리스로마이신, 테트라사이클린 계열의 항생제, 설파제, 퀴놀론 계열의 항생제를 복용하지 않는다. 엄마가 복용한 항생제가 태아 혹은 젖먹이에게 영향을 미칠 수 있다.

_ 가급적이면 밀집 사육한 가축이나 양식한 생선을 먹지 않는다.

_ 발효식품에는 내성균이 끼어들 여지가 적다. 특히 살아 있는 균이 풍부한 발효식품은 병원균에 오염될 가능성이 적다.

◆ 미세먼지 대처법

미세먼지와 초미세먼지는 호흡기질환을 일으키는 주범이다. '에어코리아' 홈페이지(http://www.airkorea.or.kr)에서 미세먼지 실시간 정보를 확인해서 대처한다. 미세먼지 농도가 높은 날에는 다음 주의사항을 지킨다.

_ 장시간 실외활동을 자제한다.

_ 부득이하게 외출할 때는 황사마스크를 착용한다. 황사마스크는 식약처에서 허가받은 것을 고르며, 세탁을 하거나 이미 오염된 것은 효과가 떨어지므로 1회만 사용한다.

_ 수분을 충분하게 섭취한다.

_ 외출에서 돌아오면 손과 얼굴을 깨끗하게 씻는다.

_ 과일과 채소는 충분히 씻어서 먹는다.

◆ 전자파 대처법

전자파의 유해성 여부는 아직 논란의 여지가 있지만, 영유아나 어린이는 가능하면 피하는 것이 좋겠다.

_ 어린이 시설의 경우 무선공유기 등 전자파를 발생시키는 장비는 어린이에게 영향을 미치지 않을 장소에 설치하도록 규정하고 있다. 가정에서도 무선공유기, 정수기, 전자레인지 등은 아이들이 접근하기 어려운 장소에 설치한다.

_ 휴대전화나 태블릿 PC 등은 아이들이 사용하지 않도록 한다.

◆ 다이옥신 대처법

다이옥신 중 일부는 치명적인 독성을 가지고 있기 때문에, 정부에서는 소각장 등 다이옥신 배출 시설의 관리를 철저하게 하고 있다. 하지만 자라나는 우리 아이들의 미래를 위해서 일반 국민들 역시 다이옥신 배출량을 줄이기 위한 노력이 필요하다.

_ 생활쓰레기와 일회용품을 줄인다.

_ 고무나 비닐 등을 함부로 태우지 않는다.

_ 제초제나 농약을 필요한 만큼만 사용한다.

_ 담배를 피우지 않는다.

_ 다이옥신은 지방질에 많이 축적되므로 지방질이 많은 육류보다는 곡류, 채소, 과일 중심으로 식사를 한다.

이 도서는 한국출판문화산업진흥원의 출판콘텐츠 창작 자금 지원 사업의 일환으로
국민체육진흥기금을 지원받아 제작되었습니다.

우리 일상에 숨어 있는 유해물질

초판 1쇄 발행 | 2018년 10월 8일

지은이 양기화
발행인 강혜진

기획·마케팅 이우석

펴낸곳 지식서재
출판등록 2017년 5월 29일(제406-251002017000041호)

주소 (10909) 경기도 파주시 번뛰기길 44, 1동 401호
전화 070-8639-0547
팩스 02-6280-0541
포스트 post.naver.com/jisikseoje
블로그 blog.naver.com/jisikseoje
페이스북 www.facebook.com/jisikseoje
트위터 @jisikseoje
이메일 jisikseoje@gmail.com

ISBN 979-11-961289-6-8(03330)